법과 성서와 역사
연구시리즈 제9권

Nr.9, Studies of Law,
the Bible and History

한국민사법의 발전적 변화

Historical Development of Korean Civil Law

(1960-2025)

김상용 저

Kim Sang Yong

법과 성서와 역사 연구소 / PNC publishing and culture 피앤씨미디어

Institute for Law, the Bible and History / PNC Media Publishing Co.

머리말

본서는 2021년 대한민국학술원에서 개최된 "사회변화에 대한 사법의 대응과 과제" 주제의 제47회 국제학술회의에서 저자가 발표한 "한국사회의 변화와 한국민사법의 대응과 과제"의 논문을 기초로 하여, 국제학술회의 이후의 한국에서의 민사법의 발전 내용을 추가하고 기존 발표논문을 수정·보충하여 엮은 현행 한국민법의 시행 이후부터 지금까지의 한국민법과 한국민사특별법의 변화의 내용을 간결하게 정리하여 엮은 한국민법사 책이다. 본서는 역사학자 아놀드 토인비가 제시한 역사진행의 법칙인 도전과 응전의 법칙을 한국민사법의 발전과 변화에 적용하여 한국사회의 변화에 한국민사법이 어떻게 대응하여 왔는지, 사회변화에 적절히 대응하여 왔는지, 그리고 판례와 학설이 사회변화에 적절히 대응하여 왔는지를 살피고 저자 나름대로 평가하고, 장래의 한국민사법의 반전방향을 모색하여 제시하고자 하였다. 그러나 간결하게 쓴 관계로 깊이 있는 심층분석을 다하지 못한 것이 아쉽다. 그리고 현행민법의 법원칙과는 다른 구민법의 법원칙 하에서 유용하였던 판례와 학설, 특히 물권변동에 있어서 구민법에서의 대항요건주의를 현행민법에서는 성립요건주의로 바뀌었음에도 불구하고, 구민법의 법원칙하에서 유용하였던 법이론들을 변화된 현행민법의 법원칙하에서도 그대로 그 유용성을 인정하고 옹호한 점에 대해 비판적으로 지적하였으며, 아울러 그로 인한 변칙적이고 비정상적인 민사거래의 유효성을 인정하게 된 정상적이지 못한 결과에 대해 비판적으로 고찰하였다. 한국민사법이 나아가야할 방향에 대해서는 저자가 법의 이상으로 주장해 온 정의와 사랑의 가치와 공동체주의 사상에 입각하여 한국민사법은 기존의 자유주의, 개인주의를 바탕으로 하면서 동시에 공동체 사상과 공동체 가치를 지키고 신장할 수 있는 방향으로 변화해 나갈 것을 주장하였다. 그러나 정의와 사랑 및 공동체 사상의 구체적인 세부적인 실천방안에 관해서는 깊이 제시하지 못한 점이 아쉽다. 우선 너무 신자유주의적이고 이기적인 사회로의 발전 경향으로 인하여 민사거래에 있어서 변칙적이고 비정상적인 현상이 나타나고 그러한 변칙적인 민사거래 현상의 근절과 극복을 위하여 자유지상주의, 극단인 이기주의의 사회현상을 공동체주의 사상으로 극복해 나갈 것을 주장한 것에 그쳤다. 세부적인 사랑의 공동체주의의 실천은 앞으로의 저자의 연구과제이다. 그리고 본서는 국제회의 당시에 영문으로 번역한 영역논문에 그 후의 한국민사법의 발전내용을 저자 나름대로 더 보충하여 수정 · 가필하였다. 앞으로 한국민사법의 발전에 관하여 더욱 추적 · 연구하여 본서에서 다룬 내용에 추가적으로 한국민사법의 발전내용을 연구하여 분석 · 평가하게 되면 한국사회의 변화에 부응하는 한국민사법의 발전방안의 정립과 제언에 더욱 기여할 것으로 생각하며, 그러한 사회발전에 대한 민사법의 대응의 연구가 뜻있는 민사법학자들에 의하여 계속 이어지길 소망하고 희망한다.

2025. 8. 16.
저자 씀

Preface

This book is re—edited and re—published on the ground of the paper of the author, which was entitled as “Responses to Social Changes and Challenges, and Future Perspectives of the Korean Civil Law”, at the 47th NAS International Symposium with the theme of the “Responses to Social Challenges and Future Perspectives in the Private Law” held by the National Academy of Sciences, Republic of Korea(NAS) in 2021. In this book, some contents of Korean civil laws enacted and enforced after 2021 have been also added and supplemented, with the methodology of the challenge and response in history, which had been formulated by the great historian, Arnold Joseph Toynbee. The author has pursued in this book, to describe and to evaluate the development of the Korean Civil Code and the Korean special civil acts until 2025 since 1960, the trends of the judicial precedents of the Korean Supreme Court and the Korean Constitutional Court in the field of Korean civil law, and the civil law theories of the Korean civil law scholars. Furthermore, the author has tried in principle to understand and to evaluate, whether the Korean Civil Code and the Korean special civil acts would have responded timely and properly to the social changes of Korean society, and whether the judicial precedents would have functioned timely and properly for the stability and the development of Korean society. The author has arrived to conclude that the Korean Civil Code and the Korean special civil acts, the judicial precedents and the civil law theories have not always responded timely and properly to the social changes of the Korean society since the enforcement of the Korean Civil Code from 1960. Finally, the author has suggested the direction of future development of the Korean Civil Code and the Korean special civil acts on the base of the philosophical ideals of the author, those are, justice and love in the law. Furthermore, the author has emphasized, that the spirit of the communitarianism shall become newly the basic social philosophical thought together with the present liberalism and individualism, in order not to let the Korean society be fallen into the extreme libertarian and egoistic society. But the author has not fully explained the original research plan in this short book. It shall be the future research task of the author. Due to the limited proficiency in English of the author, author's inner intentions may have not been fully and accurately expressed. The author wishes sincerely that the dedicated Korean civil law scholars would extend and expand the historical development of the Korean Civil Law in the future.

Seoul, Aug. 16, 2025

Kim Sang Yong

국문 목차

영문 목차

Chapter 4 Prospects for Changes in Korean Society and Future Tasks for Korean Civil Law

<한글편>

법과 성서와 역사
연구시리즈 제9권

한국민사법의 발전적 변화

(1960-2025)

[목 차]

제 1 장

개 설

제1장

개 설

Ⅰ. 사회변화와 민사법과의 관계

史學者 아놀드 토인비(Arnold Joseph Toynbee: 1889-1975)는 역사는 도전과 응전(challenge and response)의 연속이라는 역사진행의 법칙을 주장하였다.[1] 토인비가 말한 것과 같이 법의 역사도 역시 사회변화라는 도전에 인간이 함께 더불어 살아갈 수 있는 최적의 규범으로 대응한 과정이라 할 수 있다. 특히 인간의 민사생활을 규율하는 민사법은 더욱더 사회변화에 인간이 가장 안전하고 풍요로운 삶을 살아갈 수 있는 일상의 법생활의 규범으로 대응하여 온 과정이라 할 수 있다. 이처럼 법은 변화를 계속한다. 그리고 법의 변화에는 외부로부터의 변화가 크게 작용한다.[2] 그러므로 법의 변화는 사회변화에 대한 법의 대응이다.

1) Arnold J. Toynbee, A Study of History (Abridgement by D.C. Somervell, Oxford University Press, 1962), pp. 60ff.
2) The Goals of Private Law (ed. by Andrew Robertson and Tang Hang Wu, Oregon, Hart Publishing, 2009), p. 202.

법을 고찰함에는 여러 가지 방법이 있을 수 있으나, 사회변화의 도전에 대한 대응로서의 법규범, 법제도의 창설과 수정, 그러한 법규범에 대한 판례와 학설들의 정립과 적용의 실행과 수정의 과정을 고찰하는 방법으로 이를 살펴봄으로써, 법의 과거의 변화와 다가올 미래사회에서의 법의 과제를 정립해 나갈 수 있다고 생각된다.

인간은 누구나 행복하고 선한 삶을 염원하고, 인간이 모여 이룬 사회에서는 사회구성원들의 이러한 염원을 이룰 수 있는 사회사상과 그 사상에 기초하여 사회제도를 만들어 이를 실현하고자 부단히 노력하여 왔다. 그러한 인간의 행복과 선한 삶을 위한 법분야에서의 인간의 활동이 법의 역사를 이루어 왔다. 또한 법은 인간사회의 문화의 한 부분으로서 이러한 법에서의 인간활동이 법문화를 이루어 왔으며, 법사(法史)의 이해는 앞으로 도래할 미래사회에 가장 적절한 법제도와 법운용의 길을 모색함에 필수적인 전제라 생각한다.

법은 민족과 나라마다 다른 것이 특징이다. 민족과 나라마다 법이 다른 것은 오랜 역사 동안 진행되어 왔다. 그러나 법이란 문화현상도 다른 민족 다른 나라에 전달되고 계수되어 법이 한 민족 한 나라만에 머물지 아니하고, 법이 서로 전파되어 서로 영향을 주고 받는 관계로 발전되어 왔다.[3] 그리하여 법의 역

3) 법의 이러한 움직이는 현상을 법의 옮겨다님(Wanderung des Rechts)이라 하며, 서로 다른 법을 계수(繼受)하여 학문적으로 체계화하여 자국의 법으로 정립하여 왔다. 그러나 이렇게 자국법으로 형성된 법들도 자국법 우선주의로 인하여 자국법(Landesrecht)으로만 유지 되어왔으나, 비교법학(Rechtsvergleichung)의 생성과 발전으로 세계법의 상호이해의 폭이 넓어졌다. 또한 세계화, 국제화로의 시대변화와 함께 법도 자국법과 자국의 주권을 넘어서 타국에서도 효력을 갖는 초국가법(supranational law) 내지 각국의 국민 상호 간에 국경을 넘어 통용되는 초국경법(transnational law)의 출현으로 이어져 오늘에 이르고 있다.

사를 고찰함에도 자국법의 역사적 고찰은 물론 외국에서의 사회변화에 대응한 외국법의 변화도 함께 비교연구[4]할 필요성은 그 어느 때 보다도 증대되었다. 그러나 본서(本書)에서는 한국사회의 변화에 대한 한국민사법의 대응을 중심으로 한국민사법의 변화를 살펴보고자 한다. 그리고 본서의 집필구성에 관하여, 본문에서는 한국사회의 변화에 대한 민법의 대응을 거시적 안목에서 논술하고, 보다 구체적이고 상세한 내용에 관하여는 각주(脚註)에서 설명하는 방식을 취하기로 하였다.

Ⅱ. 한국민사법의 구성과 사상적 기초

한국민사법이 한국사회의 변화에 어떻게 대응하여 왔는가를 살펴보기 위해서는, 현행의 한국민사법, 그 중에서도 한국민법의 사상적 기초와 제정되었을 때의 시대상에 대한 이해가 필요하다. 우리의 한국민법은 1958년에 제정되고 1960년부터 시행이 되어 오늘에 이르고 있지만, 민법의 기본사상과 철학은 서양에서의 근대민법의 사상을 이어받아 그 서양의 근대사상의 기초위에서 제정되었다. 서양의 근대사상은 인간을 이성적 존재로 인정하고, 인간의 이성에 의한 자유로운 활동을 보장하는 개인주의[5]

4) 이를 비교법사학(geschichtliche Rechsvergleichung)이라 한다.

5) 개인주의를 시민사회의 아들이라 칭하는 학자도 있다(Siehe, Arietta Auer, Der privatrechtliche Diskurs der Moderne (Mohr Siehbeck, 2014), S. 77). 개인주의 사상은 중세의 주의주의자(主意主義者: Voluntarist)였던 옥캄(William of Ockham:c. 1287-1347)의 사상으로 시작되어 근세 계몽주의자에게로 계승되었으며, 종교개혁자들도 개인주의의 발전에 기여하였다. 이러한 개인주의는 재산을 가진 자를 위한 사상으로 정립되어 발전하여 왔다. 그 결과 개인주의는 가진 자의 소유개인주의(possessive individualism)로 생성되어 발전되어 왔다(See, Nicholas Wolterstorff, Justice: Rights and Wrongs(Princeton University Press, 2008), pp. 12, 43, 51, 63). 오늘날도 여전히 가진 자 중심의 개인주의가 강하게 작용

와 자유주의가 기본사상이다. 이러한 개인주의와 자유주의의 사상적 기초 위에서 생산수단에 대한 사소유권(Privateigentum)의 보장에 의한 사유재산제와 경제활동의 장(場)으로서 시장경제를 중시하는 근대자본주의를 기반으로 하여 이를 보장하고 지키고자 하는 서양의 근대민법이 제정되었다. 우리 민법도 역시 이러한 서양의 근대민법의 사상과 법제도를 계수하여 제정된 민법이다. 그러므로 우리 민법 역시 개인주의와 자유주의를 바탕으로 하여 개인에게 사소유권을 보장하고 시장경제를 인정하는 근대자본주의를 보장하고 보호하며 이를 지켜나가고자 하는 민법이다. 이를 요약하면, 우리 민법은 개인의 인격의 존엄과 이성을 인정하고, 이러한 개인의 자유를 인정하고 보장하며, 인간이 인간답게 살아갈 수 있는 재산적 기초로 사유재산제와 그 본질적 요소인 사소유권을 인정하고 보호하며, 시장을 통하여 개인의 자유로운 경제활동이 이루어지고, 시장을 통한 자유로운 경제활동에 의하여 개인이 부(富)를 축적하여 행복하게 선(善)한 삶을 살도록 하는 사상을 바탕으로 하여 민법내용이 구성되어 있다.

이와 같은 근대민법의 사상적 기초인 자유주의, 개인주의, 사소유권의 보장, 자유시장경제의 자본주의는 근대 사회와 함께 출현하여 시대의 변화에 따라 많은 수정을 거치기는 하였으나, 오늘날에도 여전히 변함없는 민법의 기본사상으로 유지되고 있으며, 이러한 사상의 발현(發顯)에 의하여 사회는 풍요로워지고 문명은 발전하게 되었다. 이러한 개인주의, 자유주의, 사소유권의 보장, 자유시장경제의 자본주의 사회는 앞으로도 여전히 발전하여 갈 것으로 예상되며, 사회구성원 모두가 인간답게 행복하고 선한 삶

하며, 이러한 가진 자 중심의 소유개인주의는 자유지상주의(libertarianism; Libertatrismus)로 발전되었다.

을 살 수 있는 방향으로 수정·발전해 나갈 것으로 생각된다.

서양에서 이와같은 개인주의, 자유주의, 사소유권의 보장, 자유시장경제를 추구하여 이를 근대민법의 기본사상으로 삼은 것은, 중세의 봉건 경제시대의 신분구속적인 사회에서 인간이 해방될 것을 염원하여, 이를 실현하고자 한 중세의 신분구속적인 사회에 대한 저항으로 배태되어 근대의 지도사상으로 되었던 것이다. 그러나 이러한 근대사상은 이념적으로는 모든 사람에게 예외없이 적용되는 사상이었으나, 현실적으로는 재산을 가진 자들인 유산자들의 인격과 재산과 활동의 보장을 위한 사상으로 더 크게 기능하였다.[6)]

이러한 서양에서의 근대민법의 사상적 기초는 서양의 근대민법에서 법규범으로 구체화되고, 일본이 이를 계수하여 일본민법[7)]에서 법제도화되고, 일본민법이 우리의 구민법으로 적용[8)]되다가, 1958년에 우리의 현행민법이 제정될 때에 서양의 이러한 개인주의 자유주의의 근대사상이 우리 민법에서도 기본사상이 되었다. 이와같이 서양 근대의 개인주의와 자유주의 사상이 우리 사회에 적절히 기능할 수 있는 구체적인 법제도로 제정된 법이 바로 우리 현행의 민법이다.

---

6) 이와 같이 법은 특정 이데올로기(Ideologie)에 묻혀있다. 법을 묶고 있는 이데올로기를 깨려면 사회의 변화가 도래하여야 한다. 그 때에 비로소 법은 기존의 이데올로기를 벗어나 새로운 이데올로기의 실현을 위해 작동하기 시작한다(Siehe, Ulrich Hommes, “Recht und Ideologie”, in: Mensch und Recht: Festschrift für Erik Wolf zum 70. Geburtstag, Frankfurt am Main, Vittorio Klostermann, 1972), S. 87).

7) 현행 일본민법은, 그 재산법편은 1896년에 제정되고, 그 친족상속편은 1898년에 제정되어, 1898년에 동시에 시행되었다. 그리고 2017년에 일본채권법의 현대화가 이루어지고 현대화로의 개정 일본민법은 2020년에 시행이 되었다.

8) 이를 민법사에서는 의용(依用)이라 하고, 의용된 일본민법이 우리의 구민법이며, 1912년에 제령(制令)으로 제정된 조선민사령에 의하여 의용(依用)되어 1959년 말까지 적용된 일본민법이 한국에서 당시의 현행민법으로 효력이 유지되었다.

Ⅲ. 고찰대상의 시간적 범위: 민법시행(1960) 이후부터 현재까지

본서(本書)에서 고찰하고자 하는 한국사회의 변화와 한국민사법의 대응은 현행민법의 시행 이후부터 지금에 이르기까지로 한정하고, 한국민사법의 과제는 예상할 수 있는 장래까지 한국사회가 어떻게 변화할 것인지에 대한 고찰과 그 사회변화에 대처할 수 있는 지속가능하고 이상적이라고 할 수 있는 한국민사법의 발전방향을 제시하는 것으로 정리해 보고자 하였다.

이렇게 고찰대상을 현행민법의 시행이후로 한정하는 것은 구민법은 현행의 일본민법으로서 우리 사회의 변화에 대하여 우리 스스로의 입법에 의한 한국민사법의 대응으로서의 민법이 아니었기 때문이며, 현행민법이 구민법을 기초로 하여 제정되긴 하였지만, 구민법의 법원칙이 현행민법에서는 근원적으로 바뀐 내용이 있기 때문이다. 무엇보다도 구민법은 물권변동에 관하여 대항요건주의를 취하였으나 현행민법은 성립요건주의로 전환되어, 구민법의 법원리의 변화가 있었기 때문이다. 그리고 일본민법은 1947년 개정에 의하여 일본민법 제1조 제1항에서, 사권(私權)은 공공복리에 적합하지 않으면 아니된다라고 추가로 규정하여 사법생활에 대한 공적 규제의 가능성을 이념적으로 제시하고 있다. 그러나 우리의 현행민법은 우리 스스로 제정하였으며, 일본민법과는 그 이념과 기본적인 법원칙에 있어서 차이가 있기 때문이다.

그리하여 구민법 시대의 한국사회는 우리 스스로의 결정에 의하여 발전하여 온 자율적인 한국사회가 아니었기 때문에, 본서에서는 그 타율적인 구민법 시대의 한국사회를 극복하기 위한 우리의 자율적이고 우리 고유의 사회를 적절히 규율하고자 한 현행민법의 시행 이후로 한정하였다. 이와 같이 본서에서는 현행민법의 시행 이후의 시기로부터 고찰하기로 그 시간과 대상을 한정하였다.

우리의 현행민법은 1960년에 시행이 되었으나 그 제정은 1958년에 이루어졌다. 한국민법의 제정과정을 좀 더 살펴보면, 1948년에 대통령령에 의한 법전편찬위원회 직제의 제정·공포[9]로 현행민법의 제정을 위한 작업이 시작되었다. 그 후에 한국동란 중에도 민법제정작업을 계속하여, 1953년에 민법초안이 만들어지고, 1954년에 국회에 제출되어, 1958년에 제정되었다.[10]

민법시행 후 그 간에 민사법의 관리는 민법 중 가족법은 수 차례 개정되어 시대변화에 탄력적으로 대응하여 왔으나, 재산법은 민법의 개정보다는 민사특별법을 제정하여 시대변화에 대응하는 방법을 취해 왔다고 평가할 수 있다.

9) 1948년 9월 15일 대통령령 제4호였다.

10) 현행민법전 초안의 작성에 착수한 것은 1948년 12월 15일이었으며, 1953년 7월 4일에 초안이 만들어지고, 1954년 12월 26일에 정부제출 법률안으로 국회에 제출되고, 1958년 2월 22일 법률 제471호로 공포되어, 1960년 1월 1일부터 시행되었다. 민법제정의 자세한 역사적 과정에 관하여는, 김상용 저, 전경운 증보, 민법총칙(제4판, 화산미디어, 2018), 70－72면 참조.

제 2 장

한국사회의 변화의 과정과 특징

제 2 장

한국사회의 변화의 과정과 특징

Ⅰ. 한국사회 변화의 과정과 특징

우리의 현행민법이 시행된 후 지금까지 60여년이 지났다. 60여년의 기간 동안 한국사회는 압축적으로 발전하고 변화를 하였다. 특히 경제성장이 압축적으로 이루어져 한국사회가 압축적으로 발전하고 변화하였다고 평가되고 있다. 민법이 시행되기 이전의 한국사회는 농업사회였다. 민법이 시행된 후에 한국사회는 도시화, 산업화를 거치고 세계화, 국제화 사회로 진입하였다. 또한 과학기술의 발달로 지금은 4차 산업혁명으로 일컬어지는 고도의 지능정보사회(intelligent information society)로 발전하였다.

그리고 핵가족화, 고령화 사회로 급속히 진입하여 공동체적 전통사회에서 개인주의 사회로 급진전하였다. 민법제정과 그 시행 후 한국사회에서의 가족구조 내지 가족문화는, 가족연대의 이완, 단체적 가족윤리의 약화, 개인주의의 강화와 심화, 출산율의 저하, 이혼의 증대, 소가족화, 고령화, 가족유형의 다양화, 혼인의 탈제도화, 그리고 특히 아동보호가 시대적 요청으로 발전

되어 왔다.[1)]

이러한 모든 사회변화가 동시적으로 압축적으로 진행되었다고 평가된다. 그리고 지난 60여년간의 한국사회가 대전환의 계기를 이룬 것은 1988년 서울올림픽의 성공적인 개최였다고 생각된다. 올림픽 전의 기간은 도약을 위한 준비기였다면, 그 후부터는 자신감을 가지고 세계사의 흐름에 적극적으로 동참하여 다이나믹한(dynamic) 사회를 이루어 왔다고 평가된다. 올림픽 이전에는 산업화·도시화의 시내었다년, 그 후에는 세계화, 지능정보사회로의 고도의 발전, 고령화로의 급속한 진전, 이혼의 증대와 이에 따른 아동보호의 문제가 동시에 사회문제로 등장하였다고 평가된다. 이러한 사회의 변화는 자유의 보장과 확대와 함께 한국사회가 너무 개인주의적인 사회로 발전되어 왔다고 평가된다.

Ⅱ. 민사법 대응의 특징

60여년 간에 이러한 고도의 압축적인 사회경제로의 한국사회의 변화에 한국민법이 탄력적으로 대응하여 국민들의 법생활을 적절히 규율하여 민법의 내용이 국민들의 법의식으로 정착

1) 이승우, "친족법의 변화와 앞으로의 과제", 우리법 70년의 변화와 전망: 사법을 중심으로: 청헌 김증한 교수 추모논문집간행위원회 편(법문사, 2018), 532면. 이와같이 한국사회가 개인주의로의 급속한 발전에 따라서 1인 가정이 증대하여, 사람과 사람간의 이웃으로서의 관계가 약화되고 가족공공체가 이완됨으로서, 사람들이 반려동물들과 공동체를 이루어가는 경향으로 발전하고 있다. 이렇게 반려동물이 가정에 공동체의 구성원으로 들어옴으로써 동물을 물건으로 보고 있는 민법규정(민법 제99조 제2항)이 시대에 뒤떨어진 상태가 되었다. 그리하여 동물을 물건으로 보지 않도록 하는 동물에 관한 민법규정(민법 제98조의 2 신설 예정안)을 신설하는 입법예고(2021. 7. 19)가 이루어졌다.

되었느냐에 대한 물음에는 긍정적으로만 답할 수 없다고 평가된다. 국민들의 의식이 사회변화를 따라가지 못하였다고 평가함이 타당할 것으로 생각된다. 우리 민법이 제정될 당시는 우리 사회는 농업중심의 전통적인 의식이 강하였던 사회였다. 서양의 근대민법을 모범으로 하여 우리 민법이 제정되긴 하였지만, 우리 민법은 우리의 전통사회를 바탕으로 하여 제정되었다기보다는 서양의 발전된 산업사회의 민법내용을 계수하여 입법이 이루어진 민법으로서 우리 사회를 적절히 규율하는 민법이었다고 평가되지 아니한다. 민법이 시행되고 한국사회의 변화에 적절히 대응할 수 있도록 개정을 지속적으로 하였어야 했으나, 가족법은 여러 차례에 걸쳐 개정함으로써 사회변화를 수용하여 발전되어 왔다고 평가되지만, 재산법은 특별법을 제정하여 대처하고 민법개정을 소홀히 하여 사회변화에 민법이 적절히 대응하지 못하여 사법(死法)이 많이 발생하였다.[2] 그리하여 한국사회의 변화에 대한 한국민사법의 대응에 있어서, 가족법은 민법의 가족법편이 살아있는 민법이고, 재산법은 민사특별법이 살아있는 민법이라 평가할 수 있다. 그리하여 민사특별법은 재산법에 집중되어 있다.

2) 대표적으로 우리 민법은 농지개혁의 취지를 살리기 위하여 농지를 목적으로 하는 전세권 설정을 금지하고 있는데(민법 제303조 제2항), 오늘날은 농지의 임대차가 허용되고 있음에도 민법에서는 여전히 농지의 전세권 설정을 금지하고 있다. 그리고 금융실무에서 부동산담보는 주로 근저당권을 실행하고 있음에도 불구하고, 근저당권에 관하여 오로지 1개 조문(민법 제357조)만을 두어 부동산담보실무와 민법규정과는 괴리가 크다고 평가된다. 민법은 국민들의 민사법률생활에서 법의식(Rechtsbewußtsein)으로 정착하여, 국민들의 일상의 법생활 속에서 민법이 실천될 수 있는 살아있는 민법(lebendiges Recht)일 것이 요청된다. 그러나 우리 민법은 제정시부터 한국사회를 적절히 규율하지 못하는 내용으로 규정되었으며, 민법시행 후 한국사회의 압축적인 변화에 따른 수정·보완이 적기(適期)에 적절히 이루어지지 못하여 민법의 내용이 국민의 법의식으로 생활 속에 정착하지 못하였다고 평가된다.

그 결과로 한국사회의 압축적인 변화에 민법이 적절히 대응하지 못하고 수많은 민사특별법의 제정과 개정으로 대처하여 왔다고 평가된다. 그리하여 오늘날은 특히 민법의 재산법 편은 민사특별법이 일반법이고 민법이 예외적인 법이 되고 말았다고 평가해도 과언(過言)이 아니다.

특히 인공지능시대의 도래에 의한 민사법의 변화에 대해서는 지금까지 민사특별법에서 이를 수용하고, 민법에서는 인공지능시대를 반영하는 규정을 거의 누지 않은 상태이다.

또한 한국사회는 유럽대륙의 영향을 많이 받았으나 세계 제2차 대전 후에는 미국의 영향이 강하게 밀려옴으로써 한국사회가 변화하고, 민사법에 있어서도 대륙법의 영향을 크게 받았으나 지금은 영미법의 영향이 점차 증대되고 있는 현상을 보이고 있어서, 더욱더 한국사회의 변화에 우리 민법이 적절히 대응하지 못하는 것이라 평가된다. 대륙법의 법원리에 영미법의 법제도의 계수가 이루어져 가고 있는 중이라고 평가된다.[3)]

3) 영미법에서 발전된 징벌적 손해배상제도(punitive damages)의 입법이 이루어지고 있고, 집단소송제도의 확대입법 움직임 등이 우리 사회에서 적절히 가능하여 국민들의 법의식으로 정착할 수 있는 방안인 지에 대한 검토가 계속 이어져 가야할 것으로 생각된다. 또는 증거조사에 있어서도 미국의 디스커버리제도(discovery)의 폭넓은 입법이 추진되어야 할 것이다. 그리고 법학교육제도가 영미식으로 전환됨에 따라서 민법을 살아있는 민법으로 법의식화 함에 어떻게 민법을 관리·운용해 나가야 할 지에 관해서도 계속 검토가 뒤따라야할 것으로 생각된다.

제 3 장

민사법의 대응 경과(經過)와 내용

제 3 장

민사법의 대응 경과(經過)와 내용

Ⅰ. 민법에서의 법원칙의 변화와 민사법의 대응방법 개관

한국민법은 1958년에 제정되어 1960년부터 시행되었다. 그 이전의 한국민법이었던 구민법은 일본민법전이었다. 한국민법을 제정할 당시에 입법자들의 가장 중요한 입법의사는 구민법인 일본민법과는 다른 한국민법의 제정에 있었다. 구민법과 다른 한국민법의 가장 중요한 법원칙의 변화는 물권변동에 있어서 구민법의 대항요건주의를 성립요건주의로 바꾼 것이었다.[1)] 그리하여 등기와 인도가 구민법에서는 물권변동의 대항요건이었으나, 현행민법에서는 성립요건로 규정되게 되었다[2)](민법 제

1) 물권변동의 성립요건주의로의 전환이외에도 민법에서 총유에 대한 규정, 우리 고유의 전세권에 관한 규정을 한 것 등을 들 수 있다. 그리고 구민법상의 영소작권, 선취특권, 부동산질권은 현행민법에서는 규정하지 않았다.

2) 대항요건주의에서는 등기가 부동물권변동의 요건이 아니었기 때문에 부동산의 소유자이지만 자기명의로 등기하지 아니한 부동산이 허다(許多)하였다. 성립요건주의로 전환함에 따라서 실제 소유자와 등기부상의 소유명의자를 일치시켜야 하였다. 등기부를 실제와 일치시키기 위하여 실제소유자를 등기부상의 명의자로 변경등기를 하도록 하는 일이 민법 제정시부터 지금까지 계속되고 있다. 민법제정시에는 민법 부칙 제10조에서 민법시행 후 3년의 유예기간 내에 실제 소유자가 이전등기를 하도록 하고, 그 후 두 번에 걸친 동부칙의 개정(1962, 1964)을 통하여 법정의 기간을 각각 2년 및 1년을 더 연

186조및 제188조 제1항).

현행민법이 제정되고 시행되어 오는 과정에 한국사회의 변화에 대한 민사법의 대응은, 가족법은 수차례에 걸친 민법의 개정으로 대처하여 왔으나, 재산법은 민법을 개정하기 보다는 민사특별법을 제정하여 한국사회의 변화에 대처하였다. 그 결과 가족법은 살아있는 민법이나 재산법은 사법(死法)이 많이 발생하는 현상을 빚고 있다고 평가된다. 그 간에 재산법의 대폭적인 개정을 위한 2차례에 걸친 노력을 기우렸으나, 극히 일부분만의 개정에 그치고 대부분은 특별법을 제정하여 대응하여 왔다.

또한 학설과 판례가 많이 집적되어 사회변화에 대응하여 왔으며, 민사권리구제제도도 매우 다양하게 확대되었다. 민사소송와 민사조정의 선택적 이용의 허용, 특별법에 의한 각종 특별조정제도가 널리 인정되며, 중재제도가 인정되고, 부분적인지만 집단소송(class action: Gruppenklage), 단체소송(Verbandsklage)도 인정되고 있으며, 손해배상에 있어서 실손해의 배상 이외에 징벌적 손해배상(punitive damages)의 인정이 확대되고 있다.

장하고, 법정의 기간이 만료되었을 때에는 판례에 의하여 등기기간을 10년 더 연장하고(대판 1966.9.17. 66다1150; 대판 1968.11.5. 68다1797), 그 후에는 다시 판례에 의해 당해 부동산을 점유하고 있는 자의 소유권이전등청구권을 소멸시효의 대상에서 제외시키는 조치를 취하였다(대판 1976.11.23. 76다342; 대판 1976.11.23. 76다546). 그 후에는 다시 한시법(限時法)으로 9차례에 걸려 부동산소유권이전등기특별조치법(정식법명: 부동산소유권이전등기 등에 관한 특별조치법)을 제정하여 보증인의 보증만으로 실제 소유자가 단독으로 그의 명의로 소유권이전등기를 신청할 수 있도록 하였다. 2020에도 새로이 한시법인 부동산소유권이전등기 등에 관한 특별조치법을 제정·시행하여 실제 소유자와 등기부상의 소유자명의를 일치시키는 일을 계속하여 왔다.

Ⅱ. 민법의 대응

1. 민법 중 재산법의 대응

(1) 1984년의 재산법 일부 개정

민법이 제정·시행된 후, 제5공화국의 성장발전저해법령 정비시책의 하나로 1981년에 민법개정에 착수하여 1982년에 개정안을 마련하였으며, 1984년에 처음으로 극히 부분적인 민법중 재산법의 개정이 이루어졌다. 특별실종에 항공기실종을 추가하고(민법 제27조 제2항), 특별실종기간을 1년으로 단축하였으며(민법 제27조 제2항), 구분지상권을 입법하고[3](민법 제289조의 2), 전세권자에게 우선변제권을 인정하여 전세권의 담보물권으로의 법적 성질을 분명히 하고(민법 제303조 제1항), 건물전세권의 최단존속기간을 1년으로 개정하고(민법 제312조 제2항), 전세금의 증감청구권을 규정하고 증액청구에 경우에는 그 최고한도를 제한하였다(민법 제312조의 2). 이러한 민법 중 재산법의 개정과 함께 특별법으로 가등기담보법(1983)과 집합건물법(1984)을 제정하였다.

(2) 2004년의 재산법 전부개정안의 마련과 입법 실패

1999년에는 민법중 재산법의 전부개정을 위한 작업에 착수하여. 2004년에 개정안이 마련되어 국회에 정부안으로 제출되었다. 그러나 당시의 17대 국회의 회기가 만료됨으로서 동 민법중 재산법 개정안은 2008년에 폐기되고 말았다.[4] 이 민법 중 재

3) 구분지상권은 지하철의 건설, 지하의 대규모 개발의 필요성에 대응하기 위하여 입법이 이루어졌다.

산법 개정안을 일반적으로 2004년 민법개정안이라 한다.

2004년의 재산법 개정안 중에서 특기할 말한 내용은, 법인 설립에 있어서 허가주의에서 인가주의로 바꾸고, 근저당권에 관하여는 일본민법의 근저당권에 관한 규정을 모범으로 하여,[5] 근저당권을 기본계약에 부종하도록 하여 포괄근저당권을 허용하지 아니하였다.[6] 재산법의 개정이 실패한 후 사회경제적으로는 보증인 보호의 입법이 필요하여, 2008년에 보증인보호법(정식법명: 보증인 보호를 위한 특별법)을 제정하여 근보증을 규정하면서(동법 제6조) 포괄근보증을 허용하지 아니하였다.

(3) 2014년의 재산법 전부개정안의 마련과 일부 개정

2004년의 민법 중 재산법의 전면개정안의 입법에 실패하자, 바로 2009년에 두 번째로 민법 중 재산법의 개정작업에 착수하여 2014년에 개정시안을 마련하였다. 이번에는 2004년에서와 같이 재산법을 일괄하여 개정안 전부를 국회에 제출하는 방법을 취하지 아니하고 부분부분으로 나누어 부분개정안을 순차로 국회에 제출하는 방법을 취하기로 하였다. 그리하여 가장 먼저 2011년에 성년연령의 19세로의 인하와 성년후견제도를 입법하고, 2015년에 여행계약의 입법과 보증채무에 관한 규정을 개정하였다. 이 이외의 민법 중 재산법 개정안은 입법이 이루어지지 못하였다. 2013년에 유치권에 관한 개정안이, 2014년에는 법인

4) 헌법 제51조 단서 규정에 의하면, 국회에 제출된 법안은 국회의원의 임기가 만료되면 자동 폐기되도록 규정하고 있다.

5) 일본민법에서의 근저당권은 1971년 동법의 개정에 의하여 입법되었다.

6) 이에 관하여는, 김상용, "根抵當權의 立法方向에 관한 意見: 包括根抵當權의 禁止를 중심으로", 부동산포커스 Vol.104(한국감정원 KAB부동산연구원, 2017. 1. 25), 47-70면 참조.

에 관한 개정안이 각각 국회에 제출되었으나 2016년에 19대 국회의 회기만료로 모두 폐기되었다. 그 후 2016년에는 대통령에 대한 탄핵정국의 혼돈으로 민법 개정의 동력(動力)이 약화되었으며, 2017년에는 정권교체로 인하여 민법에 대한 기본사상이 달라지게 됨으로써 민법의 현대화를 위한 민법 중 재산법의 개정은 더이상 진전되지 못한 상태였다.[7)]

성년후견제도는 인구의 고령화의 진행으로 정신적으로는 물론 육체적으로도 자기의 사무를 자기 스스로 처리할 수 없는 자의 재산보호와 생활유지를 가능하게 하도록 한 후견제도이다. 종래는 정신적으로 자기 재산을 스스로 관리할 수 없는 자의 재산보호를 위하여 행위무능력자제도가 입법되어 운영되었으나, 성년후견제도에 의하여 정신적으로는 물론 육체적으로도 스스로 자기 사무를 처리할 수 없는 자의 재산 및 생활유지를 위하여 행위무능력자제도가 제한행위능력자제도로 전환되었다.

성년후견에는, 성년후견(민법 제9조 제1항), 한정후견(민법 제12조 제1항), 특정후견(민법 제14조의 2), 그리고 임의후견(민법 제959조의 14 이하)의 4가지의 후견을 입법하였다. 성년후견은 질병, 장애, 노령, 그 밖의 사유로 인한 정신적 제약으로 사무를 처리할 능력이 지속적으로 결여된 사람에 대하여 가정법원으로부터 본인, 배우자, 4촌 이내의 친족, 미성년후견인, 미성년후견감독인, 한정후견인, 한정후견감독인, 특정후견인, 특정후견감독인,

7) 독일은 이미 2001년에 독일민법의 현대화를 위한 독일민법을 개정하여 2002년에 시행하였으며, 일본은 2017년에 일본민법의 현대화를 위한 일본민법을 개정하여 2020년부터 시행하였다. 우리는 민법의 현대화를 위한 사상과 내용 및 진행방법에 대하여 충분한 이해가 이루어져 있지 못할 뿐만 아니라, 정치변화에 따라서 민법의 현대화를 이루지 못하고 있다고 평가된다. 2023년에 다시 민법 중 재산법 개정을 위한 민법(재산법) 개정위원회가 구성되었다.

검사 또는 지방자치단체의 장의 청구에 의하여 성년후견(成年後見) 개시(開始)의 심판을 받은 자를 위한 후견이며(민법 제9조), 한정후견은 질병, 장애, 노령, 그 밖의 사유로 인한 정신적 제약으로 사무를 처리할 능력이 부족한 사람에 대하여 한정후견개시의 심판을 받은 자를 위한 후견이다(민법 제12조). 그리고 특정후견은 질병, 장애, 노령, 그 밖의 사유로 인한 정신적 제약으로 일시적 후원 또는 특정한 사무에 관한 후원이 필요한 사람에 대하여 가정법원으로부터 특정후견의 심판을 받은 자를 위한 후견이다(민법 제14조의 2). 임의후견은 질병, 장애, 노령, 그 밖의 사유로 인한 정신적 제약으로 사무를 처리할 능력이 부족한 상황에 있거나 부족하게 될 상황에 대비하여 자신의 재산관리 및 신상보호에 관한 사무의 전부 또는 일부를 다른 자에게 위탁하고 그 위탁사무에 관하여 대리권을 수여하는 것을 내용으로 하는 후견계약에 의한 후견이다(민법 제959조의 14 제1항).

임의후견을 제외한 성년후견에 있어서는 가정법원의 후견심판에 의하여 개시되고, 가정법원이 감독하며, 후견인에는 자연인 뿐만아니라 법인도 후견인이 될 수 있고 1인만이 아니라 복수의 후견인을 둘 수도 있다(민법 제930조). 임의후견의 후견계약은 공정증서로 체결하여야 하며(민법 제959조의 14 제2항), 임의후견은 가정법원이 임의후견감독인을 선임한 때부터 개시(開始)된다(민법 제959조의 14 제3항).

이러한 성년후견에 관하여는 가정법원의 엄격한 감독을 받도록 그 내용이 구성되어 있다.[8] 근자에는 성년후견제도에서 법정대리인인 후견인이 피후견인의 의사를 결정하는 대리인 결

8) 성년후견에 대한 보다 자세한 내용에 관하여는, 김상용 저, 전경운 증보, 전계 민법총칙 제4판, 175-205면 참조.

정제도에서 피후견인의 의사결정능력을 지원하여 피후견인이 스스로 의사를 결정하도록 지원하는 의사결정능력지원제도로 전환해 나가야 한다는 성년후견제도의 전환이 주장되고 있다.[9)]

이에 관하여 좀 더 상세히 설명하면, 성년후견제도는 의사결정능력이 결여된 본인을 위하여 대리인이 본인의 의사를 대리인 스스로 결정하여 그 결과를 본인에게 귀속시키는 의사결정제도이다. 대리인이 의사결정능력이 결여된 본인을 위하여 의사를 결정함에는 본인의 진정한 의사와 대리인의 본인을 위한 의사가 불일치 할 수 있으며, 본인이 스스로 자신의 의사결정을 할 수 있는 능력이 다소간 있음에도 불구하고 대리인이 본인의 의사를 결정하게 된다. 이는 진정한 사적자치가 법리에 부합하지 아니한다. 이러한 때에는 본인이 스스로 자기의사를 결정할 수 있도록 의사결정지원제도가 필요하다. 그러나 현재의 성년후견제도는 대리인(즉 후견인)에 의한 의사결정의 원칙에 입각해 있으며, 본인을 위한 의사결정지원내용은 담고 있지 못하다. 그리하여 오늘날은 의사결정 능력이 부족한 본인을 위하여 성년후견제도가 본인 스스로 자기의사를 결정할 수 있도록 지원하는 의결정지원제도로 전환되어 가고 있다. 특히 2006년에 채택되고 2008년에 효력을 발생한 유엔장애인권리협약(CRPD: International Convention on the Protection and Promotion of the Rights and Dignity of Persons with Disabilities) 이후 세계적으로 정신적, 신체적으로 취약한 성인을 위한 보호패러다임이 보호를 위한 개입에서 자율존중을 위한 지원으로 전환되어

9) 이에 관하여는, 박인환, "사적자치와 법적능력 - 장애인권리협약 제12조를 계기로 하여", 사적자치와 민사법의 후견적 개입: 한국민사법학회 2025년도 하계학술대회 발표논문 자료집(한국민사법학회 주최, 제주대학교 법과정책연구원, 법무부 후원, 2025. 6. 21), 37－55면.

감이 세계적인 추세이다. 이러한 의사결정지원제도로의 전환은 사적자치의 원리를 의사결정능력 장애인에게도 실질적으로 실현시키기 위한 필수적인 제도로 받아들여지고 있다.

우리나라에서도 의사결정지지원제도의 실현을 위하여, 민법에서 성년후견제도에 본인을 위한 의사결정지원내용을 부가(附加)하지는 않았으나, 비록 간접적인 지원제도이긴 하지만 다수의 법률을 제정하여 의사능력이 결여된 본인의 의사결정을 지원할 수 있도록 하고 있다. 구체적인 의사길정시원 관련 법률로는, 발달장애인 권리보장 및 지원에 관한 법률(2014년 제정, 2015년 시행), 정신건강증진 및 정신질환자 복지서비스 지원에 관한 법률(2016 제정, 2017년 시행), 치매관리법(2015년 제정, 2015년 시행), 유엔장애인권리협약의 비준(2008년) 등의 법률과 조약이 제정·시행되고 있으며, 이러한 법률 이외에도 이미 장애인차별금지 및 권리구제 등에 관한 법률(약칭: 장애인차별금지법: 2007년 제정, 2008년 시행), 노인복지법(1997년 제정, 1998년 시행)이 제정·시행되어 의사결정능력이 결여된 자를 보호할 수 있도록 법률정비를 하였다.

그리고 후견인이 본인을 의하여 의사결정을 함에도 있어서도, 대리인인 후견인도 본인의 가치관, 인격, 신념, 생활방식들을 감안하여 본인이 의사능력 상태였더라면 하였을 의사결정을 하도록 노력하여야 하며, 본인의 의사를 확인할 수 없을 때에는 후견인은 본인의 추정적 의사를 찾아내어 이를 실현하도록 하여야 한다.[10)]

10) 의사결정지원제도에 관하여는, 박인환, "초고령사회민법학의 과제: 고령자의 자율존중의 관점에서 본 성년후견과 신상결정", 다원과 통섭의 민법학: 윤진수 교수 고희기념(박영사, 2025. 6), 191-227면 참조.

(4) 2017년 민법용어 수정 개정안의 마련

현행민법의 용어들은 일본민법의 용어들을 그대로 사용한 경우가 많으며, 일상생활에서의 용어와는 다른 의미로 쓰이고, 일반인들이 민법의 용어를 이해하기 쉽지 않은 측면도 있었지만, 무엇보다도 2017년 새 정부가 들어서고부터 일기 시작한 반일경향(反日傾向)의 영향으로 민법의 내용의 수정·보완보다는 민법의 용어의 개정을 시도하였다. 그리하여 2017년에 용어를 순화하기 위한 알기 쉬운 민법개정안을 마련하였다. 그 후 2019년에 알기 쉬운 민법개정안은 국무회의를 통과하고 동년에 국회에 제출되었으나, 2020년 20대 국회의 회기만료로 폐기되었다.

이러한 용어순화의 민법개정안에 대해서는 용어순화보다 내용개정이 더 중요하다는 반대의 의견이 강하게 제기되었다.[11]

(5) 미성년자의 성적침해로부터의 보호강화

2020년에는 민법 제766조 제3항을 신설하여, 미성년자가 성폭력, 성추행, 성희롱, 그 밖의 성적(性的) 침해를 당한 경우에, 이로 인한 손해배상청구권의 소멸시효는 그가 성년이 될 때까지는 진행되지 아니한다라고 규정하여, 성적 피해를 입은 미성년자의 손해배상청구권의 소멸시효의 진행을 성년이 될 때까지로 연기하여, 미성년 성피해자를 보호하고자 하였다.

11) 이에 관하여는, 2018년 민법일부개정법률(알기 쉬운 민법)안에 관한 민법학자의견서 (한국민사법학회 편, 유원북스, 2018.4.19) 참조.

(6) 인격권에 관한 입법시도와 중단

현행민법에서는 인격권에 관하여 적극적인 규정을 두지 하니하고 소극적으로 인격권의 침해의 경우에는 불법행위가 성립함을 인정하는 규정만을 두었다(민법 제751조 및 제752조). 그러나 근자에 불법녹음, 촬영, 직장 내 갑질, 학교폭력, 온라인 폭력, 가짜뉴스 유포, 디지털 성범죄, 메타버스상 인격 침해, 개인정보 유출 등 여러 종류의 인격적 이익에 대한 침해가 다양한 국면에서 발생하고 있고, 이를 둘러싼 법적 분쟁이 급증하고 있다. 이러한 인격권 침해 현상의 증대와 다양화 현상에 대비하여, 정부에서는 2022년 4월 인격권을 보다 상세하게 입법하고 인격권에 기한 방해배제청구권과 방해예방청구권 및 침해된 인격적 이익을 회복하는데 적당한 조치를 청구할 수 있도록 하는 민법개정안에 대한 입법예고를 하였다. 입법예고된 인격권 입법과 인격권 보호에 관한 규정은 민법 제3조의 2를 신설하여 규정하고 법인에 대해서는 민법 제34조의 2를 신설하여 자연인의 인격권과 인격권보호 규정을 성질에 반하지 않는한 법인에 준용하도록 하였다. 인격권 입법과 인격권보호에 관한 입법예고의 내용은, 민법 제3조의 2를 신설하여, 그 제1항에서는 사람은 생명, 신체, 건강, 자유, 명예, 사생활, 성명, 초상, 개인정보, 그 밖의 인격적 이익에 대한 권리를 가진다라고 규정하고, 그 제2항에서는 사람은 그 인격권을 침해한 자에 대하여 침해를 배제하고 침해된 이익을 회복하는 데 적당한 조치를 할 것을 청구할 수 있고, 침해할 염려가 있는 행위를 하는 자에 대하여 그 예방이나 손해배상의 담보를 청구할 수 있다라고 규정하고 있다. 민법 제34조의 2에서는 법인의 인격권에 관하여, 제3조의 2를 그 성질에 반하지 아니하는 범위 안에서 법인에 준용한다라고 규정하고 있었다.

이러한 인격권에 관한 입법예고는 입법화되지 못하였다.

(7) 2023년의 민법 중 재산법 제3차 개정 추진

민법 중 재산법의 개정을 위하여 1999년부터 시도하였으나, 제1차 개정 노력은 실패로 끝나고, 2009년부터 시작된 제2차 민법 중 재산법의 개정 추진은 부분적으로만 개정을 하고, 집권정부가 바뀜으로써 민법 개정 추진 작업이 동력을 잃었다가, 또 다시 2023년에 6월에 제3차 민법(재산법)개정위원회가 발족되어, 계약법부터 민법 중 재산법 개정을 추진하기로 하였다. 개정위원회 위원장, 검토위원장 및 총 22명의 개정위원을 위촉하여 민법 중 재산법 개정 작업을 추진 중에 있다. 개정초안이 나오려면 상당한 시간이 필요할 것으로 예상된다.

2024년 3월에 제3차 민법개정위원회는 첫번째 단계로 계약법 부문의 예비초안을 작성하여 공표하였다. 그리고 2025년 2월에는 민법중 계약법의 주요내용의 개정안이 입법예고 되었다.

(8) 만(滿)나이에 의한 연령 계산의 통일 입법

종래에 우리나라에서는 연령계산의 방법으로 만나이, 세는 나이(집나이), 연나이의 세 가지의 방법이 이용되었다. 만나이는 출생일을 기준으로 하여 그 다음 해 생일날자에 1세가 되는 방법의 연령계산의 방법이며, 세는 나이는 출생연도를 1세로 하는 연령계산 방법이며, 연나이는 현재연도에서 출생연도를 뺀 햇수를 연령으로 계산하는 방법이었다. 이러한 3가지의 연령계산방법을 2022년 12월 27일 민법을 개정하여, 그 제158조에서 나이는 출생일을 산입하여 만(滿)나이로 계산하고, 연수(年數)로 표시한다. 다만 1세에 이르지 아니한 경우에는 월수(月數)로 표시할 수 있다고 통일적으로 만나이로 규정하였다. 이러한 만나이로의 연령계산에 관한 개정민법은 2023년 6월 28일부터 시행되었다. 그러나 연나이는 청소년보호법, 아동·청소년의 성보호에 관한 법률, 민방위기본법, 병역법 등에서 여전히 이용되고 있다.

2. 민법 중 가족법의 대응

(1) 빈번한 가족법 개정의 동인(動因)들

민법제정과 그 시행 후 한국사회에서의 가족구조 내지 가족문화는, 가족연대의 이완, 단체적 가족윤리의 약화, 소가족화, 고령화, 가족유형의 다양화, 혼인의 탈제도화, 그리고 특히 아동복리의 시대적 요청으로 발전되어 왔다.[12] 이러한 한국사회의 가족문화의 발전에 대응하여 민법 중 가족법[13]은 재산법과는 달리 민법개정을 통하여 사회변화에 탄력적으로 대응하여, 가족

12) 이승우, "친족법의 변화와 앞으로의 과제", 우리법 70년의 변화와 전망: 사법을 중심으로: 청헌 김증한 교수 추모논문집간행위원회 편 (법문사, 2018), 532면.

13) 로마법은 물론, 서양근대민법의 제정과정에서 인스티투치오넨시스템(Institutionen-system)을 취한 프랑스민법, 오스트리아민법에서는 가족법이 민법의 독립된 편으로 입법되지 못하고 인법(人法)과 채권법에서 가족관련 규정을 두었으나, 판덱텐시스템의 독일민법전에서 비로소 가족법이 독립된 편으로 편찬이 되었다(Vgl.,Koch Elisabeth, "Familienrecht im System des Zivilrechts", in: Historisch-Kritischer Kommentar zum BGB(HKK) Band IV: Familienrecht §§1297-1921(hrsg. von Reinhard Zimmermann usw., Mohr Siebeck, 2018), Rn 3). 독일에서도 독일민법 제정이전에는 가족은 국가와 같은 단체이기 때문에 가족법을 공법으로 편입하여야 한다는 주장이 제기도 하였다(A. a. O., Rn. 1). 티보(Anton Friedrich Justus Thibaut: 1772-1840)는 가족법을 경찰법에로의 편입을 주장하기도 하였다(A. a. O., Rn 1).그러나 가족원 개인의 인격존중의 이념하에서 가족법을 개인의 법으로 이론정립하여 자기결정, 자기책임의 재산법과 함께 민법으로 편찬되어 오늘에 이르고 있다(A. a. O., Rn 3).

법은 살아있는 민법으로 기능하여 왔으며, 재산법에 비해 특별법이 비교적 적은 것이 특징이다.

이와 같이 가족법이 살아있는 민법으로 기능할 수 있었던 이유는 어디에 있었던가? 이에 관하여는 크게 세 가지의 동인(動因)이 있었다. 그 첫째는 비정부기구인 여성들로 구성된 여성단체들이 유교에 기초한 남성위주의 가부장적이고 비민주적인 전통가족법에 대하여 이를 양성평등의 민주적인 가족제도로의 전환을 위한 강한 여성운동이었다.[14] 둘째는 진보적 가족법 학자들의 법이론의 뒷받침이 있었으며, 셋째는 민법의 가족법의 개별규정에 대하여 헌법재판소에 의한 위헌 또는 헌법불합치 결정[15]이 다수 선고되었기 때문이었다고[16] 평가되고 있다.[17] 그

14) 독일민법의 가족법의 역사에 있어서도, 제1차 독일민법제정위원회에서 가족법 초안을 작성하고 제2차 위원회의 위원장이었던 고트립 플랑크(Gottlieb Planck: 1824−1910)가 완고하게 남성의 가장권(家長權)을 중시하는 사상을 가진 관계로, 그의 주장에 의하여 대표적으로 혼인관계에 있어서의 모든 일에 대하여 처는 부의 후견에 복종하여야 한다는 독일민법 제1354조(이를 복종조항(Gehorsamsparagraph)이라고도 한다)를 입법하였다(Vgl., Meder Stephan, “Diskriminierung der Frauen in die Geschichte des Rechts”, in: Historisch−Kritischer Kommentar zum BGB(HKK) Band IV: Familienrecht §§1297−1921, Rn 1, 6). 동규정은 독일에서 여성운동의 결과로 1957년에 부부동등법(Gleichberechtigungsgesetz: Gesetz über die Gleichberechtigung von Mann und Frau auf dem Gebiet des Bürgerlichen Rechts)이 제정되고, 1958년에 시행됨으로써, 독일민법 제1354조가 폐지되었다(A. a. O., Rn 25). [§ 1354 BGB a. F.: Dem Manne steht die Entscheidung in allen das gemeinschaftliche eheliche Leben betreffenden Angelegenheiten zu; er bestimmt insbesondere Wohnort und Wohnung. Die Frau ist nicht verpflichtet, der Entscheidung des Mannes Folge zu leisten, wenn sich die Entscheidung als Mißbrauch seines Rechts darstellt.] 이와 같이 독일민법전도 가족법이 먼저 개정되고, 그 다음에 채권법이 개정되고, 상속법과 물권법 및 법정채권법은 별 개성없이 그대로 유지되고 있다(Reinhard Zimmermann, “Das Bürgerliche Gesetzbuch und die Entwicklung des Bürgerlichen Rechts”, in: Historisch−Kritischer Kommentar zum BGB(HKK) Band I: Allgemeiner Teil §§1−240 (hrsg. von Reinhard Zimmermann usw., Mohr Siebeck, 2003),Rn.20).

15) 호주제도와 관련된 구민법 제778조, 제781조 제1항 본문 후단, 제826조 제3항 본문에 대한 헌법불합치 결정(헌재결정 2005.2.3. 20001헌가9 내지 15, 2004헌가5)과 부성추정주의의 구민법 제781조 제1항 본문 중 “자는 부의 성과 본을 따르고” 부분에 대한 헌법불합치 결정(헌재결정 2005.12.22. 2003헌가5·6)에 따른 2005년의 민법개정, 중혼취소

리하여 1977년, 1990년, 2005년에 가족법이 대대적으로 개정되고, 그 이외에도 수차례에 걸쳐서 가족법의 부분적인 개정이 이루어져 왔다.

(2) 1977년의 대개정

한국사회의 민주화의 진전에 따라서 유교에 바탕을 둔 가부장적 가족제도에 대한 1차적인 개정이 1977년에 이루어졌다. 그러나 유림(儒林)의 반대로 인하여 타협한 결과의 개정에 그쳤다.[18] 물론 그 이전에 1962년에 혼인에 의한 법정분가(法定分家)를 인정하였다(민법 제789조). 그리고 1977년에는, 성년자혼인에서의 부모의 동의권 삭제(민법 제808조 제1항), 혼인에 의한 성년의제(민법 제826조의 2), 가정법원에 의한 협의이혼확인제도의 신설(민법 제836조), 귀속불명재산의 부부공유 추정(민법 제830조 제2항), 부모의 친권 공동행사(민법 제909조), 법정상속분의 조정[19](민법 제1009조), 유류분제도를 신설(민법 제1112조 이하)하였다. 이와 함께 동성동본불혼을 유지하면서 그 폐지에 대한 대안(代案)으로 1977년에 한시법으로 혼인에 관한 특례법을 제정하여

권자를 규정한 구민법 제818조에 대한 헌법불합치 결정(헌재결정 2010.7.29. 2009헌가8)에 따른 2012년의 민법개정 등을 들 수 있다. 그 외의 위헌 또는 헌법불합치 결정에 관하여는 후술하는 가족법 개정의 내용을 논할 때에 각주(脚註)에서 열거하여 설명하기로 한다.

16) 독일에서도 부부동등법 이후의 가족법의 진보에 독일기본법 제3조의 평등조항에 기초한 독일연방헌법재판소의 독일가족법 규정에 대한 위헌결정이 크게 기여하였다고 평가되고 있다(Vgl., Meder, a. a. O., Rn 25).

17) 이승우, 전제논문 "친족법의 변화와 앞으로의 과제", 531면.

18) 신영호, "가족법 개정의 동향과 쟁점", 학문연구의 동향과 쟁점 제8집: 법학(대한민국학술원, 2018), 414면.

19) 호주상속인에게 그의 고유 재산상속분의 5할을 가산하고, 처의 상속분은 직계존·비속 상속분의 5할을 가산하도록 하였다.

1978년 1년간 사실혼관계에 있는 동성동본혼인의 신고를 할 수 있게 하였다.[20)]

(3) 1990년의 대개정

민법에 남아있는 남녀불평등의 내용을 제거하기 위하여 1990년에 가족법 대개정이 있었다. 구체적으로는 친족의 범위를 조정하고(민법 제777조), 약혼해제사유에 대하여 개정하고(민법 제864조), 부부공동생활비용을 부부공동부담으로 전환하고(민법 제833조), 자를 양육하지 아니한 부 또는 모의 자에 대한 면접교섭권을 신설하고(민법 제837조의 2), 호주상속제도를 호주승계제도로 전환하였으며(민법 제980조 이하), 혈족상속인의 범위를 축소하고, 법정상속분을 균등하게 하였으며(민법 제1009조), 부모의 친권행사에 대하여 조정하였으며(민법 제909조, 제920조의 2), 이혼한 부부의 재산분할청구권을 신설하고(민법 제839조의 2), 기여분제도를 신설하고(민법 제1008조의 2), 특별연고자에 대한 재산분여제도를 신설하였다(민법 제1057조의 2). 그리고 가(家)를 위한 양자제도였던 사후양자(死後養子)(구민법 제867조)와 서양자제도(壻養子制度)(구민법 제876조)를 폐지하였다.

(4) 2005년의 대개정

개인주의적 사회로의 한국사회의 발전에 따라서 민법전 속

20) 그 후에도 1987년, 1995년에 동일한 한시법을 제정하여 그 익년(翌年)에 각각 1년동안 동성동본혼인 신고를 할 수 있게 하다가, 1997년에 헌법재판소의 동성동본금혼의 민법 제809조 제1항에 대한 헌법불합치 결정(헌재결정 1997.7.16. 95헌가6 내지 13)이 선고되고, 2005년에 동성동본금혼에서 근친혼 금지로 민법을 개정함으로써 동성동본간의 혼인이 허용되었다.

에 남아있는 전통적인 가부장적 가족제도와 부계혈통우선제도의 청산이 요청되고 또한 필요하였다. 그리하여 2005년에 가족법을 대폭 개정하여, 호주제를 폐지하고(구민법 제980조 이하), 부성강제주의(父姓强制主義)의 폐지와 성(姓)의 변경을 가능케 하고(민법 제781조), 동성동본금혼에서 근친혼금지로 전환하여 동성동본간에도 근친이 아니면 혼인할 수 있도록 하였으며(민법 제809조), 재혼금지기간을 폐지하고(구민법 제811조), 친생부인의 소의 제척기간을 2년으로 연장하고[21](민법 제847조), 친양자제도를 신설하였다(민법 제908조의 2 이하). 또한 친권을 행사할 자를 친권자로 규정하고(민법 제909조), 후견인해임제도를 후견인변경제도로 개정하고(민법 제940조), 그리고 특별한정승인 규정을 보완하고(민법 제1030조, 제1034조, 제1038조), 노인부양문제를 해결하기 위하여 부양기여분의 요건을 완화하였다(민법 제1008조의 2 제1항)

(5) 그 외의 수차례의 가족법 개정

가족법은 3차례의 대개정 이외에도 수시로 개정이 이루어졌다. 구체적 개정내용을 살펴보면, 2002년에 상속회복청구권의 소멸시효기간을 상속개시의 날로부터가 아니라 상속권의 침해가 있은 날로부터 10년이 경과함으로서 소멸한다라고 개정하고[22](민법 제999조 제2항), 특별한정승인제도를 입법하였다[23](민법 제1019조 제1항).

21) 개정전 민법 제847조의 제척기간 1년의 규정에 대해서는 헌법재판소의 헌법불합치결정(헌재결정 1997.3.27 선고 95헌가14,96헌가7)이 있었다.

22) 헌법재판소는 상속회복청구권의 소멸시효기간의 기산을 상속개시 시로 한 구민법 제999조의 규정은 헌법에 불합치한다고 결정하였다(헌재결정 2001.7.19. 99헌바9 등).

23) 이는, 법정단순승인을 의제하는 민법 제1026조 제2호에 대한 헌법재판소의 헌법불합치결정(헌재결정 1998.8.27. 96헌가22 등)에 근거하여 개정이 되었다.

2007년에는 약혼연령과 혼인적령을 남녀 차등연령주의에서 동일연령주의로 개정하고(민법 제801조, 제807조), 이혼숙려기간제도, 협의이혼시 가정법원의 의무적인 이혼안내와 상담을 권고하는 제도, 자(子)의 양육과 친권자결정 협의서의 의무적 제출을 입법하고(민법 제836조의 2), 자의 부모에 대한 면접교섭권을 인정하고(민법 제837조의 2 제1항), 재산분할청구권보전을 위한 사해행위취소권을 신설하였다(민법 제839조의 3).

2009년에는 협의이혼시에 양육비 부담조서를 작성하도록 하고 그 조서를 집행권원으로서의 효력을 인정하였다[24](민법 제836조의 2 제5항).

2011년에는 성년후견제도를 입법하고,[25] 이혼시에 친권자로 합의하였으나 친권자로서의 적합성 여부를 가정법원이 심사할 수 있도록 하고, 부적절한 경우에는 가정법원이 미성년후견인을 선임할 수 있도록 하여 생존하는 부 또는 모가 당연히는 친권행사를 할 수 없도록 하였다(민법 제909조의 2). 생존친이 당연히 친권자가 되는 자격의 제한은 이혼의 경우 뿐만아니라, 혼인의 취소, 인지·입양의 취소나 파양 또는 양부모의 사망, 친권자의 실권선고, 사퇴, 또는 친권을 행사하기 어려운 경우에도 적용하도록 하였다(제927조의 2).

2012년에는 미성년자의 입양과 피성년후견인의 입양에는 가정법원의 허가를 받도록 하는 등으로 입양제도를 입양자의 이익

24) 2014년에 양육비 이행확보 및 지원에 관한 법률을 제정하여, 미성년 자녀의 양육비청구와 이행확보 지원 등에 관한 업무를 수행하기 위하여 양육비이행관리원을 설치하여(동법 제7조), 양육비 청구를 위한 소송 대리 등 양육비 집행권원 확보를 위한 법률지원을 하도록 하였다(동법 제11조).

25) 성년후견제도의 입법과 함께 후견의 공시방법에 관하여, 미성년후견은 가족관계등록부의 등록에 의하여 공시하고(가족관계등록에 관한 법률(2013) 제79조 이하), 성년후견은 후견등기부의 후견등기에 의하여 공시(후견등기에 관한 법률(2013))하도록 하였다.

을 보호하는 내용으로 개정하고(민법 제867조 이하), 대락입양(代諾入養)의 연령을 15세에서 13세로 하향하였다(민법 제908조의 2). 그리고 부부간의 계약취소권 규정(구민법 제828조)을 삭제하였다.

2014년에는 친권자의 동의에 갈음하는 재판(민법 제922조의 2), 가정법원에 의한 친권의 일시정지와 일부제한(민법 제924조의 2)에 관하여 입법을 하였다.

2015년에는 민법 제924조의 개정과 제924의 2를 신설하여, 미성년자가 부모로부터 학대를 받는 등 부모가 친권행사를 남용한 때에 미성년자가 직접 친권자인 부모를 상대로 하여 가정법원에 친권상실을 청구할 수 있도록 하였다.

2016년는 조부모의 손자녀에 대한 면접교섭권을 인정하도록 하였다(민법 제837조의 2 제2항).

2017년에는 혼인관계가 종료된 날로부터 300일 이내에 출생한 자녀에게 친생추정배제사유가 있는 경우에 가정법원의 친생부인의 허가(민법 제854조의 2)나 인지허가(민법 제855조의 2)에 의하여 혈연에 부합하는 부자관계를 형성할 수 있도록 하였다.[26]

2021년 초에도 민법개정이 있었다. 친권자의 미성년자에 대한 친권 중에서 친권자의 징계권 규정(개정전 민법 제915조)을 삭제한 것이다. 근자에는 부모가 자녀를 학대하는 사례가 빈번히 발생하고, 그러한 학대를 친권자는 친권 중 미성년 자녀에 대한 징계권의 행사라고 주장함으로서 미성년자를 학대한 친권자를 처벌할 수 없는 법적 흠결의 문제점이 발생하여, 이를 근원적으로 해결하기 위하여 친권자의 미성년자에 대한 징계권 규정을 삭제하였다.

26) 이러한 제도의 신설은, 2017년 개정 전의 민법 제844조 제2항에 대한 헌법재판소의 헌법불합치 결정(헌재결정 2015.4.30. 2013헌마623)에 의하여 이루어졌다.

그리고 혼인율의 저하, 만혼(晩婚)의 보편화, 1인 가구 비율의 증대 등의 사회구조의 변화에 따라서 이를 수용하는 가족법의 개정이 추진될 것으로 예상되었다. 그리하여 친족범위 제한 규정(민법 제779조)의 삭제, 다양한 가족형태의 법적 인정, 혼인 중의 자와 혼외자의 구별 철폐, 자녀의 성(姓의) 결정에 있어서 부성우선주의(父姓優先主義)의 폐지 등에 관하여 가족법 개정을 위한 논의가 활발해질 것으로 생각되었다.[27] 또한 이혼한 부부간의 자녀양육비 지급의 강제, 형제자매를 유류분 수혜자에서 제외하는 문제 등이 논의되고 있었다. 또한 친양자 요건을 완화하여 25세 이상의 독신자도 가정법원의 허기를 얻어 친양자를 입양할 수 있도록 추진하고 있었다. 그러나 아직까지 이에 관한 민법개정은 이루어지지 않고 있다. 가족의 유형을 다양하게 인정할 것인가에 관하여는 아직 사회적 합의에 이르지 못하였다고 판단된다.

2022년 5월에는 미성년자가 부모로부터 학대를 받는 등 부모가 친권 행사를 남용한 때에 미성년자가 직접 친권자인 부모를 상대로 하여 가정법원에 친권상실을 청구할 수 있도록 하는 가사소송법 개정안의 입법예고를 하였다. 이 경우에 미성년자의 친권상실을 위한 가사소송절차를 도와주는 절차보조인제도도 함께 입법예고하였다.

그리고 2022년 8월에는 부모의 채무(빚)를 상속받은 미성년자가 성년으로서 경제생활을 새롭게 시작함에 있어 부담을 줄일 수 있도록, 성년이 된 이후에 스스로 한정승인을 할 수 있는 기회를 부여하는 내용의 민법 개정안을 마련하였다. 그 후 2022

27) 조선일보, 2021.4.28. A3면

년 12월에 미성년자가 성년이 된 후 상속재산보다 상속채무가 많다는 사실을 알았을 때에는 그 사실을 안 날부터 3개월 내에, 성년이 되기 전에 알았을 때에는 성년이 된 날부터 3개월 내에 한정승인을 할 수 있도록 하는 민법개정(민법 제1019조 제4항 신설)을 하였다.

대법원은 전원합의체 판결로 빚의 대물림의 고리를 끊는 판결을 내놨다.[28] 대법원은 대법원 전원합의체 판결로써 고인의 자녀 전부가 상속을 포기하면 손자녀나 직계존속이 있더라도 배우자만 단독 상속인이 된다고 보아야 한다고 판시하였다. 그리하여 대법원은 자녀들에게 고인의 빚의 상속을 인정하였던 종래 판례를 변경하고, 고인이 남기고 간 빚을 자녀들이 상속을 포기해도 그 빚이 손자녀의 대물림되는 일을 최소화할 수 있게 되었다.

그리고 2024년에 대법원은 혼인관계가 이혼으로 해소된 이후에도 과거 일정기간 존재하였던 혼인관계의 무효 확인을 구할 확인의 이익이 있는지 여부에 관하여 무효확인을 구할 수 있다고 판결하였다.[29]

또한 2024년에 헌법재판소에서는 사실혼배우자에게 상속권 인정하지 아니하지 아니하는 민법 제1003조 제1항의 규정은 합헌으로 결정하였다.[30] 그리고 상속개시 후 인지에 의하여 공동상속인이 된 자가 다른 공동상속인에 대해 그 상속분에 상당한 가액의 지급에 관한 청구권(상속분가액지급청구권)을 행사하는 경우에도 민법 제999조 제2항의 '상속권의 침해행위가 있은 날부

28) 대판(전원합의체) 2023. 3. 23. 2020그42
29) 대판(전원합의체) 2024. 5. 23. 2020므15896
30) 헌재결정, 2024. 3. 28. 2020헌바494.

터 10년으로 한정한 규정은 민법 제1014조에 관한 한에서는 헌법에 위반된다. 따라서 상속회복청구권에 관한 10년의 제척기간을 적용하도록 한 민법 제999조 제2항은 민법 제1014조가 규정하는 청구인의 재산권과 재판청구권을 침해하여 헌법에 위반된다는 위헌결정을 하였다.[31)]

또한 2022년에는 출생신고 후 법적 변경 절차를 통해 어머니의 성씨와 본관을 따르기로 한 경우, 이 자녀는 어머니가 속한 종중의 구성원이 된다는 대법원의 판결이 있었다[32)]

Ⅲ. 민사특별법의 대응

1. 산업화, 도시화로의 사회변화에 대응한 민사특별법의 대응

(1) 부동산거래에서의 부조리 현상의 발생과 이에 대한 민사특별법의 대응

(i) 토지공개념의 출현과 변칙적 부동산거래에 대한 민사특별법의 대응

우리나라는 1960년대 국가주도의 경제개발 5개년 계획의 실행을 시작으로 하여 산업단지개발이 시작되고 농민의 도시유입으로 인한 도시화가 진행되기 시작하였다. 산업화의 시작은 공장용지의 확보가 선행되어야 하였다. 그리하여 많은 토지의 공장용지 내지 산업단지 조성용으로 전환되어, 지가의 상승이 잇따랐다.

31) 헌재결정 2024. 6. 27. 2021헌마1588
32) 대판 2022. 5. 26, 2017다260940.

그리고 산업화의 진행은 농촌의 농민들로 하여금 공장근로자로 전환케 하는 결과로 이어지고, 그들이 도시로 유입하여 도시의 주택용지의 확보 문제와 주택부족의 사회문제를 낳게 되었다.

이러한 산업화와 도시화의 진전에 따른 대량의 공장용지와 주택용지의 확보 및 주택건설을 위하여 이를 뒷받침할 수 있는 법률을 제정하였으나, 다른 한편으로 지가가 상승하고 주택가격이 상승하고, 이러한 산업화, 도시화에 따라서 상승하는 부동산 가격의 사유화(私有化)를 위한 부동산의 비성상적인 투기적 거래가 성행하는 사회문제가 발생하였다. 그리하여 변칙적인 부동산 거래를 억제하기 위한 정부의 부동산정책이 발표되고, 이를 뒷받침하는 부동산관련 민사특별법이 계속적으로 제정되었다.

산업화, 도시화에 따른 부동산 가격의 상승으로 인한 사회문제를 해결하기 위하여 정부에서는 1978년 8월 8일 소위 8.8 조치를 발표하여, 토지공개념을 토지법의 이념으로 설정하여 토지에 대한 공적 규제를 강화할 수 있는 이념적·사상적 근거를 마련하였다. 그리고 부동산 물권변동의 원칙인 성립요건주의에 반함에도 불구하고, 구래(舊來)의 대항요건주의에서나 타당하였던 당시에 널리 행하여졌던 변칙적인 부동산거래관행을 시정하기 위한 법적대응조치들을 취하였다. 대표적인 법적 대응조치로서 중간생략등기에 합법적으로 이용되었던 당시의 관행상의 등기원인증서였던 매도증서(賣渡證書)의 사용을 검인(檢認)계약서로 제도로 전환하기 위하여 부동산등기법을 개정하였다.[33]

33) 그러나 그 시행은 별도의 대통령령으로 정하도록 하여(구(1978년 개정 부동산등기법 부칙 제2항), 구체적인 시행은 그 후 10년이 지난 1988년에 부동산등기법 제40조 제2항 및 제45조 단서의 적용에 관한 규정(대통령령 제12527호; 1988.9.30., 제정, 시행 1988.9.30)에 의하여 매도증서 사용을 폐지하고 검인(檢認)계약서로 바뀌었다. 검인계약서는 다시 1990년의 부동산등기특별조치법의 제정·시행에 의하여 검인(檢印)계약서로 바뀌었다.

그리고 이러한 강력한 부동산투기대책을 세워 집행하였으나, 1988년 서울올림픽 개최를 계기로 하여 다시 부동산투기가 확산되어 동년 8월 10일에는 소위 8.10 조치를 발표하여 토지공개념을 법률로 제정하여 강력히 시행할 것을 천명하고, 소위 토지공개념 입법을 하고 이를 시행하였다. 토지공개념 실행법률로는 1989년에 토지초과이득세법과 택지소유상한에 관한 법률 및 개발이익의 환수에 관한 법률 3개의 가장 강력한 법률을 입법하였으며 1990년에 이들 법률을 시행하였다. 이를 토지공개념 3대 법률이라 하며, 모두가 다 사회발전으로 인한 토지가격의 상승으로 발생하는 불로소득인 개발이익(winfalls; betterment; development land value)을 사회로 환수하고자 하는 법률이었다. 그러나 이들 토지공개념 3대 법률은 1997년의 외환위기를 겪으면서 경제활성화를 위하여, 토지초과이득세법은 1994년에 헌법재판소로부터 헌법불합치 결정을 받고[34] 1998년에 폐지되었으며, 택지소

그러나 검인(檢印)계약서 제도도 역시 그대로 시행되지 못하고, 2004년에는 주택법을 개정하여 주택거래신고구역내의 주택매매으로 인한 소유권이전 등기신청에는 관할 행정청의 주택거래신고필증을 검인계약서에 갈음하여 등기원인서면으로 사용하게 하고, 2005년에는 공인중개사의 업무 및 부동산거래신고 등에 관한 법률의 제정·시행으로 주택거래신고구역 외의 토지를 포함한 부동산거래시 매매의 경우에는 행정청에 거래신고를 하게 하여 검인계약서의 사용은 매매의 경우에는 더 이상 사용하지 않게 되었다. 그리하여 매매로 인한 부동산소유권이전등기신청의 경우에는 거래신고필증으로 대체되고, 증여로 인한 소유권이전등기신청의 경우에만 검인계약서가 이용되고 있다. 그리고 2014년에는 부동산거래신고에 관한 법률의 제정·시행에 의하여 종래의 매매에 의한 주택거래신고필증 및 부동산거래신고필증을 모두 통합하여 부동산거래신고필증으로 하고 이를 등기원인증서로 하였다. 또한 2016년에는 부동산거래신고에 관한 법률은 부동산거래신고 등에 관한 법률로 그 법명(法名)이 개정되어, 매매로 인한 소유권이전등기신청시에는 거래신고필증을, 증여로 인한 소유권이전등기신청시에는 부동산등기특별조치법에 의한 검인계약서를 등기원인서면(지금은 이를 등기원인정보라 함)으로 제출하도록 하고 있다. 이에 관하여 보다 상세한 내용은, 김상용, "韓國에서의 物權變動에 관한 法理論, 判例 및 法制度의 變遷", 우리 법 70년 변화와 전망—사법을 중심으로: 청헌 김증한 교수 30주기 추모논문집(법문사, 2018. 10.), 270—271면) 참조.

34) 헌법재판소 1994.7.29.선고 92헌바49, 52.결정

유상한에 관한 법률은 1998년에 폐지하고, 그 익년에 위헌결정[35]을 받았다. 그러나 개발이익환수에 관한 법률은 개발이익의 환수율을 낮추면서 법률은 존속시켰다.[36]

8.10조치의 가장 중요한 정책의 집행은, 토지공개념 3대 법률에 의한 개발이익의 사회환수를 추진하는 외에도, 토지투기목적의 부동산의 변칙적인 거래를 방지하기 위하여 1990년의 부동산등기특별조치법의 제정으로 등기신청의무주의[37]의 입법, 변칙적인 부동산기래방법으로 이용되었던 중간생략등기 및 명의신탁의 금지[38] 등도 입법으로 이어졌다.[39]

토지공개념 입법과 시행 후에도 부동산의 변칙적 거래를 통한 부동산의 투기현상은 부동산 가격의 상승으로 더욱 사회문제로 되었다. 지방에 혁신도시를 개발하고, 공공기관의 지방이전으로 토지의 개발수요가 늘어나 지가가 상승하게 되어 부동산투기는 한국사회의 만성적인 사회문제로되어 오늘에 이르고 있다.

35) 헌법재판소 1999.4.29.선고 94헌바56 외 66건 결정

36) 토지공개념 관련 법률들의 상세한 내용에 관하여는, 정우형, 한국토지투기사: 법과 성서와 역사 연구소, 연구시리즈 제3권(피앤씨미디어, 2018) 참조.

37) 등기신청의무주의는 소유권이전을 목적으로 하는 거래로 인한 소유권이전등기와 일정한 경우의 소유권보존등기의 신청을 법정의 기간내에 하도록 의무화한 제도이다. 1990년 부동산등기특별조치법에 의하여 중간생략등기를 방지하기 위한 제도로 등기신청의무주의를 입법하였다. 부동산등기특별조치법에서는 유상계약으로 인한 소유권이전 등기신청은 잔대금 완급일로부터 60일내에, 무상계약으로 인한 소유권이전등기 신청은 계약의 효력발생일로부터 60일내에 등기를 신청하도록 하여 지금도 시행되고 있다(동법 제2조).

38) 명의신탁의 금지규정은 명의신탁에 의한 부동산의 변칙적인 거래로 인한 사회문제가 너무나 심각하여, 1995년에 부동산실권리자명의등기에 관한 법률을 제정하여 명의신탁 약정과 그 약정에 기한 부동산물권변동을 무효로 하는 법적 조치를 취하였다(동법 제4조).

39) 중간생략등기금지 규정(동법 제8조 제1호)에 관하여는 대법원 판례로 동 금지규정을 단순한 단속규정으로 판결(대법원 1993.1.26. 92다39112 판결)하여 중간생략등기의 유효성이 여전히 인정되고 있다.

사회발전에 따른 부동산가격의 상승으로 인한 불로소득인 개발이익의 사유화(私有化)를 위하여 부동산의 투기적 거래는 부동산의 비정상적인 거래방법으로 이루어져 왔다. 부동산의 비정상적인 변칙적 거래는 명의신탁,[40] 중간생략등기, 양자가 결합된 중간생략명의신탁의 방법으로 주로 이루어져 왔으며, 그러한 변칙적인 거래방법은 소유자의 투자에 의하지 않고 사회발전에 따라서 발생하는 부동산의 가격 상승분인 개발이익을 소유자가 이를 취하고자 하는데 있었다. 그러한 개발이익의 사유화를 위한 방법으로 바로 명의신탁, 중간생략등기가 이용되었다. 그 중에서 명의신탁의 방법이 주로 이용되었다.

40) 명의신탁은 부동산의 소유명의를 타인명의로 등기해 두는 등기방법이다. 명의신탁이 성립하기 위해서는 명의신탁자와 명의수탁자간에 반드시 명의신탁의 약정이 있어야 한다. 명의신탁에는 2당사자간의 명의신탁도 행하여지지만, 주로 많이 활용된 명의신탁은 3자간의 명의신탁으로서 등기명의신탁과 계약명의신탁으로 나누어진다. 3자간의 등기명의신탁은 부동산거래는 양도인과 명의신탁자인 매수인간에 행하여지고, 소유권이전등기는 양도인에게서 바로 명의수탁자인 제3자명의로 경료되었으며, 매수인과 그 제3자간에는 명의신탁약정이 있는 경우의 명의신탁이다. 이러한 등기명의신탁을 중간자인 매수인의 명의로의 등기가 행하여지지 아니하기 때문에 중간생략등기의 성격도 갖는 것이다. 그리하여 이러한 등기명의신탁을 중간생략명의신탁이라고도 한다.
또 하나의 3자간 명의신탁으로 기업의 비업무용토지취득에 많이 이용된 명의신탁인 계약명의신탁이 있다. 계약명의신탁은 특정의 명의신탁자와 명의수탁자가 내부적으로는 명의신탁의 약정을 하고, 부동산의 매도인에 대해서는 명의수탁자가 진정한 매수인인양 매수인으로서 매도인과 매매계약을 체결하고, 이때에 매도인은 매수인이 명의수탁자임을 전혀 알지 못하는 상태에서 매매계약이 체결되고, 소유권이전등기는 정상적으로 매도인에게서 매수인에게로 경료된다. 그러나 매수인 명의로 이전등기가 경료되어도 매수인은 진정한 소유자가 아니고 명의신탁자와의 명의신탁계약에 의하여 진정한 소유자는 명의신탁자가 되는 것이다. 명의신탁에 관한 보다 상세한 내용은, 김상용, 전게논문, "韓國에서의 物權變動에 관한 法理論, 判例 및 法制度의 變遷", 281－285면 참조.
개발이익의 사유화를 위한 변칙적인 부동산거래는 명의신탁, 중간생략등기, 등기원인의 허위기재 등의 방법으로 주로 행하여져 왔으나, 이들에 대한 규제를 강화하자 근자에는 부모와 자녀들이 함께 법인을 설립하여 부모 소유의 부동산을 법인에게로 소유권이전등기를 하는 방법이 적잖이 활용되고 있는 것으로 알려졌다. 이러한 법인설립과 그 법인에게로의 소유권이전등기는 사실상 부모가 자녀들에게 증여하거나 사전상속하는 결과가 된다. 이에 대해서도 규제할 계획인 것으로 알려져 있다.

그리하여 변칙적인 부동산거래방법은 명의신탁의 규제가 무엇보다도 부동산문제를 해결하기 위한 중요한 방법이었으며, 불로소득인 개발이익[41]을 사회로 환수하여 사회발전에 의한 부동산 가격의 상승분을 사회로 환수함으로써 부동산소유자들의 개발이익의 사유화의 유혹을 제거하는 것이 주효하다고 판단되었다. 그 결과 명의신탁에 관하여는 1995년에 부동산실권리자명의등기에 관한 법률(약칭, 부동산실명법)을 제정하여 명의신탁의 약정과 그것에 기한 부동산물권변동을 부효로 하도록 규정(동법 제4조)하였다.[42]

41) 개발이익은 토지소유자의 투자에 의하지 아니하고 사회발전에 의하여 상승한 지가의 증가분으로 이를 개발증가(development-incremented value)라고도 하며, 개발이익이 현금으로 전환되었느냐, 아니면 당해 토지에 발생만 하고 현금으로는 전환되지 않았으냐에 따라서, 전자를 실현된 개발이익(realized development value)이라 하고, 후자를 발생된 개발이익(accrued development value) 또는 미실현 개발이익(unrealized development value)이라 한다. 양자의 구별은 개발이익의 사회환수의 방법에 차이가 있다. 상세한 개발이익에 관하여는, 김상용 저, 鄭愚衡 增補, 土地法(法元社, 2004), 260면 이하 참조.

42) 그러나 동법에도 허점(虛點)이 있다. 장래의 명의신탁을 금지하면서, 부부간의 명의신탁과 종중소유 부동산의 명의신탁, 종교단체 부동산의 종교유지재단으로의 명의신탁은 허용하고 있으며(동법(1995) 제8조), 기존 명의신탁의 실명전환의무도 종교단체, 향교, 종중, 부부간의 명의신탁은 이를 면제하였다(동법(1995), 제11조). 그리하여 명의신탁을 무효화하여도 명의신탁이 행하여지는 경우가 여전히 적지 아니하다. 그리고 판례는 동법위반의 명의신탁의 등기가 경료된 경우에 동법 제4조에 의하여 명의신탁약정이 무효이므로, 명의신탁 해지에 의하여서는 명의신탁자가 명의신탁부동산을 명의수탁자로부터 반환받을 수 없지만 부당이득을 이유로 하여서는 반환받을 수 있다는 판결을 하여, 동법의 실효성을 떨어뜨리고 있다. 또한 명의신탁자가 명의수탁자로부터 원물반환을 받을 수 없을 때에는 명의수탁자가 받은 매매대금이 명의신탁자에 대하여 부당이득이므로 그 매매대금을 부당이득으로 반환청구할 수 있다고 한다(대판2005. 1.28. 2002다66922; 대판 2008.2.14. 2007다69148,69155). 또한 판례는 무효인 명의신탁약정에 기한 명의신탁부동산은 명의신탁자에 대하여 불법원인급여가 아니라고 본다(대판 2003.11.27. 2003다41722; 대판 2014.7.10. 2013다74769; 대판(전원합의체) 2019.6.20. 2013다218156). 이와 같이 판례가 명의신탁약정과 그에 기한 부동산물권변동의 무효규정을 운용함으로써 부동산실명법상의 명의신탁의 규제도 그 실효성이 떨어질 수 밖에 없다. 그러나 명의신탁에 관한 형사판결에 있어서는, 종래의 명의수탁자가 자기명의로 등기된 부동산을 처분하였을 때에 명의수탁자에 대하여 횡령죄가 성립한다는 종래의 법원 판결을 변경하여, 무효인 명의신탁약정에 기하여 소유권이전등기를 경료받은 명의수탁자의

이러한 명의신탁의 규제에도 불구하고 판례는 3자간 등기명의신탁에 있어서, 명의신탁자와 매도인간의 매매계약은 유효하고, 매도인에게서 매수인(즉, 명의수탁자)에게로의 소유권이전등기는 부동산실명법 제4조 제2항 본문에 의하여 무효이므로, 비록 명의수탁자명의로 이전등기가 경료되어 있다고 하더라도 당해 부동산의 소유권은 매도인에게 귀속되어 있기 때문에, 명의신탁자는 채권자대위권에 의하여 매도인을 대위하여 소유권에 기한 물권적 방해배제청구로서 명의수탁자명의로의 소유권이전등기의 말소를 청구하여 매도인명의로 고친 다음, 다시 매도인을 상대로 매매를 원인으로 한 소유권이전등기청구권을 행사하여 자신의 명의로 이전등기를 함으로써 명의신탁부동산을 회복할 수 있다고 한다.[43] 그리고 3자간 등기명의신탁에 있어서 명의수탁자의 명의신탁 부동산의 매각이 명의신탁자에게 불법행위가 성립되어 명의수탁자는 명의신탁자에게 불법행위로 인한 손해배상을 하여야 한다고 판결하고 있다.[44] 또한 매도인과 명의수탁자간의 소유권이전등기가 무효인 3자간 등기명의신탁에 있어서 그 명의신탁부동산을 명의신탁자가 점유하고 있는 경우에는 그 명의신탁자의 매도인에 대한 소유권이전등기청구권은 소멸시효에 걸리지 아니한다고 판결하고 있다.[45] 왜냐하면 점유의 이전을 받은 부동산매수인의 소유권이전등기청구권

명의신탁재산의 처분은 횡령죄가 더 이상 성립하지 않게 되었다(대판(전원합의체), 2016.5.19. 2014도6992). 횡령죄 불성립의 이유로 대법원은 명의신탁등기가 경료된 때에는 명의신탁자의 소유권은 더 이상 보호할 가치가 없다고 하였다. 이 판결은 명의신탁을 규제하는 부동산실명법의 실효성을 간접적으로 촉진할수 있는 판결이라 평가된다.

43) 대판 1999.9.17. 99다21738; 대판 2002.3.15. 2001다61654; 대판 2004.6.25. 2004다6764.

44) 대판 2022.6.9. 2020다208997

45) 대판 2013.12.12. 2013다26647.

은 소멸시효에 걸리지 아니하기 때문[46]이라고 한다.

그러나 부동산실명법에 의하여 명의신탁을 금지하기 전에는 판례에 의하여 명의신탁의 유효성이 폭넓게 인정되었다.[47] 그러한 명의신탁의 유효성 인정의 판례는 부동산투기를 판례에 의하여 이를 조장하였다고 비판받아 마땅하다고 생각한다.

그리고 개발이익의 사회환수를 위하여서는 1989년의 개발이익환수에 관한 법률에 의한 개발부담금의 부과, 2005년의 종합부동산세법에 의한 도지와 주택에 대한 각각 토지에 대한 종합부동산세(동법 제11조 이하)와 주택에 대한 종합부동산세(동법 제7조 이하)를 부과·징수하고 있으며, 주택의 재개발로 인한 불로소득의 사회환수를 위하여 2006년에 재건축 초과이익 환수에 관한 법률을 제정하여 재건축부담금(동법 제3조 이하)으로 주택의 재건축초과이익을 사회로 환수할 수 있도록 하여 이를 시행하고 있다.

또한 부동산의 실거래가격을 부동산등기부에 등기하여 이를 공시하도록 하였다. 2005년에 부동산등기법의 개정에 의하여 유상계약에 의하여 부동산소유권이전등기를 신청하는 때에는 거래가액도 신고하도록 하여 그 거래가액을 등기부의 갑구에 기재하도록 하였다(구(2005)동법 제57조, 현재는 동법 제68조). 이는 실거래가격을 등기부에 공시함으로써 부동산거래의 안정을 유지하고자 함을 목적으로 하였다.

(ii) 토지거래허가·신고제의 실시

토지투기를 억제하기 위한 강력한 공법적 규제가 바로 토

46) 대판(전원합의체) 1976.11.6. 76다148.

47) 대판 1965.2.16. 644다1576; 대판 1966.7.5. 66다909; 대판 1987.11.10. 85다카1644 등.

지거래허가제이다. 토지거래허가제는 1978년 국토이용관리법의 개정에 의해서 처음으로 입법이 되었다(동법 제21조의 2 및 제21조의 3). 당시에는 5년 이내의 기간을 정하여 토지거래규제구역을 지정하면, 그 규제구역내의 일정면적 이상의 토지의 소유권 이전, 지상권 설정, 기타 토지의 사용·수익을 목적으로 하는 토지거래에 대해서는 관할 행정청의 허가를 받도록 하였으며, 허가를 받지 아니하고 체결된 거래계약은 그 효력이 발생하지 아니하는 것으로 규정하였다.

이러한 강력한 투기억제책인 토지거래허가제에 대해서는 위헌 여부가 문제되었으나, 헌법재판소는 합헌으로 결정하였다.[48]

그리고 토지거래허가제의 시행으로 새로운 유형의 무효의 법리가 학설과 판례에 의하여 생성되었다. 학설에 의하면, 허가를 받은 후에 거래계약을 체결할 것을 규정하고 있으나, 실제로는 계약을 체결하고 허가를 받는 것이 정상적인 거래과정이며, 토지거래허가제에 있어서의 그 허가는 행정법상의 자연적 금지의 해제로서의 허가가 아니라 법률행위의 효력을 부여하는 인가의 성질을 가지며, 토지거래계약을 체결하고 허가신청에 대하여 행정청으로부터의 허가 또는 불허가 처분이 있을 때까지 당해 토지거래계약은 무효이나, 허가처분을 받으면 계약체결시에 소급해서 유효하고, 불허가 처분을 받게 되면 계약체결시에 소급하여 확정적으로 무효가 된다는 유동적 무효(流動的 無效: schwebende Unwirksamkeit)의 법리가 주장되었다.[49] 판례도 이러

48) 헌법재판소 1989.12.22. 선고 88헌가13 결정.

49) 김상용, "土地去來許可 申告制의 檢討", 民事法學 8號(한국민사법학회 편, 1990.4), 184–215면; 김상용 저, 전경운 증보, 민법총칙 제4판(화산미디어, 2018), 673면; 김상용, 물권법 제4판(화산미디어, 2018), 80면.

한 학설을 받아들여, 계약을 체결하고 허가를 받아도 상관없으며, 허가는 행정법상의 금지의 해제인 허가가 아니라 행정법상의 인가이며, 유동적 무효의 법리를 그대로 적용하였다.[50)]

토지거허가제의 시행 초기에는 거래가격과 이용목적을 허가심사의 대상으로 하였으나, 2002년 국토의 계획 및 이용에 관한 법률에서 이용목적만을 허가심사의 대상으로 하고 거래가격은 허가여부의 대상으로 하지 않은 채로(동법 제117조 내지 119조) 지금까지 시행되고 있다. 2017년부터는 토지거래허가제에 관하여 부동산거래신고 등에 관한 법률에서 규정하고 있다.

토지거래신고도 역시 허가제와 함께 1978년 국토이용관리법에서 규제구역 이외의 지역에서의 토지거래 대해서 관할 행정청에 신고를 하도록 하였으나(동법 제21조의 7), 2005년 공인중개사의 업무 및 부동산 거래신고에 관한 법률에 의하여 토지를 포함한 부동산의 거래신고를 전면적으로 제도화하여 시행하고, 2014년에는 부동산거래신고에 관한 법률에 의하여 규율되었으나, 2017년부터는 부동산거래신고 등에 관한 법률에 의하여 토지와 건물의 부동산의 거래신고가 규율되고 있다.

(2) 주거환경의 변화에 대한 민사특별법의 대응

산업화, 도시화의 진전으로 농촌인구의 도시유입이 대량적으로 일어남으로, 주거환경에도 큰 변화가 일어났다. 우선 주거형태가 단독주택 중심에서 구조상, 이용상의 독립성이 인정되는 다수의 부분건물 내지 구분건물[51)]로 구성된 고층의 집합건물의

50) 대판(전원합의체) 1991.12.24. 90다12243.

51) 구분건물에 대한 소유권을 구분소유권이라 하며, 구분소유권은 집합건물에만 인정되고 토지에는 인정되지 아니한다.

주거형태로 변화하였다. 구분건물은 물리적으로는 1동의 집합건물의 일부분이지만 법적으로는 독립한 하나의 건물이다.

그리하여 집합건물의 등기방법의 변화가 일어나게 되었다. 1984년에 집합건물의 소유 및 관리에 관한 법률을 제정하여, 집합건물이 1동의 하나의 부동산이지만 구조상, 이용상의 독립성이 인정되는 구분건물을 하나의 독립부동산으로 하는 건물의 구분소유권등기를 가능케 하고(동법 제1조), 집합건물의 대지에 대하여는 그 대지는 구분소유자들의 공유이지만 대지권등기를 하면, 건물의 구분소유권과 대지의 공유지분간의 일체성(一體性)의 원리[52]에 의하여(동법 제13조) 더 이상 대지에 대한 대지권[53]을 등기하지 않는 방법으로 집합건물의 대지가 되어 있는 토지의 등기부에는 더 이상 등기를 하지 않도록 하게 하였다(부동산등기법 제60조). 이렇게 대지권을 등기한 후에는, 토지에 대해서는 별도의 등기를 하지 않아도 건물의 구분소유권에 관한 등기가 대지권에 대해서도 동일한 효력이 미친다. 이를 구분소유권의 대지권에 대한 일체성의 원리라 한다. 그리하여 우리나라에서는 토지와 건물이 별개의 부동산이지만, 구분건물에 있어서는 건물과 토지가 하나의 부동산으로 다루어지게 된다. 따라서 일체성의 원리에 의하여, 형식적으로는 건물과 토지가 별개 독립의 부동산이지만, 실질적으로는 건물이 주물이고 토지는 종물로 다루어지는 결과에 이른다.[54]

52) 소유권의 대지지분에 대한 일체성의 원리는, 등기부에서, 건물등기부에는 표제부에 대지권인 권리를 표시하고, 토지등기부에는 대지권이 소유권이면 갑(甲)구에 소유권이 아닌 대지권은 을(乙)구에 집합건물을 표시하는 방법으로 이루어진다.

53) 집합건물이 건축되어 있는 토지를 대지라 하고, 그 대지에 대한 구분소유자들의 이용권을 대지사용권이라 하며, 대지사용권 중에서 등기된 대지사용권을 대지권이라 한다. 대지에 대하여 구분소유자가 임차권을 가지고 그 임차권을 등기하지 아니하면, 그 임차권은 대지사용권이지만 대지권은 아니다.

그리고 도시로의 인구집중으로 인하여 자기주택을 소유하지 못하고 임차하여 살아야만 하는 도시민들의 주거생활의 안정을 위하여 주택의 임차권을 강하게 보호하여야할 필요성이 증대하였다. 그리하여 주택임차인의 주거생활의 안정을 위하여 1981년에 주택임대차보호법을 제정하여, 주택임차권의 대항력을 인정하고,[55] 임차기간의 최단존속기간을 보장하고,[56] 임차인이게 임대차계약갱신청구권을 인정하고(주택임대차보호법(2020 개정) 제6조의 3), 임차보증금의 우선변제권을 인정하였다.[57]

그리고 2020년부터는 부동산거래신고 등에 관한 법률에 의하여 주택임대차계약을 관할 행정청에 신고하도록 하고 하였다[58](동법 제6조의 2). 그리고 임대인의 임대료의 증액청구 제한을 종래에는 주택임대차보호법시행령에서 규정하였으나 2020년에는 이를 주택임대차보호 본법으로 격상 규정하여, 임대인의 임대료나 보증금의 증액청구는 임대차계약 또는 약정한 차임이나 보증금의 증액이 있은 후 1년 이내에는 하지 못하며(동법 제7

54) 구분소유권의 일체성의 법리에 관하여 보다 상세한 내용에 관하여는, 김상용, 물권법 제4판(화산미디어, 2018), 332-333면) 참조.

55) 주택임차권의 주택양수인에 대한 대항력은, 임차인이 임차주택을 인도받아 점유하고, 임차인이 임차주택으로 주소를 이전하고, 임대차계약서에 확정일자를 부여받음으로써 발생하게 된다(동법 제3조, 제3조의 6).

56) 임차기간의 최단존속기간을 동법의 제정시에는 1년을 하였으나, 2008년에는 2년으로 연장하였으며, 지금도 최단존속기간을 2년으로 규정하고 있지만(동법 제4조 제1항), 2020년 주택임대차보호법의 개정에 의하여 임차인의 임대차계약갱신청구권을 인정하여 4년간 임차권의 존속을 보장하고 있다(동법 제6조의 3).

57) 임차보증금의 우선변제권은 법정담보물권으로서 이를 우선특권이라 한다. 우선특권에는 보증금 중 일정액의 최우선특권(동법 제8조)과 보증금 전액에 대한 순위에 의한 우선특권(동법 제3조의 2) 2가지가 인정된다. 임차인의 보증권 우선특권의 자세한 내용에 관하여는, 김상용, 채권각론 제4판(화산미디어, 2021), 323-331면 참조.

58) 주택임대차계약의 신고는 보증금, 차임등을 통제하기 위함에 그 목적이 있다. 또한 신고절차를 완료한 때에 확정일자를 부여한 것으로 보도록 의제(擬制)하고 있다(동법 제6조의 5 제3항).

조 제1항 단서), 증액청구는 약정한 임대료나 보증금의 20분의 1의 금액을 초과하지 못하도록 하였다(동법 제7조 제2항 본문).

또한 타인의 상가를 임차하여 영업을 하는 소상인의 생계보호를 위하여 2002년에 상가건물임대차보호법을 제정하였다. 타인 소유의 상가를 임차하여 생계를 유지하는 소상인의 상가임차권의 보호도 주택임차권의 보호의 법리를 모범으로 하여 입법이 이루어져 운용되고 있다.[59] 그리고 상가건물임대차와 관련하여 우리나라에서는 독특하게 보증금 외에 관습적으로 권리금[60]이 수수되고, 그 권리금은 임차인이 반환받을 수 없으나, 2015년에 동법의 개정에 의하여 일정한 경우에는 권리금을 임대인으로부터 전보받을 수 있도록 하여(동법 제10조의 3 내지 제10조의 7) 상가임차의 소상인을 보호하고 있다. 그리고 상가건물임차권의 최단손족기간은 1년이지만(동법 제9조 제1항), 임차인의 갱신청구권의 행사에 의하여 10년까지 연장할 수 있으며(동법 제10조 제2항), 상가건물임대료나 보증금의 인상청구는 주택임대차보호법의 그것과 동일하다. 그러나 증액청구의 기간제한은 본법에서(동법 제11조 제2항), 증액청구의 상한은 시행령에서 규정하고 있다(동법 시행령 제4조).

그리고 주택임대차와 상가건물임대차와 관련된 분쟁에 관하여, 주택임대차분쟁에 대해서는 2016년에 신설된 주택임대차

59) 상가건물임차권의 대항력은 임차상가의 인도와 주소이전 및 사업자등록을 함으로서 발생한다(동법 제3조). 그리고 상가건물의 최단존속기간은 1년이지만, 임차인의 계약갱신청구에 의하여 10년까지 연장해 나갈 수 있다(동법 제9조 및 제10조). 임차인의 보증금우선특권은 주택임대차에서와 같이 보증금 중 일정액에 대한 최우선특권(동법제14조)과 보증금 전액에 대한 순위에 의한 우선특권(동법 제5조)을 인정하고 있다.

60) 권리금에는 임차인의 인테리어 등에 의한 시설의 설치비용으로 지출된 시설권리금, 장소적 위치의 유리성에 의한 무형권리금(바닥권리금), 임차인의 영업으로 얻은 명성에 의한 가치인 영업권리금으로 구성되어 있다.

분쟁조정위원회에서, 상가건물임대차분쟁에 대해서는 2018년에 신설된 상가건물임대차분쟁조정위원회에 의한 조정에 의해 해결하도록 특별절차도 마련하여 시행하고 있다(주택임대차보호법 제14조 이하, 상가건물임대차보호법 제20조 이하).

인간의 주거권에 관한 주택임대차제도에 관한 법적접근은 아직까지 우리나라에서는 주택을 하나의 상품으로 이해하는 사상적 기초위에서 주택임대차제도를 다루고 있다고 평가된다. 이제는 주거권에 대한 법적접근의 사상적 기초를 격상하여야 한다고 생각한다. 주거(housing)는 천부적인 인간의 존엄(inherent human dignity)을 지켜주는 인격적인 삶의 기초이며, 따라서 주거문제는 인권(human right)의 문제로 다루어야 한다.[61] 이와같이 인격적이고 인간다운 삶을 위한 주거의 확보는, 좋은 교육을 받을 권리, 건강의 돌봄을 받을 수 있는 의료접근권, 적절한 노동조건과 정당한 임금을 받고 일할 수 있는 노동할 수 있는 권리 등과 같은 수준의 천부의 인간의 존엄의 유지와 인간이 인간답게 살 수 있는 인간의 천부의 권리인 인권의 문제로 다루어야 한다.[62] 그러한 사상을 기초로 하여 주거권을 법적으로 다루어야 한다고 생각한다. 주거가 불안정하면 인간의 존엄이 위협받는다.[63] 그러므로 주거는 지붕이 있는 거주공간인 단순한 시장의 상품(a market commodity)으로만 다루어서는 아니된다고 생각한다.[64]

그리고 대법원은 주택의 임대인이 임차인의 임대차계약의 갱신청구를 거절할 때에는 임대인이 그의 실거주 사유를 입증

61) Paula A, Franzese and Angela C. Camella, "Housing and Hope: Private Property and Catholic Social Teaching", in: Christianity and Private Law(ed. by Robert F. Cochran Jr. and Michael P. Moreland(New York, Routeledge, 2021), pp.127, 129.

62) Ibid,, p. 129.

63) Ibid,, p. 136.

64) Ibid,, p. 132.

하여 한다고 판결하였으며,[65] 또한 대법원은 주택의 임차권등기 전에 이사한 세입자는 임차권 대항력을 상실하고 임차권등기를 한 때로부터 새롭게 대항력이 발생한다고 판결하여[66] 주택임차인이 이사를 하기 전에 임차권등기를 하여야 임차권의 대항력보호를 임차권 설정시부터 중단없이 받을 수 있음을 확인하였다. 그리고 임대주택을 매수하고 소유권이전등기를 마치지 않았으나 그 매수인이 실제로 거주할 목적이라면, 그 매수인에게 기존 세입자에 대한 임대차계약 갱신거절권을 인정하였다. 왜냐하면 매수인은 임대인의 지위를 승계한 사람이며, 자신이 매입한 임대아파트에 실제 거주하려고 하였기 때문에 기존 임차인에 대한 계약갱신 거절이 가능하다고 판결하였다.[67]

(3) 농지제도의 변화

전근대적인 농지의 소작제도의 만연으로 인한 농민사회의 불안을 해결하기 위하여 1949년에 농지개혁법을 제정하여, 농민에 의한 자작농의 창설을 위해 농지의 경자유전의 원칙(동법 제11조, 제17조)과 소유상한제(동법 제12조)를 내용으로 하는 농지개혁을 단행하였다. 농지개혁의 취지를 실현하기 위한 법제도로 농지매매증명제도(동법 제19조 3호)를 입법하여 시행하였다.

그러나 산업화와 도시화의 진전으로 농민들의 도시근로자로의 전환에 의하여 유휴농지의 발생이 사회문제로 발전되어, 1986년에 농지임대차관리법을 제정하여 농지의 임대차를 엄격한 요건하에서 허용하게 되었다. 그 후 보다 많은 농민들의 도

65) 대판 2023. 12. 7. 2022다279795
66) 대판 2025. 4. 15. 2024다326398
67) 대판 2022. 12. 1. 2021다266631.

시유입이 농촌의 공동화(空洞化) 현상으로 발전되어, 1994년에는 농지법을 제정하여[68] 농민의 농지소유상한을 없애고(동법 제7조), 농업조합 및 농업법인의 설립과 법인의 농지소유를 인정하고 비농민에게도 일정 면적까지의 농지소유를 인정하고, 농지의 임대차(동법 제22조 이하)는 물론 위탁경영(동법 제9조), 대리경작(동법 제19조)도 인정하게 되었다.

그러나 개인이든 법인이든 농업인이 농지를 소유하게 할 목적을 위하여(헌법 제122조, 농지법 제6조) 농지취득자격증명제(농지법 제8조)를 실시하고 있으나, 그 증명은 농지의 소유권이전등기신청을 위한 서류에 불과한 것으로 운용되고 있다.[69] 그러므로 청정환경의 유지와 농지의 불법전용, 난개발 등을 방지할 수 있는 법제도로서 농지자격취득증명제의 실효성을 강화하여야 한다. 농지취득자격자인지 여부에 관한 실질적 심사가 이루어지도록 농지취득자격증명의 발급요건을 강화하여야 한다. 그리고 허위의 농지취득자격증명서로 농지소유권이전등기가 경료된 경우에는 그 농지소유권이전등기를 무효화하는 법이론의 정립과 법규정의 입법이 필요하다고 생각된다.

(4) 환경침해에 대한 민사특별법의 대응

산업화, 도시화는 자연스럽게 환경침해현상을 초래하였다. 수질오염, 토양오염으로 시작된 환경침해는 대기오염으로 확산되어 오늘날은 그 정도가 기후변화로까지 심화되어 환경침해가 인류의 생존문제로 다가와 있다. 이러한 환경침해에 대하여 민

68) 시행은 1996년부터 이루어졌다.
69) 대판 1998.2.27. 97다49251; 대판 2006.1.27. 2005다59871; 대판 2008.3.27. 2007도7393.

사법은 불법행위의 법리로 대처하여 왔다.

산업화, 도시화의 초기에는 환경침해에 대하여는 주로 공법에 의한 규제위주로 대처하여 왔지만, 민사법적으로는 과실책임의 원칙에 입각하여 대처하였다. 그러다가 1977년에 환경보전법을 제정하여 환경침해로 인한 손해배상책임 관하여, 인적손해에 대해서는 무과실책임으로 규정하였으나(동법 제60조), 물적손해에 대해서는 여전히 과실책임으로 하고 다만 입증책임의 완화, 입증책임을 가해자에게 전환하는 판례로 환경침해에 대처하였다.[70)]

그러나 그러한 2원적 법적용의 원칙으로 환경침해를 적절히 규율할 수 없었다. 그리하여 1990년에는 환경정책기본법을 제정하여 환경침해로 인한 인적손해이든 물적손해이든 모두 무과실책임(동법(1990) 제31조, 지금은 동법 제44조)으로 입법하였다.[71)] 2014년에는 환경오염피해 배상책임 및 구제에 관한 법률(약칭하여 환경오염피해구제법이라 한다)을 제정하고, 그 제 9조 제1항에서 무과실의 환경침해배상책임의 성립에 있어서 피해자의 인과관계의 추정규정을 입법하여, 피해자가 가해자의 시설이 환경오염피해 발생의 원인을 제공한 것으로 볼 만한 상당한 개연성이 있는 때에는 그 시설로 인하여 환경오염피해가 발생한 것으로 추정하도록 하고, 동법 제9조 제2항에서는 제1항에 따른 상당한 개연성이 있는지의 여부는 시설의 가동과정, 사용된 설비, 투입되거나 배출된 물질의 종류와 농도, 기상조건, 피해발생의 시간과 장소, 피해의 상태와 그 밖에 피해발생에 영향을 준 사정 등을 고려하여 판

70) 대판 1984.6.12. 81다558; 1991.7.23. 89다카12755; 대판 2013.10.11. 2012다11661.

71) 환경보호를 위한 법률로서 환경보전법에서는 모든 환경침해의 경우를 규정하였으나, 1990년 환경정책기본법의 제정과 함께 동년에 환경침해의 대상에 따라서 대기환경보전법, 수질환경보전법, 소음진동규제법을, 1994년에는 자연환경보전법, 1995년에는 토양환경보전법, 2017년에는 물환경보전법을 별개 독립의 법률로 제정하였다.

단한다고 입법하였다. 이러한 인과관계의 추정 입법 후 2023년 말에는 대법원에서 피해자가 같은 동법 제9조 제2항이 정한 여러 간접사실을 통하여 전체적으로 보아 시설의 설치·운영과 관련하여 배출된 오염물질 등으로 인해 다른 사람의 생명·신체 및 재산에 피해가 발생한 것으로 볼 만한 상당한 개연성이 있다는 점을 증명하면 그 시설과 피해 사이의 인과관계가 추정된다고 보아야 하고, 이때 해당 시설에서 배출된 오염물질 등이 피해자나 피해물건에 도달하여 피해가 발생하였다는 사실이 반드시 직접 증명되어야만 하는 것은 아니라고 할 것이라고 판시하여 하여, 동법에서 규정하고 있는 상당한 개연성을 인정하는 판결이 있었다.[72] 한편으로 동법 제9조 제3항에서는, 환경오염피해가 가해자의 시설 이외의 다른 원인으로 인하여 발생하였거나, 사업자가 환경오염피해 발생의 원인과 관련된 환경·안전 관계 법령 및 인허가조건을 모두 준수하고 환경오염피해를 예방하기 위하여 노력하는 등 사업자의 책무를 다하였다는 사실을 증명하는 경우에는 인과관계의 추정이 배제되도록 입법하였다.

그리고 기후변화에 대처하기 위한 탄소거래제에 관한 입법이 이루어져, 2012년에 온실가스 배출권의 할당 및 거래에 관한 법률이 제정되어 2015년부터 시행되고 있다.

그리고 환경침해로 인한 무과실손해배상의 책임은 재판절차에 의한 손해전보도 가능하지만, 1997년에 환경분쟁조정법을 제정하여 환경분쟁조정위원회에 의한 알선, 조정 또는 재정(裁定) 등의 간이한 방법으로 환경침해로 인한 손해의 전보는 물론 환경침해행위의 유지청구 등을 할 수 있게 하였다.

72) 대판 2023.12.28. 2019다300866.

대법원은 2023년에 환경오염피해에 대하여 시설의 사업자에게 환경오염으로 인한 손해배상책임을 묻는 경우, 피해자가 여러 간접사실을 통하여 전체적으로 보아 사업자의 시설의 설치·운영과 관련하여 배출된 오염물질 등으로 인해 다른 사람의 생명·신체 및 재산에 피해가 발생한 것으로 볼 만한 상당한 개연성이 있다는 점을 증명하면, 그 시설과 피해 사이의 인과관계가 추정된다고 보아야 하고, 이때 해당 시설에서 배출된 오염물질 등이 피해자나 피해물건에 도달하여 피해가 발생하였다는 사실이 반드시 직접 증명되어야만 하는 것은 아니라고 판결하였다.[73] 그리하여 환경침해로 인해자의 손해배상에 있어서 인과관계 입증을 완하하여 상당한 개연성 정도의 인과관계의 입증으로 족하다고 하였다.

2. 세계화, 국제화로의 사회변화에 대한 민사특별법의 대응

(1) 세계화의 진행

한국은 산업화와 도시화의 진전으로 국내경제가 발전하고 이어서 세계적 자유시장경제로 전환되는 세계화, 국제화의 시대에 동참을 하였다. 1988년 서울 올림픽의 성공적인 개최로 한국은 세계의 여러 국가와 사회·경제적으로 하나로 될 수 있는 대전환의 계기를 맞게 되었다. 한국의 세계화의 세계적인 추이에 동참하게 된 첫 징표는 바로 1995년의 세계무역기구(WTO: World Trade Organization)에의 창립멤버로의 가입이었다. 그리고 그 다음 해인 1996년에는 경제협력개발기구(OECD: Organization for Economic Cooperation and

73) 대판 2023.12.28. 2019다300866.

Development)에의 가입이었다.

이와같이 한국이 세계화의 시대적 흐름에 동참하긴 하였지만 세계화의 흐름에 부응하는 국제기준(글로벌 스탠다드: global standard)을 갖추기 위한 충분한 준비를 하지 못한 상태에서 동참하였다. 세계화의 동참에 대한 준비부족으로 인하여, 1997년에 곧바로 외화부족으로 인한 경제위기를 맞이하여 세계통화기금(IMF: International Monetary Fund)으로부터 외화의 차입과 세계화에 필요한 경제운영지도를 받게 되었다. 외환위기로 인하여 한국의 경제운용은 외환거래자유화와 부실자산의 유동화 내지 현금화를 위한 새로운 법제도들이 속속 입법이 되었다.

그리고 한국은 2003년부터 칠레와의 자유무역협정(FTA; Free Trade Agreement) 체결을 시작으로 다른 여러 나라와 자유무역협정을 체결하여 한국은 FTA강국으로 세계화의 길로 더욱 나아가게 되었다. 그러나 2008년에는 미국의 금융위기로 인한 세계경제의 침체로 어려움을 겪었으나 다시 경제의 정상을 이루고 세계화의 길로 더욱 박차를 가하여 동참하였다. 그렇지만 2020년에는 코로나-19(COVID-19)의 세계적 확산으로 경제의 어려움을 겪었으나 세계화의 길로 나아감에는 변함이 없는 상태이다.

이와 같이 세계화의 길은 한국에 유익을 가져다 주기도 하였지만 어려움도 겪게 되는 아픔도 가져다 주었다. 그러나 세계적인 경제위기에 적절히 대처하여 세계화의 길에서 유익을 더 많이 얻고 있는 것이 사실이다.

근자에는 세계화에 역행하는 세계경제의 길로 들어서고 있다.[74] 그러나 세계화를 유지하고 세계 각국이 더욱 상호협력하

74) 세계화로의 발전에 역행하는 오늘날의 세계경제질서의 움직임에 대한 우려에 관하여는, 최준영, "끝장난 세계화,- 신생존법 강요받는 한국", 조선일보, 2025. 7. 30. A30 참조.

는 것이 인류의 행복과 세계평화를 위한 길이라 생각한다. 그것은 또한 세계가 사랑의 지구촌이 될 수 있는 길이라 생각한다.

(2) 민사특별법의 대응

세계화에 따라 이를 실천하기 위한 법률들은 대부분 상사법, 국제통상법, 지식재산권법 등이지만 민사법 분야에도 중요한 법률들이 제정되어 시행되고 있다. 외환의 자유로운 국제유통을 위하여 외국환관리법을 개정을 통하여 1993년부터는 외환집중제를 사실상 폐지하기에 이르렀다. 그리고 1997년 외환위기를 극복하기 위하여 민사법 분야에서는 외화의 자유로운 유입을 촉진하기 위하여 1998년에는 이제제한법을 폐지하였다.[75] 그러다가 2007년에 다시 이자제한법을 제정하였다.

그리고 외환위기의 극복을 위하여 세계은행(IBRD)의 권고를 받아 부실자산의 유동화 내지 현금화를 위하여, 1999년에 자산유동화에 관한 법률과 주택저당채권유동화회사법을, 2003년에는 대한주택금융공사법을 제정하여,[76] 기업의 부실자산, 저당권의 유동화를 가능케 하여 부실자산 또는 변제기가 장래에 도래할 저당권부채권을 현금화할 수 있는 제도를 마련하여 기업의

75) 외화유입을 촉진하기 위해 이자제한법을 폐지하였으나, 너무 높은 약정이자를 제한할 필요가 있어서 2007년에 다시 이자제한법을 제정하였다. 당시의 최고이자율을 연 30%로 하였으나 점차 인하하여 연 24%를 유지하였다(이자제한법 제2조 제1항의 최고이자율에 관한 규정(2017)). 2021년 3월말 공포되어 하반기 시행된 개정 이자제한법 제2조 제1항의 최고이자율에 관한 규정에서는 최고이자율을 연 20%로 인하하였다.

76) 주택저당채권유동화회사는 한국주택금융공사가 설립·운영된 후에 한국주택금융공사와 합병을 하거나 영업을 양도하는 방법에 의하여 주택저당권부채권의 유동화는 점진적으로 한국주택금융공사가 전담하게 되었다. 그리하여 2015년에 주택저당채권유동화회사법은 폐지되었다.

자금조달을 용이하게 하도록 하였다. 자산유동화, 저당권유동화는 자산유동화증권(證券)(ABS: assets-backed security) 또는 자산유동화채권(債券)(ABB: assets-backed bond), 및 저당권부유동화증권(證券)(MBS: mortgage-backed security) 또는 저당권부유동화채권(債券)(MBB: mortgage-backed bond)을 발행하여 투자가들에게 매각하는 방법으로 이루어진다.[77] 그리하여 우리나라에서도 제2차 저당시장이 형성되었다. 근자에는 주택 및 상가 임차인의 임차료반환채권을 유동화하고자 하는 움직임이 일고 있다.[78]

세계화의 대표적인 국제매매계약에 관한 통일조약이 1980년에 다자간 조약으로 체결된 국제물품매매계약에 관한 국제연합협약[79](CISG: United Nations Convention on Contracts for the International Sale of Goods)이다. 이 조약에 우리나라가 2004년에 가입하여 2005년부터 우리나라에서 그 효력이 발생하였다. 동국제매매협약은 대륙계약법, 영미계약법, 사회주의계약법의 상호양보로 이루어진 세계적인 통일매매법으로서, 동협약의 주요 법제도는 현행 우리민법의 법제도와 다른 점이 적지 아니하다. 대표적으로 동협약에서는 채무불이행의 유형을 이행지체, 이행불능, 불완전이행으로 구분하지 아니하고 또한 하자담보책임, 원시적 불능과도 구분하지 아니하고 이 모두를 계약위반(breach of contract) 하나로 통합하였으며, 계약위반을 본질적인 계약위반과 비본질적

77) 자산 및 저당권부채권의 유동화의 관한 자세한 내용에 관하여는, 김상용, 전게 물권법 제4판, 754-764면; 금융혁명 ABS(자산유동화실무연구회 편, 한국경제신문사, 1999) 참조.

78) 이에 관하여는, 허지행, "채권유동화와 부종성에 관한 고찰 - 임대차 채권 유동화를 중심으로", 사적자치와 민사법의 후견적 개입: 한국민사법학회 2025년도 하계학술대회 발표논문 자료집(한국민사법학회 주최, 제주대학교 법과정책연구원, 법무부 후원, 2025. 6. 21), 140-156면 참조 요.

79) 이를 빈(Wien)협약이라고도 한다.

인 계약위반으로 나누어 그 효과를 달리 규정하였다. 그리고 계약위반으로 인한 책임을 무과실책임으로 하였으며, 계약해제는 본질적인 계약위반이 있을 때에만 허용하며, 기타의 계약위반의 경우에는 손해배상청구권만을 인정하고 있다. 또한 계약위반으로 인한 손해배상책임에 있어서 채무자의 과실을 요하지 아니하며 불가항력적 사유로 계약위반을 한 경우에 손해배상을 면책하도록 하였다. 그리고 손해배상액의 산정에 있어서도 상당인과관계설에 입각하지 아니하고 예견가능성설(theory of foreseeability)에 입각하고 있다. 이렇게 동협약은 우리 민법의 매매계약과는 다른 법리에 입각하고 있는 내용이 많다.[80)]

그리고 2008년 세계금융위기 이후에 우리나라에서는 세계화의 추이의 하나로 2010년에 "동산·채권 등의 담보에 관한 법률"을 제정하여 동산담보권, 채권담보권을 새로운 물권으로 창설하고, 동산담보권과 채권담보권은 점유의 이전이 아니라 등기에 의하여 설정할 수 있는 방법을 입법하였다. 동산담보권은 현재의 동산은 물론 장래에 취득할 동산도 그 목적물로 할 수 있으며, 한 개의 동산은 물론 여러 개의 동산에도 하나의 동산담보권을 설정할 수 있도록 하였다(동법 제2조 2호). 그러나 동산담보권은 모든 사람이 이를 설정할 수는 없으며, 설정자의 자격을 제한하여 법인과 상업등기법에 의하여 상호등기(商號登記)를 한 자만이 설정할 수 있다(동법 제2조 5호). 그리고 등기는 전자정보기억장치에 의하여 이루어지며 등기는 동산담보권의 성립요건

80) CISG의 내용에 관하여는, 김상용, 전제 채권각론 제4판, 247-248면, 우리 민법 매매계약과의 비교에 관하여는, Kim Hwa, Die Nacherfüllung als Rechtsbehelf des Käufers nach CISG, deutschem und koreanischem Recht, Studien zum ausländischen und internationalen Privatrecht, Nr. 310 (Mohr Siebeck, 2014) 참조.

이다(동법 제7조 제1항). 이러한 동산담보등기부는 물적편성주의를 취하지 아니하고 인적편성주의를 취하고 있다(동법 제2조 8호, 제47조 제1항). 그리고 동산등기는 그 존속기간에 제한을 두어 5년을 초과할 수 없다(동법 제49조 본문). 물론 5년을 초과하지 않는 기간으로 갱신할 수는 있다(동법 제49조 단서).

동산담보등기에는 그 실행상의 특수성으로 동산담보권자의 임의매각이 허용되며(동법 제23조 제1항), 유담보약정이 허용되어 유담보도 가능하다(동법 제31조 제1항 본문).

채권담보권은 채권질과 채권양도담보권을 통합하여 지명채권을 목적으로 하는 담보권으로서(동법 제34조), 현재의 지명채권은 물론 장래의 지명채권도 그 목적으로 할 수 있다. 한 개의 지명채권을 목적으로 할 수도 있고 여러 개의 지명채권을 목적으로 하여 하나의 채권담보권을 설정할 수도 있다. 채권담보권은 채권담보권등기부에 등기하며 그 등기는 성립요건이 아니라 대항요건이다(동법 제35조 제1항). 채권담보권등기의 효력기간도 역시 5년이며, 갱신할 수 있다. 실행은 담보권자의 담보목적채권의 추심명령, 전부명령, 기타 환가방법에 의할 수도 있으나 채무자에 대한 직접변제청구권이 인정된다(제36조).

또한 지식재산권도 역시 담보할 수 있도록 하고 그 등록은 이미 지식재산권 공시를 위해 마련되어 있는 각각의 지식재산권 등록부에 등록하는 방법으로 지식재산권담보권 설정을 할 수 있도록 하였다. 그러나 지식재산권담보권 설정은 2개 이상의 지식재산권의 경우에만 가능하고 하나의 지식재산권을 목적으로 하여서 지식재산권담보권 설정을 할 수 없고(동법 제58조 이하), 권리질권의 설정이 가능할 뿐이다.

3. 대량생산과 대량소비사회로의 발전과 민사특별법의 대응

(1) 대량생산 및 대량소비사회로의 발전과 소비자보호의 필요성 증대

산업화, 도시화의 진전에 따라서 생활에 필요한 물자의 대량생산이 이루어지고 국민들의 소득증대에 따라서 대량소비사회로 사회가 발전하게 되고 더욱더 대량소비를 촉진하는 각종의 방법들이 출현하고, 이에 따라서 불량제품으로 인한 소비자피해가 발생하게 되어 소비자 피해구제를 위한 제도의 마련이 필요하게 되었다.

대량소비의 촉진방법으로는 보통거래약관에 의한 매매계약이 일반화되고, 신용카드의 사용도 일반화되고 다양한 신용카드가 발급·이용되어, 현금을 소지하지 않더라도 사업자의 신용제공에 의한 매매가 보편적으로 이용되게 되었다. 그리고 소비를 촉진하는 상품매매의 유형도 아주 다양화하게 되었다. 전자기술의 발전으로 전자장치를 통한 전자거래도 활발해졌다.

또한 세계화의 진전에 따라서 외국상품도 쉽게 구매할 수 있게 되어 상품의 다양화와 고급화가 이루어져 소비는 더욱 촉진되게 되었다. 외환자유화와 신용카드의 사용의 일반화와 함께 외국으로의 상품구입대금의 지급도 간편하게 이루어지게 되어 더욱더 대량소비사회로의 진전을 촉진하게 되었다. 그리고 여행도 자유화되어 국내여행은 물론 해외여행이 성행하게 되어 여행자 보호의 문제도 사회문제로 제기되었다.

경제정책적으로도 소비의 신장을 통한 경제발전을 도모할 수 있도록 하는 국가정책의 실행으로 인하여 더욱더 소비가 신장되고, 소비유형도 다양화하게 되었다. 이러한 대량생산에 의한 대량소비사회의 진전은 불량제품으로 인한 소비자의 생명, 신체, 건강, 재산상의 피해구제를 강화할 필요성이 강하게 요청되어, 소비자보호법이 민사법의 독립한 특별법 분야로 발전하게 되었다.

이러한 대량소비사회에서의 보호의 대상이 되는 상품은 동산과 서비스분야가 중심이다. 그로 인하여 동산의 상품매매와 서비스제공 분야의 거래에 소비자보호와 소비자피해구제가 집중되어 있다.

(2) 소비자보호를 위한 민사특별법의 대응

(i) 대량소비를 위한 새로운 법제도의 생성과 출현

대량생산되어 대량소비를 촉진하는 거래방법이 실무에서 다양하게 생성되어, 이러한 다양한 소비촉진의 거래방식에 따른 법적 규율을 하여 소비자를 보호할 필요성이 증대되었다. 소비촉진의 거래양식에는 할부판매, 방문판매, 통신판매, 프렌차이즈방식에 의한 다단계판매 등의 민법상의 매매계약의 내용으로는 적절하게 규율할 수 없는 새로운 유형의 거래방식이 실무에서 생성되었다. 그러한 다양한 소비촉진 거래방식에 대하여 우리나라에서는 각각의 거래방식에 따른 각각의 규율 법률을 제정하여 소비자보호를 위한 법적조치를 취하였다.

그 구체적인 법률로는, 매매대금을 할부로 지급하는 할부매매를 적절히 규율하기 위하여 1991년에 할부거래에 관한 법률을 제정하여, 할부매매계약을 서면에 의하여 작성하도록 하고(동법 제4조), 매수인에게 계약서를 교부받은 날, 계약서를 교부받지 아니하였을 때에는 물품의 인도 또는 용역의 제공을 받은 날로부터 7일[81] 이내에 할부매매계약을 철회할 수 있는 매수인의] 임의철회권을 인정하였다(동법 제5조). 그리고 할부금지급지체의 경우의 매수인의 기한이익의 상실에 대한 규제를 하고(동법 제10조), 매수인의 할부금지급 지체시의 매도인의 해제권과 손해배상청구권을 제한하는 규정을 두었으며[82](동법 제8조 이하), 매수인의 할부금지급거절의 항변권을 확대 인정하였다(동법 제12조).

그리고 1991년에 방문판매등에 관한 법률을 제정하여, 할부거래에 있어서와 같이 서면에 의한 계약서의 작성(동법 제7조), 매수인에게의 임의철회권의 인정(동법 제8조), 계약체결의 강요, 소비자를 오인시킨 계약의 체결, 청약의 철회, 계약의 해제를 어렵게 하는 행위 등을 규제하는 규정을 두었다(동법 제11조). 그리고 전화권유판매(동법 제5조 이하), 다단계판매(동법 제13조 이하)도 역시 이 법률에 의하여 규율하고 있다.

신용카드에 의한 할부거래, 방문판매 등의 확대로 매매대금의 지급이 신용카드에 의해 이루어짐으로써 1997년에는 여신전문금융업법을 제정하여 여신전문금융회사의 신용대출, 담보대출 업무, 물품 및 용역의 제공에 의하여 취득한 매출채권의 양수·관리·회수 업무 등을 규제하여 소비자를 보호할 수 있도록 하였다.

그리고 2002년에는 전자상거래 등에서의 소비자보호에 관한 법률을 제정하여 전자상거래 및 통신판매를 규율하도록 하여, 매수인의 임의철회권 인정(동법 제17조 및 제18조), 손해배상청구권의 제한(동법 제19조), 매수인에게 불리한 약정의 금지 등

81) 이를 숙려기간(cooling-off period)라 한다.
82) 매도인이 14일 이상의 기간을 정하여 최고하고, 그 최기간내에 이행하지 아니할 때에 비로소 계약해제를 할 수 있도록 하였다(동법 제11조 제1항).

(동법 제21조)에 관하여 규정함으로써 소비자를 보호하는 법적규율을 하고 있다.

(ii) 소비자보호기관의 설립과 소비자분쟁조정제도 및 소비자단체소송제도의 시행

소비자보호를 위한 특별한 제도의 마련은 1980년에 소비자보호법을 제정하여 1982년에 시행한 때로부터 시작되었다. 그 이전에는 일반 민사법인 민법의 매매계약, 소비대차계약, 불법행위 등의 법리로 대응하였다. 그러나 민법의 법리에 대한 대응으로는 소비자보호에 한계가 있으므로, 행정부의 하나의 기관으로 1982년에 소비자보호위원회를 설치하여 소비자보호를 위한 사항에 대하여 심의를 하도록 하였다(동법(1980) 제21조 이하). 그 후 소비자보호위원회는 1987년 소비자보호법의 개정에 의하여 독립법인으로서 한국소비자보호원이 설립됨으로써 폐지되고, 2006년 제정된 소비자기본법을 2007년에 시행함으로서 그 때부터 한국소비자보호원은 한국소비자원으로 그 명칭이 변경되어, 소비자보호를 위한 광범위한 일을 담당하고 있다.

한국소비자원의 소비자 보호를 위한 중요한 업무는, 소비자의 권익과 관련된 제도와 정책의 연구 및 건의는 물론, 민사법적으로는 소비자피해분쟁조정을 통한 소비자피해의 구제에 있다. 소비자는 물품, 용역 등의 사용으로 인한 피해의 구제를 한국소비자원에 신청할 수 있으며(소비자기본법 제55조), 한국소비자원 내의 소비자분쟁조정위원회의 조정을 통하여 구제받을 수 있을 뿐만아니라(동법 제60조), 2016년부터는 다수 소비자가 집단으로 조정신청을 할 수 있는 집단조정제도도 마련하여 시행하고 있다[83](동법 제68조). 또한 2007년부터는 소비자단체가 소비

자피해구제를 위하여 법원에 단체소송(Verbandsklage)인 소비자단체소송을 제기할 수 있게 되었다(동법 제70조 이하). 그러나 소비자단체소송을 통해서는 소비자권익침해행위의 금지·중지 등의 유지청구권(留止請求權)만을 청구할 수 있을 뿐 손해배상의 청구는 인정되지 아니한다(동법 제70조).

(iii) 보통거래약관에 대한 규제

대량소비를 촉진시킨 제도 중 가장 대표적인 방법의 하나가 바로 보통거래약관에 의한 계약의 체결이다. 보통거래약관(allgemeine Geschäftsbedingungen)은 계약체결 이전에 계약의 당사자인 사업자가 일방적으로 계약내용을 결정하여 이를 부동문자로 인쇄한 계약서이다. 이러한 보통거래약관에 의한 계약체결에 있어서 그 계약의 상대방인 소비자는 사업자와 계약내용을 협의하여 결정하지 못하고 사업자가 일방적으로 정한 약관의 내용을 받아들이기 만을 하게 된다. 사업자가 일방적으로 결정한 보통거래약관은 약관을 작성한 사업자에게 유리하고 상대방인 소비자에게 불리한 부당약관일 가능성이 있다. 그리하여 이러한 부당약관인 보통거래약관에 대한 규제가 필요하였다. 보통거래약관에 의한 계약체결에 있어 계약내용의 공정을 유지하기 위하여 계약적 정의(Vertragsgerechtigkeit)의 이념이 정립되고, 계약적 정의에 입각하여 소비자를 보호하기 위하여 부당약관에 대한 규제가 약관의 해석, 행정적 규제, 그리고 입법적 규제로 발전하게 되었다.

83) 2016년 이전에는 국가·지방자치단체·한국소비자원·소비자단체·사업자만이 집단분쟁조정을 신청할 수 있도록 하였으나, 2016년부터는 다수의 소비자도 집단분쟁조정신청을 할 수 있도록 하였다. 소비자보호를 위한 집단분쟁조정제도는 단체소송의 성질과 집단소송의 성질을 함께 갖고 있는 특수한 소비자분쟁조정제도로 이해된다.

우리 나라에서는 1986년에 약관의 규제에 관한 법률의 제정·시행에 의하여 입법적으로 규제하기 이전에는, 판례에 의해서 예문해석(例文解釋)이라는 약관해석 방법으로 부당약관의 효력을 상실시키는 방법으로 보통거래약관을 통제하였다.[84] 그리고 부분적으로 보통거래약관에 대한 관할 행정기관의 심사를 받도록 함으로써 부당약관을 시정하였다.

1986년의 약관의 규제에 관한 법률에서는, 소비자인 거래상대방을 보호하기 위하여 보통거래약관에 의하여 계약을 체결하고자 할 때에 사업자는 소비자인 계약상대방에 대하여 약관의 내용을 알려야할 설명의무를 부과하였다(동법 제3조). 그리고 보통거래약관의 특별한 해석원칙으로서 개별약정 우선의 원칙(Vorrang der Individualabrede, 동법 제4조), 객관적 해석의 원칙(동법 제5조 제1항), 불명확한 약관에 대한 작성자불이익 해석의 원칙(동법 제5조 제2항), 고객에게 불리하고 사업자를 면책케 하는 약관에 대한 축소해석의 원칙 등에 의하여 부당약관을 통제하고 있다. 그리고 부당한 보통거래약관을 무효로 하는 통제규정을 두어, 부당성의 정도가 심하여 약관의 내용이 신의성실의 원칙에 반할 때에는 그 부당약관을 절대적으로 무효로 하며(동법 제6조), 계약당사자의 책임에 관하여 정하고 있는 약관의 내용이 상당한 이유가 없다고 인정되는 경우에는 상대적으로 무효로 하는 규정을 두고 있다(동법 제7조).

부당약관의 통제절차에 관해서는 부당약관이 재판의 전제가 되었을 때에만 부당약관을 심사하는 구체적 규범통제의 방식을 취하지 아니하고, 부당약관이 구체적 재판의 전제가 되지

84) 대판 1984.6.12. 83다카2159. 예문해석에 의한 약관통제는 약관규제법이 제정·시행된 후에도 한동안 활용되었다(대판 1990.6.26. 89다카26915; 대판 1994.11.25. 25다8969).

아니한 경우에도 통제할 수 있는 추상적 규범통제의 방식을 취하고 있다(동법 제19조). 부당약관의 통제방식은 공정거래위원회의 시정명령, 시정권고, 불사용 권고 등의 방법을 취한다[85](동법 제17조, 제17조의 2). 부당약관을 심사하기 위한 기관으로 독점규제 및 공정거래에 관한 법률 제72조 제1항에 따른 한국공정거래조정원에 약관분쟁조정협의회를 두어 동협의회에 의한 조정의 방법으로도 부당약관을 심사하고 시정할 수 있도록 하고 있다(동법 제24조, 제27조, 제27조의 2). 부당약관에 대한 심사청구는 약관의 조항과 관련하여 법률상의 이익이 있는 자, 소비자단체, 한국소비자원, 그리고 사업자 단체도 제기할 수 있다(동법 제19조).

(iv) 금융소비자 보호를 위한 법제도의 확충

금융거래는 사적금융보다는 공적금융이 주를 이루며, 공적금융거래는 금융기관을 통하여 이루어진다. 1993년부터 금융실명제의 실시[86]에 의하여 금융기관을 통한 금융거래는 금전의 실소유자 명의로 거래하도록 하였다. 그리하여 타인명의로 은행예금을 하였을 때에는 그 은행계좌의 금전은 예금명의자의 소유로 보며, 은행은 출연자인 실제의 금전소유자에게 당해 예금

85) 보통거래약관의 부당여부의 심사와 시정조치는 약관의 규제에 관한 법률을 제정하였을 당시에는 약관심사위위원회가 심의, 의결하고 경제기획원장관이 시정조치를 취하도록 하였으나(동법(1986) 제17조 및 제24조), 1992년에는 약관심사위원회를 폐지하고 공정거래위원회가 심사·의결하고 시정조치를 취하도록 하였다가(동법 제17조, 제17조의 2), 2012년에는 공정거래위원회가 직권 또는 신청에 의하여 약관을 심사하고 시정조치 등을 할 수 있는(약관규제법 제17조의 2) 외에, 독점규제 및 공정거래에 관한 법률 제72조 제1항에 의하여 설립된 한국공정거래조정원 내에 약관분쟁조정협의회를 설치하여(약관규제법 제24조) 이해관계인의 신청으로(약관규제법 제19조) 그 협의회의 조정에 의하여 심사하고 시정조정 등을 할 수도 있도록 하였다(약관규제법 제24조, 제27조, 제27조의 2)

86) 금융실명제는, 1993년 금융실명거래 및 비밀보장에 관한 긴급재정경제명령에 의하여 전격적으로 시행되고, 동긴급재정경제명령은 1997년에 금융실명거래 및 비밀보장에 관한 법률의 제정으로 폐지되었다.

을 지급할 수 없고 예금명의자에게 지급하도록 판례가 이를 뒷받침하였다.[87] 그리고 금융기관의 파산시[88]에 대비하여, 1995년에 예금자보호법을 제정하여 일정한 한도액까지의 예금을 보호하는 조치를 취하여 오늘에 이르고 있다.[89]

그리고 금융소비자의 보호하기 위하여 담보제도의 정비를 꾸준히 하여 왔다. 금융거래에 있어서 담보법은 경제적 강자인 채권자가 경제적 약자인 채무자, 담보설정자들에 대해 우월적인 지위에 있게 되는 방향으로 발전하는 속성을 가지고 있다. 그리하여 담보에 대한 규제를 하지 않으면 담보법은 자연적으로 채권자에게 이익이 되는 방향으로 발전하게 되어 채무자와 담보설정자들을 불이익하게 된다. 따라서 금융소비자보호는 채무자, 담보설정자를 보호하는 방향으로 담보법의 정비를 통하여 이루어져 왔다.

먼저 채권자가 초과이득을 취하기 위하여 관행적으로 이용되어 왔던 변칙적인 담보제도인 양도담보, 가등기담보, 매도담보를 규제하기 위하여 1983년에 가등기담보 등에 관한 법률을 제정하였다. 동법률에서는 이들 변칙담보를 특수한 저당권의 성질을 갖는 담보권으로 입법하여, 변칙담보권자의 초과이득 취득을 방지할 수 있는 제도를 마련하였다. 무엇보다도 변칙담보권의 실행의 방법으로 경매에 의한 공적실행과 함께 담보권자인 채권자가 당해 변칙담보목적물의 소유권을 취득할 수 있는 사

87) 대판(전원합의체) 2009.3.19. 2008다45828

88) 종래에는 금융기관별로 5천만원까지 보장하였으나, 2025년 9월 1일부터는 금융기관별로 1억원까지 보장한다.

89) 금융실명제와 부동산실명제 있어서, 예금명의자가 자기명의의 예금을 처분하였을 때에 예금명의자의 처분을 횡령죄로 인정하나(대법원 2000.8.18. 선고 2000도1856 판결), 부동산명의수탁자의 당해 명의신탁부동산의 처분에 대하여는 횡령죄의 성립을 인정하지 아니한다(대판(전원합의체) 2016.5.19. 2014도6992).

적실행을 인정하고, 사적실행은 변칙담보권자가 청산금[90]을 산정하여 채무자와 변칙담보설정자에게의 실행의 통지, 2개월의 유예기간의 경과, 변칙담보권자의 담보설정자에게의 청산금의 지급이 있은 후에라야 비로소 당해 변칙담보목적물의 소유권을 취득할 수 있도록 하였다(동법 제3조 및 제4조).

그리고 저당권과 보증에 의한 담보에 있어서도 거의 대부분 근저당권 또는 근보증을 설정하여 왔다. 또한 근보증도 거의 대부분 연대보증을 이용하였다. 근저당권에 관해서는 민법 제357조의 규정이 있으나 하나의 규정만이 입법이 되어 있어서, 담보실무에서는 보통거래약관에 의하여 포괄근저당권[91], 그것도 거래포괄근저당권이 이용되어 왔다. 그리고 근보증에 있어서

90) 청산금은 변칙담보목적물의 가액에서 채권액을 차감한 차액으로서 채권자가 스스로 평가한다(동법 제4조 제1항).

91) 근저당권은 보통의 저당권에서와는 달리 그 피담보채권이 증감변동하는 불특정의 채권으로서 일정한 결산기에 일정한 최고액의 한도까지 담보하는 저당권으로서, 개별적인 불특정의 피담보채권에 부종하지 아니하고, 그 피담보채권의 발생원인이 되는 채권자와 채무자간의 계속적 거래계약(기본계약)에는 부종한다. 이러한 근저당권에도 다시 기본계약의 유형에 따라서 특정근저당권, 한정근저당권, 포괄근저당권으로 나뉜다. 포괄근저당권은 기본계약을 열거하여 합의하고 이에 더하여 기타 여신거래 또는 금융거래로부터 발생하는 일체(一切)의 채무를 일정한 최고한도액까지 담보하도록 하는 담보실무에서 이용되는 거래포괄근저당권과, 당해 금융기관과의 개별적인 기본계약 이외의 금융거래 내지 여신거래로부터 발생하는 모든 채무는 물론 기본계약 및 여신거래와 전혀 관계없는 근저당권자의 채무자에 대한 채권도 일정한 최고한도액까지 담보하는 극단적 포괄근저당권이 있다. 그러나 근저당권에 관한 학설 중에는 금융기관에서 이용하고 있는 특정채권을 위한 보통의 저당권 대신의 근저당권은 물론 금융기관에서 이용하고 있는 특정근저당권, 한정근저당권 및 (거래)포괄근저당권을 넘어서, 특정의 채권은 물론 금융거래 내지 여신거래와 같은 금융기관과의 거래가 없더라도 특정의 채권자와 특정의 채무자간의 모든 채무를 담보할 것을 내용으로 하는 소위 극단적인 무제한적인 포괄근저당권의 유효성까지도 인정하고자 하는 견해(김재형, 근저당권연구(박영사, 2000), 118면)가 있다. 이 견해는 극단적인 포괄근저당권의 인정으로 결국은 근저당권의 기본계약에의 부종성을 완전히 배제하여 근저당권의 독립성, 추상성을 인정하는 결과에 이르게 하고자 한다. 이러한 극단적인 포괄근저당권은 채무자에 대한 부실채권(不實債權)을 가진 채권자로부터 근저당권자가 이를 저가(低價)로 매입하여 채권 전액의 우선변제를 받는 방법으로 악용될 수 있다.

도 포괄근보증과 연대보증을 결합한 포괄연대근보증이 주로 행하여져 왔다. 근저당권과는 달리 근보증에 관하여 2015년 이전까지는 민법에서 아무런 규정을 두지 아니하였다.

이러한 근담보의 일반적인 이용으로 인하여 채무자 및 담보설정자의 보호를 위하여 근담보제도의 수정에 의한 보호보다는 근담보의 이용을 제한하는 공적규제의 방법을 취하였다. 1983년 말까지는 극단적인 무제한의 포괄근저당권의 설정이 용인되었다.[92] 1984년부터는 전국은행연합회의 결의에 의하여 근저당권을 유형화하고, 1986년에는 근저당권설정약정서의 표준서식을 채택하고 극단적 포괄근저당권의 이용을 금지하였다. 그리고 2010년에는 은행법을 개정하여 동법 제52조의 2에서 여신거래와 관련하여 차주 등에게 부당하게 담보를 요구하거나 보증을 요구하는 행위를 공정한 금융거래질서를 해치는 불공정영업행위로 금지하고 포괄근저당권 및 포괄근보증의 이용을 제한하였다. 2012년에는 금융위원회의 은행업감독규정에 의하여 금융기관이 개인에 대해서는 포괄근저당권 설정요구를 전면적으로 금지하는 조치를 취하였다. 이와같이 담보실무에서 금융기관이 개인에게는 포괄근당권의 설정을 요구할 수 없으며, 법인에 대해서만 그것도 엄격한 요건 하에서만 활용하도록 규제를 가하고 있다.[93]

또한 보증인 보호의 필요성이 강하게 요청되어, 2008년에는 보증인 보호를 위한 특별법을 제정하여 보증의사는 서면으로

92) 김성은, "포괄근저당권의 규제에 관한 소고", 동아법학 제70호(동아대학교 법학연구소, 2016), 393면.

93) 극단적인 포괄근저당권의 이용제한에 관하여는, 김상용 "根抵當權의 立法方向에 관한 意見: 包括根抵當權의 禁止를 중심으로", 부동산포커스 Vol. 104(한국감정원 KAB부동산연구원, 2017.1.25), 47-70면. 참조.

표시하도록 하고(동법 제3조), 보증채무의 최고액을 특정하도록 하고(동법 제4조), 보증기간을 3년으로 제한하였으며(동법 제7조), 채무자의 채무이행지체시 채권자의 보증인에 대한 그 사실의 통지의무(동법 제5조), 근보증은 거래포괄근보증 만을 인정하고 극단적 포괄근보증을 인정하지 않는(동법 제6조) 등의 법적조치를 취하였다.[94] 연대보증의 이용에 관하여는 법률에서는 제한규정을 두지 아니하였으나, 금융위원회가 연대보증의 이용을 계속 규제하고 있다.

보증인 보호를 위한 특별법을 제정·시행한 후, 2015년에 민법을 개정하여 보증인 보호를 위하여 보증인 보호를 위한 특별법의 내용을 민법에서 규정하면서, 근보증에 있어서는 극단적인 포괄근보증도 허용하는 근보증을 규정하여(민법 제428조의 3), 금융소비자보호를 위한 근보증제도에 있어서 보증인 보호를 위한 특별법에서보다 후퇴하는 입법을 하였다. 극단적인 포괄근담보의 설정은 2010년에 제정된 동산·채권 등의 담보에 관한 법률에서도 극단적인 포괄근동산담보권, 포괄근채권담보권의 설정이 가능하도록 하였다(동법 제5조, 제37조). 이는 금융소비자보호에 소홀한 입법이라 평가된다. 금융소비자보호를 위하여 부동산을 목적으로하는 민법의 근저당권의 수정·보완은 전혀 이루어지지 못한 상태에 있다.

그리고 채권자의 불법적인 채권추심행위로부터 채무자, 보증인 등을 보호하기 위하여, 2009년에 채권의 공정한 추심에 관한 법률을 제정하여, 이러한 불법적인 채권추심행위를 금지하고 있다. 또한 2004년에는 개인채무자회생법을 제정하여 금융소비

94) 보증채무의 상세한 관하여는, 김상용, 채권총론 제3판(화산미디어, 2016), 303면 이하 참조.

자가 개인인 경우에 채무를 경감 및 면책받을 수 있는 특별한 개인회생제도를 마련하였다. 그러나 2005년에 채무자 회생 및 파산에 관한 법률의 제정으로 개인회생제도를 동법에서 흡수하여 규정함으로써 개인채무자회생법은 폐지되었다.

또한 2002년에는 대부업의 등록 및 금융이용자 보호에 관한 법률[95]에 의하여 여신금융기관으로부터의 대부의 경우에는 약정이자의 최고한도를 제한하는 방법에 의하여 금융소비자를 보호하고 있다[96](동법 제8조 및 동법 시행령 제5조). 그리고 1998년에는 임금채권보장법을 제정하여 근로자의 임금채권의 지급을 보장하는 법적 조치를 취하였으며, 2006년에는 전자금융거래법을 제정하여 전자금융거래의 안전과 신뢰를 도모할 수 있도록 하였다.

그 간에 여러 가지 대형의 금융사고를 경험하고 난 후, 금융소비자의 보다 강한 보호를 위하여 2020년에는 금융소비자 보호에 관한 법률(금융소비자보호법)을 제정하여 2021년부터 시행하게 되었다. 동법에 의한 금융소비자보호의 대상이 되는 금융상품으로는, 은행법에 따른 예금 및 대출, 자본시장과 금융투자업에 관한 법률에 따른 금융투자상품, 보험업법에 따른 보험상품, 상호저축은행법에 따른 예금 및 대출, 여신전문금융업법에

95) 동법은 2009년에 대부업 등의 등록 및 금융이용자 보호에 관한 법률로 그 법명이 변경되었다.

96) 여신금융기관으로부터 대부의 경우의 약정최고이자율은 2002년에는 연 66%, 2007년에는 49%, 2010년에는 연 39%, 2014년에는 연 34.9%, 2017년에는 연 27.9%에서 동년에 다시 연 24%로 인하하고,, 2021년에는 20%로 인하하여 현재까지 연 20%를 유지하고 있다. 그리하여 이자제한법상의 약정최고이자율과 동일수준이다. 2021년 하반기부터는 연 20%으로 인하되었다. 참고로 소송촉진 등에 관한 특례법에 근거한 지연이자율은, 소송촉진 등에 관한 특례법 제3조 제1항 본문의 법정이율에 관한 규정의 개정에 의하여 2003년에는 연 20%, 2015년에는 연 15%, 2019년에는 12%로 인하되었다.

따른 신용카드, 시설대여, 연불판매, 할부금융 등이며(동법 제2조 1호), 금융소비자보호를 위하여 금융상품판매업자의 신의성실의무(동법 제14조)와, 금융소비자에 대한 차별금지(동법 제15조)를 특별히 규정하고, 금융위원회로 하여금 금융교육정책을 수립하여 금융감독원 또는 금융교육 관련 기관·단체에 위탁하여 금융교육을 실시하도록 하였다(동법 제30조).

2025년에는 대부업의 등록 및 금융이용자 보호에 관한 법률을 개정하여 대부업자의 개인 및 소기업에게의 대출시에 최고이자율을 연 27.9%로 제한하고(동법 제8조 제1항), 대부업자가 금융대출의 이자율이 연 60%을 초과할 때에는 그러한 대부계약의 체결을 반사회질서의 법률행위로 보아 그 대부계약을 무효로 하여(동법 제8조의 2 제1항 4호) 채무자는 이자는 물론 원금도 변제하지 않아도 되도록 규정하였다.[97] 그러나 연 이자율이 27.9%을 초과하지만 60%이하의 대부계약의 경우에는 기준이자율을 초과하는 이자약정을 무효로 하고 채무자가 초과지급한 이자는 원금에 충당하도록 하였다(동법 제8조 제5항).

(v) 의료소비자 보호를 위한 법이론의 발전

의료는 종래에는 의사가 환자에게 베푸는 시혜(施惠)로 이해되었으나, 지금은 의사와 환자와의 계약에 의하여 치료를 하고 그 대가를 지급하는 대등한 계약관계로 이해되고 계약관계에 기초하여 의료행위가 규율되고 있다. 그러나 지금은 의료분야의 사회보장제도의 확대시행으로 국민들은 폭넓은 의료혜택을 받고 있으며,[98] 국민들은 의료분야에서 의료소비자로 인식되고 의료

97) 연 이자률이 60%를 초과하는 경우의 대부계약의 무효화는 2025년 7월 22일부터 시행하였다.

소비자보호의 입장에서 의료행위로 발생하는 의료사고에 대한 법적 구제제도를 마련하고 있는 시대로 발전되고 있다.

전국민에 대한 의료보험의 시행으로 국민 모두가 의료혜택을 받도록 하는 법분야는 사회보장법의 영역으로 민사법의 영역에서는 제외하고, 의료민사법 분야에서는 의료사고로 인한 피해구제를 손쉽게 받을 수 있는 의료법 분야만을 다루기로 한다. 의료행위는 전문성을 요하는 분야로서 의료행위를 담당하는 의료인에 대하여 국민들은 사회적 약자의 지위에 있다. 그러므로 의료사고의 경우에 피해를 입은 소비자인 국민의 피해구제를 위한 의료민사법의 법이론과 법제도의 마련이 이루어지고 앞으로도 역시 의료민사법 발전이 요구되고 있다.

의료행위는 그 유형과 내용이 극히 다양하여 그것을 의료계약의 개념정의가 어려우며, 의료계약에 의한 의료급부는 의사가 이를 제공하므로 의료계약을 일반적으로 의사계약(Arztvertrag)이라고도 한다. 그러나 아직도 의사와 환자 간의 의료계약을 실정법적으로 규정하지 못한 상태이며, 법이론적으로는 의료계약을 위임계약의 범주에 속하는 것으로 이해하고 있다.[99)]

그 간에 의료소비자 보호를 위한 중요한 민사법 이론과 법제도가 정립되어 왔다. 먼저 의사의 환자에 대한 진료와 치료와 향후 예견되는 소견(所見)의 설명의무의 부과와 설명의무불이행의 경우에 손해배상의무를 부과하는 법이론의 정립과 적용이었다. 그리고 의사의 치료행위는 환자에 대한 사전설명과 그 설명에 기초한 환자의 동의(informed consent; informierte Einwilligung)에

98) 우리나라에서는 1977년에 의료보험이 사업장 근로자부터 시행되기 시작하여, 전국민 건강보험은 1989년부터 실시되었다.

99) 김상용, 전게 채권각론 제4판, 495면.

기해서만 적법하며, 그렇지 않으면 위법행위로서 채무불이행과 동시에 불법행위를 구성하게 된다는 법이론의 정립과 적용이었다.[100] 이러한 설명의무의 위반으로 인한 손해배상에 있어서는 환자의 재산상의 손해는 물론 일정한 경우에는 정신적 손해의 배상도 인정하고 있다.[101] 점차 의사의 의료치료행위와 환자의 손해발생 간에 환자가 손해발생의 원인이 될만한 건강상의 결함이 없었다는 것을 증명하면, 의사의 과실과 환자의 손해발생 간에 인과관계가 있는 것으로 추정하여 의료소비자를 보호하고 있다.[102]

이와같이 의료소비자의 민사법적인 보호는 법이론과 판례에 의하여 이루어지고 있으며, 원격의료 등 의료소비자의 보다 폭넓은 보호제도가 본격적으로는 실행되지 못하고 있다. 이러한 의료소비자의 보호법리와 판례의 발전에 대항하여, 오히려 의사들이 자신들의 손해배상책임을 법원의 소송절차에 의한 법관의 법적판단에 의하기 보다는 조정, 중재 등에 의하여 법관이 아닌 의사들에 의한 법적책임 여부를 판단하도록 하는 법적제도를 마련하였다. 그것이 바로 2011년에 제정된 의료사고 피해구제 및 의료분쟁조정 등에 관한 법률이며, 동법에서는 한국의료분쟁조정중재원을 설립하여, 그 기관으로 하여금 의료사고로 인한 분쟁을 조정 또는 중재에 의하여 해결하도록 하였다.[103] 대법원은 간호사의 골수채취 행위는 무면허의료행위가 아니라고 판결

100) 상게서, 500면, 대판 1987.4.28. 86다카1136; 대판 1994.4.15. 92다25885; 대판1995.2.10. 93다52402.

101) 대판 1994.4.15. 93다60953; 대판 1995.2.10. 93다52402.

102) 대판 1995.3.10. 94다39567; 대판 1998.2.27. 97다38442.

103) 이에 관한 보다 상세한 내용에 관하여는, 김상용, 전게 채권각론 제4판, 811−812면 참조

하였다.[104] 대법원은 골수 검사는 의사만이 할 수 있는 진료행위 자체에 해당한다고 볼 수는 없고, 환자의 개별적인 상태 등에 비추어 위험성이 높다는 등의 특별한 사정이 없는 한 의사가 진료의 보조행위 현장에 입회할 필요 없이 일반적인 지도·감독 아래 골수 검사에 자질과 숙련도를 갖춘 간호사로 하여금 진료의 보조행위로서 시행하게 할 수 있는 의료행위라고 보아야 한다고 하였다.

(vi) 제조물책임법의 입법

시장에 유통되는 상품의 결함(defect; Fehler)으로 인하여 소비자가 생명, 신체 또는 재산상의 손해를 입었을 때에, 그 결함상품의 제조자로부터 이용자인 소비자가 직접 손해배상을 받을 수 있는 방법으로 현행의 불완전이행, 하자담보책임의 법제도로는 한계가 있는 사례들이 점점 나타나게 되었다. 그리하여 결함상품의 이용자의 피해를 직접 결함상품의 제조자로부터 전보받을 수 있도록 하기 위하여 2000년에 무과실책임의 제조물책임법을 입법하였다.

동법에서는 제조물책임의 대상을 제조 또는 가공된 동산으로 한정하고(동법 제2조 1호), 제조물책임을 무과실의 위험책임으로 인정하였으며(동법 제3조), 제조자에는 생산자, 설계자, 수입업자 및 상품의 표시를 제대로 표시하지 아니한 자들이 이에 속한다(동법 제2조 3호). 상품의 제조 당시에 그 상품에 결함이 있는지를 당시의 과학기술의 수준으로는 판단할 수 없는 개발도상의 위험(Entwicklungsfehler)으로 인한 손해발생의 경우에는 이를

104) 대판 2024. 12. 12. 2024도7642

면책사유로 규정하였다(동법 제4조 2호).

그리고 제조물책임법의 입법 당시에는 제품의 결함과 손해발생간의 인과관계의 입증책임에 관하여 특별규정을 두지 아니하였으나, 판례는 결함의 존재와 손해발생간에 피해자가 당해 제품이 정상적으로 사용되는 상태에서 사고가 발생하였다는 점, 사고가 제조자의 배타적 지배하에 있는 영역에서 발생하였다는 점과 어떤 자의 과실 없이는 당해 사고가 통상적으로는 발생하지 않는다는 3가지의 간접사실을 입증하면, 결함과 손해발생간의 인과관계를 추정하였다.[105] 그러다가 2017년에 이르러 판례의 인과관계 추정법리를 그대로 동법에 규정하여 입법적으로 인과관계를 추정하도록 하였다(동법 제3조의 2). 또한 동년에 제조업자가 제조물의 결함을 알면서도 고의로 그 결함에 대하여 필요한 조치를 취하지 아니한 결과로 생명 또는 신체에 중대한 인적손해를 입은 자는 실손해 이외에 자기에게 발생한 손해의 3배를 넘지 아니하는 범위에서 징벌적 손해배상(punitive damages)을 받을 수 있도록 하여(동법 제3조 제2항) 결함제조물의 이용으로 인한 피해소비자를 획기적으로 보호할 수 있도록 하였다.

(vii) 여행계약의 입법

국민소득의 증대로 여행은 사람들의 삶의 필수적인 요소의 하나로 발전되었다. 한 때는 코로나-19로 인하여 해외여행은 거의 막힌 상태이었지만 국내여행은 매우 활발한 상태였다. 그러나 지금은 국내외여행이 다시 활발해졌다. 오늘날은 인구밀집의 도시생활로 인한 삶의 여유를 가지기 위하여 여행이 삶의 필수

105) 대판 2000.2.25. 98다15934; 대판 2004.3.12. 2003다16771.

적인 요소가 되었다. 그리하여 여행에 있어서 국민들은 여행소비자로서 특별히 보호받아야할 상태에 이르렀다.

우리나라의 여행자유화의 역사적 과정을 살펴보면, 1980년대 후반 우리나라 경제의 성장과 국민의 생활수준이 향상되고, 1987년 민주화 이후 사회 전반의 경직된 분위기가 완화되어 사회가 자유로워지고, 1988년에 서울올림픽을 성공적으로 치른 결과로 자신감과 올림픽을 통한 국제화로 해외여행에 대한 수요가 증가하게 되어, 1989년에 해외여행자유화가 이루어졌다. 그러나 이러한 여행자유화가 이루어졌으나 여행계약은 보통거래약관에 의하여 체결되고 따라서 부당여행약관에 의한 국민들의 피해가 발생하여도 민법의 일반적인 계약법 원리와 약관규제법에 의한 부당여행약관을 통제할 수 밖에 없었다.[106] 그리하여 여행소비자의 보호를 위한 입법적 보완이 필요하였다.

그 결과로 2015년에 와서 민법을 개정하여 여행계약을 입법하였다(동법 제674조의 2 이하). 민법은 소비자 보호의 취지에서 여행계약을 도급의 한 종류로 규정하였다.[107] 여행계약을 규정한 민법에서는, 여행주최자는 완전한 여행급부를 이행하여야 하며, 여행을 실행함에 있어서 여행조건을 변경하지 못함을 원칙으로 하고, 부득이한 사정변경의 경우에만 여행조건 및 여행일정을 변경할 수 있도록 하였다(민법 제674조의 4). 그리고 여행소비자인 여행자를 보호하기 위하여 여행주최자의 여행하자담보책임[108]을 강화하였다(민법 제674조의 6 내지 제674조의 8).

106) 1986년에 관광진흥법을 제정하여 여행자가 여행 중에 입게될 손해의 전보를 위하여 여행주최자가 임의로 보험 또는 공제의 가입할 수 있도록 하였으나((동법(1986) 제14조), 2008년부터는 보험 또는 공제의 가입, 영업보증금의 예치를 의무화하여(동법(2008) 제9조) 현재에도 그대로 유지하고 있다.

107) 김상용, 전게 채권각론 제4판, 385-386면.

근자에는 여행자들의 항공여행의 증가에 의한 항공사들의 마일리지 적립에 의하여 여행소비자들은 적립된 항공 마일리지로 추가 항공료 부담없이 항공여행을 떠나게 되는 경우가 늘어나게 되어, 적립된 마일리지를 새로운 신종 재산권으로 이해하고 그렇게 법이론을 정립해 나가는 시대의 흐름을 보이고 있다.[109]

(viii) 플랫폼경제의 출현에 따른 소비자 보호의 문제

사회는 점차 제4차 산업혁명[110]이라는 지식정보사회로 발전해 나아가고 있다. 통신과 컴퓨터와 정보가 결합하여, 상품을 직접 보고 거래가 이루어지는 것이 아니라 컴퓨터를 통하여 비대면으로 거래가 활발해 지고 있다. 정보[111]도 대량으로 집적하여 국내는 물론 세계적인 유통망을 통하여 상품과 서비스가 비대면으로 거래되고 있다. 이러한 거대한 유통망을 만들어 거래가 세계적으로 일어나도록 하는 플랫폼(platform)을 운용하며, 그러한

108) 여행자의 여행주최자에 대한 여행하자담보책임으로는 시정청구, 대금감액, 계약해지, 손해배상을 인정하고 있다.

109) 이에 관하여는, 김화, “항공사 마일리지 제도에 있어서 마일리지 소멸과 관련된 약관법상의 문제 – 대법원 2024. 11. 28.선고 2021다308030 판결”, 2025년 민사법학회 제2회 판례 연구회 발표논문 자료집(한국민사법학회, 제주대학교 법과정책연구원, 2025. 6. 20), 81–99면 참고 요.

110) 4차 산업혁명의 특징은 초융합성, 초연결성, 빅데이터, 인공지능을 바탕으로 하는 정보와 지능이 새로운 경쟁의 기반이 되는 초지능화로 요약할 수 있다(국토, 특집: 4차 산업혁명시대의 새로운 사회갈등과 대응방향, in: 국토 Vol. 463(국토연구원, 2020.5), 55면 참조). 4차산업혁명이라는 용어는 쉬밥(Klaus Schwab)이 2015년에 처음으로 그의 기고문에서 발표하고, 2016년 세계경제포럼(World Economic Forum, WEF)이 주최한 다보스포럼에서 처음으로 사용되었다.

111) 정보(information)를 물건으로 볼 것인가도 활발히 논의되고 있으며, 정보를 목적으로 하는 정보소유권(information ownership) 내지 데이터소유권(data ownership; Dateneigentum))이 주장되기도 하며, 정보를 지식재산권으로 보호하고자 하는 주장도 제기되고 있으나, 아직 합의된 결론에는 이르지 못한 상태이다. 정보와 데이터의 관계에 관해서도 양자가 동일하다는 견해도 있고 서로 다르다는 견해(정진명, “데이터의 이용과 사법적 권리구제”, in: 데이터와 사법: 한국민사법학회 하계학술대회자료집(2020.6.12), 152면)도 있다.

플랫폼사업자는 국가위에 존재하며 거래하는 사업조직체로서 활동하며, 세계의 생산자와 소비자를 연결하여 소비가 세계적으로 왕성하게 일어나게 하고 있다. 이러한 거대 플랫폼사업자는 사기업이지만 국가위에 있는 사적조직체로서 세계적인 경제력을 발휘하고 있다. 여기서는 플랫폼을 통한 거래의 민사법적 측면의 특별한 법현상에 대해서만 아주 간략하게 적시하기로 한다.

이러한 지식정보사회의 경제현상을 공유경제(sharing economy), 데이터경제(data economy), 플랫폼경제(platform economy)라고 불리우며, 이러한 경제현상에서는 거래의 형태와 유형 및 거래법의 내용이 현재와는 다른 모습으로 나타날 것이라는 주장들이 제기되고 있다. 먼저 지금까지는 물건의 소유가 중심이고 이용은 부차적으로 다루어져 왔으나, 특히 공유경제에서는 이용이 중요시되고 소유는 별 의미가 없어지는 현상이 일어날 것이라고 하며, 거래의 법적형태도 매매 중심에서 임대차 중심으로 변화를 하고, 일시적 계약인 매매가 사후관리(A/S: after-sales service)를 요하는 계속적 계약으로 바뀔 것이라는 주장도 제기되고 있다.[112] 또한 매매계약의 쌍무계약성도 상실될 것이며,[113] 매도인의 하자담보책임에 있어서 하자개념도 물질적 하자에서 기능적 하자로 바뀔 것이라고도 한다.[114] 또한 매매도 계속적 계약으로 바뀌어 감에 따라서, 고전적 위험이전에 관한 법리도 그 중요성이 상실될 것이라고 한다.[115]

112) Privatrecht 2050: Blick in die digitale Zukunft (hrsg von der Gesellschaft Junge Zivilrechtswissenschaft e.V., Nomos, 2020), S.11ff., 15ff.). 그리하여 앞으로 계약법의 구성이 이용계약이 먼저 규정되고 매매계약이 뒤에 배치되는 사법의 기능의 변화가 올 것이라는 주장도 제기되고 있다.

113) A. a. O., S. 22ff.

114) A. a. O., S. 14ff.

115) A. a. O., S. 15.

그리고 플랫폼사업자는 거래 당사자간의 단순한 중개인으로 볼 것인지, 양 거래당사자의 대리인으로 볼 것인지, 아니면 독립한 사업자로 볼 수 것인 지에 대한 논의가 이루어지고 있으며, 플랫폼사업자는 가능한한 자신이 관여한 거래관계로부터 발생하는 법적책임을 지지 아니하기 위하여 보통거래약관을 만들어 사용하고자 하지만, 소비자 보호를 위해서는 독립사업자로 인정하여 가상공간에서의 거래에서 발생하는 책임을 지게 하도록 하여야 한다는 주장이 설득력을 얻고 있다.[116] 그리고 과실 인정의 기준으로서 주의의무 위반여부의 판단에 있어서도 종래의 평균인 기준에서 개별인간을 기준으로 하여 개별화하는 현상으로 변화할 것이라고도 한다.[117]

그리고 플랫폼을 통하여 대량으로 거래가 이루어지지만, 빅데이터와 인공지능의 발전으로 거래관계도 쌍방관계(Bilateralität)에서 다면관계(Multilarität)로 발전할 것이며, 알고리즘(algorithm)에 의하여 당사자간에 거래내용을 달리하는 개별거래마다 법적용을 달리하는 거래관련 임의법규의 개별화 내지 개별화된 거래법[118](personalized law: Personalisierung des Rechts)의 발생을 예견하기도 하는 주장이 제기되고 있다. 특히 대량의 개별거래에 있어서는 보통거래약관[119]에서 가격통제를 하지 아니함으로써 경제에서의 소위 일물일가(一物一價)의 법칙이 적용되지 아니하고

116) Johnnes Warter, "Vertragsrechtliche Fragen Plattform-basierter Wirtschaft", in: Privatrecht 2050, SS. 143, 149.

117) Philip Maximilian Bender, "Grenzen der Personalisierung des dispositiven Rechts", in: Privatrecht 2050, S. 35ff.

118) 지능정보화 사회에서의 거래법상의 임의법규의 개별화에 관하여는, Bender, a. a. O., S. 33ff. 참조.

119) 지능정보화사회에서는 보통거래약관이 에플리케이션(application) 형태로 나타나게 된다.

동일상품에 대해서도 거래 당사자마다 거래가격을 달리하는 자유가격 결정 현상도 발생할 것이라고 예견하는 주장[120]도 나타나고 있다. 그와 반대로 거대 메가기업인 플랫폼사업자의 출현은 플랫폼사업자에 의한 시장집중으로 자유시장을 거부할 것이며, 당사자의 가격결정의 자유가 유지될 수 있을 것인가 의문을 제기하기도 한다.[121]

우리나라에서는 이러한 플랫폼을 통한 거래에 대해서, 민사법적으로는 전자상거래 등에서의 소비자보호에 관한 법률에 의하여 전자상거래 및 통신판매를 규율하는 정도이며, 거대기업으로 성장한 플랫폼사업자에 대하여 공정거래위원회에 의한 공적규제를 하는 방법에 의하여 간접적으로 소비자를 보호하고 있다고 평가된다.[122]

근자에는 인공지능(AI: artificial intelligence)의 발달로 실물자산(real asset) 이외에도 다양한 가상자산[123](crypto asset)이 생성되어 거래되고 있다. 가상자산 거래도 활발하고 가상자산 거래과정에서의 법적분쟁도 발생하여 이를 규율하는 가상자산거래에서의 이용자보호를 위하여 법률이 제정, 시행되고 있다.[124][125].

120) Privatrecht 2050: Blick in die digitale Zukunft, S. 25ff.

121) A. a. O., S. 27ff.

122) 지식정보화 사회에는 역설적으로 사법관계에 국가의 통제가 심해질 것이라고 평가되고 있다(A. a. O., S. 60ff.). 한편으로 사법의 생명력인 개인의 자유, 자기결정, 자기책임은 미래에도 유지되어야 한다는 의견(Ludwig Raiser, Die Zukunft des Privatrechts (De Gruyter, 1971), S.36)도 잊지 말아야할 것으로 생각된다.

123) 가장 자산을 일반적·포괄적인 용어로는 digital asset라 하고, 법적규제의 용어로는 virtual asset로 표기하고, 암호화에 기반한 가상자산에 특화하여서는 crypto asset로 표기함이 일반적이다.

124) 가상자산 이용자 보호 등에 관한 법률 (약칭: 가상자산이용자보호법)(2023년 제정, 2024년 시행).

125) 가상자산과 그 거래에 대한 법적 규제에 관하여는, 이준민, “법인 및 기관의 가상자산 거래에 대한 금융당국의 제한에 대한 평가”, 사적자치와 민사법의 후견적 개입: 한국

그리고 가상세계에서의 정보(information)도 물건으로 다루어야 한다는 방향으로 법이론이 정립되어 나가고 있다.

4. 개인주의화, 아동의 조숙, 고령화사회로의 진입과 민사특별법의 대응

(1) 개인별 가족관계등록부의 편철

경제의 발전으로 한국사회는 점차 개인주의화가 강화되고 공동체 정신이 약화되어 가는 현상을 나타내고 있다. 또한 여성운동이 강해지고 이혼이 늘어나게 되었으며, 젊은이들이 결혼을 하지 않는 사회현상도 진행되고 있다. 또한 신생아출산률이 크게 낮아지게 되었다.

이러한 사회의 개인주의화로의 진행의 가장 대표적인 법제도는 출생, 혼인, 사망 등의 등록제도에 있어서 나타났다. 호주제가 폐지되고, 호주를 중심으로 가족원들의 호적을 함께 등록하던 호적부를 폐지하고, 가족 개인별로 등록하는 가족관계등록부제도가 2007년에 가족관계등록에 관한 법률의 제정에 의하여 2008년에 시행되었다.

민사법학회 2025년도 하계학술대회 발표논문 자료집(한국민사법학회 주최, 제주대학교 법과정책연구원, 법무부 후원, 2025. 6. 21), 163−185면; 정신동, "게임산업과 사적자치− 유럽의 게임물등급분류를 참조하여", 상동 자료집, 187−200면; 서종희, "가상자산 및 출급청구권의 소멸시효 − 가상자산의 법적성질에 대한 고찰과 함께", 한국민사법학회 2025년도 하계학술대회 발표논문 별도 자료집(한국민사법학회 주최, 제주대학교 법과정책연구원, 법무부 후원, 2025. 6. 21), 5−35면 참조.

(2) 아동의 조숙과 아동의 보호 강화

경제발전에 따른 식생활의 향상으로 아동들이 조숙하게 되었다. 그리하여 청소년들의 건강의 향상은 정신적으로도 사회변화에 대한 인지능력을 향상케 하였다. 그 결과 성년연령을 낮추어야 할 필요성에 대한 사회적 공감대가 형성되었다. 그리하여 2011년 민법 개정에 의하여 성년연령을 종래의 만 20세에서 만 19세로 인하하였다[126](민법 제4조).

아동·청소년의 조숙과 함께 아동에 대한 성폭력 사건들이 새로운 사회문제가 발생하여, 성폭력으로부터 아동·청소년을 보호할 수 있는 민사법제도의 마련이 요청되어, 2020년에 민법을 개정하여 성적침해로 인한 손해배상청구권의 소멸시효의 개시시기를 피해아동·청소년인 미성년자가 성년이 된 때로부터 기산(起算)하도록 하였다[127](민법 제766조 제3항).

입양과 관련된 아동의 보호를 위하여 2025년에 개정된 국내입양에 관한 특례법(약칭, 국내입약특례법)과 개정된 국제입양에 관한 법률(약칭, 국제입양법)이 시행되어,[128] 보호대상아동의 입양에 관하여 국내입양을 우선하고(국내입양특례법 제7조), 입양

126) 민법에서 성년연령을 19세로 인하하였지만, 2020년 공직선거법 개정에 의해서 선거권자의 연령을 종래의 만19세에서 만18세로 인하하여(동법 제15조 제1항), 미성년자가 공직선거에 투표할 수 있다는 어색한 현상이 발생하게 되었다. 그 뿐만이 아니라 2022년 초에는 공직선거법 제16조 제2항과 제3항을 개정하여, 공직자의 피선거권 연령을 25세에서 18세로 낮추었다. 그리하여 부모의 친권에 의해 재산관리와 신상의 보호를 받는 미성년자가 선거직 공직자가 될 수 있는 기이한 결과를 낳게 되었다. 이러한 입법은 제정만 하면 법이라는 너무 법실증주의에 입각한 입법이다. 생각건대 민법상의 성년자의 연령을 18세로 인하함이 바람직하다고 생각된다.

127) 민법 제766조 제3항의 신설에는, 민법 제166조 제1항, 제766조 제2항 중 '진실·화해를 위한 과거사정리 기본법' 제2조 제1항 제3호, 제4호에 규정된 사건에 적용되는 부분은 헌법에 위반된다는 헌법재판소의 일부위헌 결정(헌재 2018. 8. 30. 선고 2014헌바148)도 고려가 되었다.

128) 입양에 관한 2개의 개정법률은 2025년 7월 19일부터 효력이 발생하였다.

된 때에는 친양자관계가 성립하는 것으로 하였다(동법 제25조). 그리고 보호대상아동의 외국으로의 국제입양을 하기 위해서는, 먼저 양부모가 되려는 자는 가정법원으로부터 입양허가를 받아야 하며(국제입양법 제12조), 다음으로 가정법원으로부터 입양인용심판을 받고 인용심판이 확정되어야 국제입양의 효력이 발생한다(동법 제14조). 국제입양된 아동은 친양자와 동일한 지위를 갖는다(동법 제13조).

(3) 고령화사회로의 진전에 대한 민사법의 대응

생활의 향상, 국민건강보험제도의 실시 등으로 한국사회는 급속하게 고령화사회로 발전되었다.[129] 고령자의 생활보호는 사회보장법에서 주로 다루어지고 있으나, 민사법 분야의 대응으로서는, 정신적으로 자기의 사무를 스스로 결정할 수 없는 노인인구가 늘어나고 또한 육체적으로도 스스로 거동할 수 없는 노인인구가 늘어남으로써, 고령자들을 정신적으로는 물론 스스로 거동(擧動)할 수 없는 노인들을 보호하기 위하여 2011년에 민법을 개정하여 성년후견제도를 입법하고, 성년후견으로는 성년후견(민법 제9조 이하, 제929조, 제936조 이하), 한정후견(민법 제12조 이하, 민법 제959조의 2 이하), 특정후견(민법 제14조의 2, 제959조의 8 이하), 임의후견(민법 제959조의 14 이하)을 입법하여 정신적, 육체적으로 스스로 자기생활을 꾸려나가기 어려운 자를 보호할 수 있도록 하였다.

그리고 고령화 사회로의 발전에 따른 중요한 민사법의 대

---

129) 우리나라는 2000년도부터 고령사회로 진입하였으며, 2030년 이전에 초고령사회가 도래할 것이라고 예상된다(고상룡, "민법총칙" in: 학문연구의 동향과 쟁점(대한민국학술원, 2018), 338면).

응으로서는, 판례에 의하여 불법행위로 인한 손해배상액 중의 일실소득의 산정에 있어서 도시일용근로자의 노동가능한 가동연한을 종래의 60세에서 65세로 상향 인정한 것이었다.130)

5. 탈북민, 외국인근로자 및 난민의 증대에 대한 민사법의 대응

한국에는 남북분단, 한국동란으로 인하여 가족이 남북으로 헤어져 함께 가족을 이루어 살 수 없는 비극이 발생하였다. 북한에 가족을 두고 남한으로 온 가족이 북한지역에 남아있는 잔류자에 대하여 혼인과 상속에 있어서만 사망으로 의제하여, 남한에 있는 잔존배우자와 가족에게 재혼, 상속의 길을 열어주기 위하여, 1967년에 부재선고에 관한 특별조치법을 제정하여 법원의 부재선고에 의하여 상속과 혼인에 있어서 잔류자의 사망을 의제하였다.

그 후 북한에서의 기아문제(飢餓問題)로 북한주민이 대량으로 남한으로 탈출하여 왔다. 탈북자 중에는 북한에 배우자를 두고 남한으로 온 탈북민이 남한에서 다시 혼인하여 가정을 이루기 위하여는 중혼문제의 해결을 위한 법적조치가 필요하였다. 그리고 남한에서 사망한 자로서 그의 상속인들이 북한에 잔존하는 경우에 상속재산의 북한에로의 일시 전액반출을 수시 분할반출로 변경의 필요성이 인정되었다. 그리하여 2012년에 남북주민 사이의 가족관계와 상속 등에 관한 특례법을 제정하여 북한에 배우자를 두고 남한으로 온 북한주민의 남한에서의 중혼

130) 대판(전원합의체) 2019.2.21. 2018다248909.

을 허용하였으며(동법 제6조), 남한주민이었던 피상속인으로부터 상속받지 못한 북한주민의 상속회복청구에 대한 특례를 인정하고(동법 제11조), 상속재산은 재산관리인을 통하여 관리하면서 법무부장관의 허가를 받아 북한에 거주하는 상속인의 생활비 정도를 분할하여 반출할 수 있도록 하였다(동법 제13조 이하).

그리고 북한이 2018년에 시작된 남북한 간의 잠간의 화해상황의 전개에 따라서 2019년에 국제거래에 있어서의 국제물품매매계약에 관한 국제연합협약(일명 Wien 협약: CISG: United Nations Convention on Contracts for International Sale of Goods)에 가입하고 2020년 4월부터 그 효력이 발생하여 남북한 간의 사적 거래에 있어서 준거법 결정의 법리정립이 한층 용이하게 되었다고 판단된다.

이와 함께 외국근로자가 대량으로 한국에서 일하게 되고, 난민(難民)의 수가 증대함에 따라서 세계적인 인권보장의 견지에서 차별금지법[131]의 제정이 요청되고 있으나 아직 입법이 이루어지지 않은 상태이다.

6. 지식정보화 사회로의 심화와 개인정보 및 인격권 보호를 위한 민사법의 대응

지식정보화사회에서는 법률행위의 구성요소인 의사표시가 구두 혹은 문자로 이루어지는 것이 아니라 컴퓨터를 의한 전자기계장치를 통하여 의사표시가 이루어진다. 이러한 의사표시를

131) 법명(法名)을 네거티브한(negativ) 차별금지법이라 하기 보다는 독일에서와 같이 포지티브한(positiv) 동등대우법(AGG: Allgemeines Gleichbehandlungsgesetz)이라고 함이 타당할 것으로 생각된다. 차별금지법의 내용은 외국인에 대한 차별금지만이 아니라 내국인의 일반적인 차별금지를 담아 규정하고자 한다.

전자적 의사표시라 한다. 그리하여 지식정보사회에의 의사표시는 이러한 전자적 의사표시에 의하여 법률행위가 이루어짐이 일반적이다. 그 결과 전자적 의사표시도 법률상 유효한 의사표시로 본다(구 전자거래기본법 제4조, 전자문서 및 전자거래기본법 제4조). 민법은 의사표시가 구두 혹은 문자로 이루어지는 것을 전제로 하여 법리구성이 이루어져 있다.

이러한 전자적 의사표시에 있어서는 그 의사표시의 본질을 무엇으로 이해할 것이냐에 관하여, 표시행위를 본질로 이해하고자 하는 주장이 없진 않지만, 전자적 의사표시도 궁극에 있어서는 사람의 의사결정에 의하여 이루어짐으로, 내심의 진정한 의사가 전자적 의사표시에도 그 본질이라고 이해하여야 할 것이며, 구두 또는 서면의 의한 의사표시를 전제로 하는 법률행위 이론이 전자적 의사표시에 의한 법률행위에도 그대로 적용함이 마땅하다고 생각된다.[132]

그리고 전자적 의사표시는 발송과 도달이 정보처리의 기계장치를 통하여 이루어지기 때문에 특히 전자적 의사표시의 효력발생시기에 관하여 문제가 제기된다. 이에 관하여는, 1999년에 전자거래기본법을 제정하여 전자적 의사표시는 수신자가 수신할 수 있는 정보처리시스템에 입력된 때에 송·수신된 것으로 보도록 하여[133](동법(1999) 제6조) 도달주의 원칙을 유지하였으며, 2012년의 전자문서 및 전자거래기본법[134]에서도 그대로 도달주의를 취하고 있다(동법(2012) 제6조).

132) 김상용 저, 전경운 증보, 전게 민법총칙 제4판, 368면.

133) 그러므로 전자적 의사표시는 수신자의 전자정보시스템에로 발신과 동시에 도달한 것으로 본다.

134) 동법의 제정·시행으로 전자거래기본법은 폐지되었다.

그리고 전자서명의 유효성도 인정되고 있다. 1999년 전자서명법이 제정될 당시에는 공인인증기관의 공인인증을 받은 전자서명만을 법률이 정한 서명 또는 기명날인으로 보도록 하였으나(동법 제3조), 2020년부터는 공인인증을 받지 아니한 전자서명도 서명, 서명날인 및 기명날인으로서의 그 효력이 인정될 수 있도록 하였다(동법 제3조).

지식정보화사회에서는 공적장부가 대부분 전자화되어 저장되고, 수많은 정보가 공공기관에는 물론 사기업에도 수집·저장되어 유통되므로, 개인의 인격권에 속하는 개인정보가 불법적으로 수집, 유통되거나 적법하게 수집된 정보라도 불법적으로 유출·유통되어 개인의 인격권이 침해되는 사례가 급증하여 이에 대하여 개인정보를 보호할 수 있는 제도의 마련이 필요하였다. 그리하여 1994년에 공공기관의 개인정보보호에 관한 법률을 제정하여 공공기관이 수집, 저장하고 있는 개인정보를 보호할 수 있는 법적근거를 마련하였으며, 2011년에는 개인정보보호법을 제정하여 공기기관 뿐만아니라 사기업이 수집, 저장하고 있는 개인정보도 널리 보호할 수 있는 법적근거를 마련하였다. 한편으로 1996년에는 공공기관의 정보공개에 관한 법률을 제정하여 공공기관이 소장하고 있는 정보에 대한 국민들의 정보공개청구가 있을 때에는 비공개 대상의 정보가 아닌한 공개함을 원칙으로 하였다(동법 제3조).

이와 같이 개인정보는 당해 개인의 인격권의 내용으로서 개인정보의 불법유출 등으로 피해를 입은 개인은 인격권의 침해로 인한 손해배상을 청구할 수 있으며, 필요한 경우에는 인격권 보호를 위한 원상회복청구도 할 수 있다(민법 제750조, 제751조 및 제764조). 그러나 민법 제764조에 대한 헌법재판소의 일부위헌 결정에 의하여, 원상회복의 방법으로서 가해자에 대하여 사죄광고를 명하는 것은 양심의 자유를 침해하는 것으로서 이는 인정되지 아니한다.[135] 지식정보사회에서는 개인정보가 빅데이터(big-data)로서 수많은 피해자가 발생할 수 있으므로, 개인정보보호를 보다 강화하기 위하여, 2011년부터 개인정보분쟁조정위원회에 의한 조정의 방법으로 피해구제를 도모하고 있을 뿐만아니라(개인정보보호법 제40조 이하), 개인정보단체소송도 인정하고 있다(동법 제51조 이하). 또한 2015년부터는 개인정보가 가해자의 고의 또는 중대한 과실로 침해되었을 때에는 실손해액의 3배까지의 징벌적 손해배상을 부과할 수 있도록 인정하고 있다(동법 제39조 제3항).

그리고 신문, 잡지, 방송 등의 언론보도에 위한 인격권의 침해에 대한 피해구제의 방법으로, 2005년에 언론중재 및 피해구제에 관한 법률[136]을 제정하여 손해배상 이외에 반론보도청구권과 정정보도청구권을 인정하고 있으며(동법 제14조 내지 제16조), 언론중재위원회에 의한 조정(동법 제18조 이하), 중재의 방법으로 피해구제를 받을 수 있도록 하고 있다(동법 제7조 이하).

135) 헌법재판소 1991.4.1. 선고 89헌마160 결정.

136) 이 법률이 제정·시행되기 전에는, 1987년에 정기간행물의 등록 등에 관한 법률에 의하여 피해자의 정정보도청구권을 인정하고 정정보도청구사건에 대해서는 언론중재위원회의 중재에 의하여 피해구제를 받을 수 있었다(동법 제16조 이하). 그리고 중재를 거치지 않으면 법원에 정정보도청구의 심판을 청구할 수 없도록 하는 중재전치주의(仲裁前置主義)를 취하였다(동법 제19조). 방송으로 인한 인격권의 침해에 대해서는 1987년 방송법에서 정정보도청구에 의한 중재로 구제받을 수 있고, 역시 중재전치주의를 취하였다(동법(1987) 제41조 및 제42조).

7. 인공지능시대의 도래와 민사법의 대응

인공지능(AI: artificial intelligence)시대가 우리나라에서도 성큼 도래하였다. 인공지능의 도움으로 시민들의 일상생활이 편리해지고 확장되었다. 인공지능을 통한 민사거래가 대량으로 폭넓게 이루어지고 있다. 그러나 인공지능을 통한 민사거래의 대폭적인 확대는 인공지능에 의한 민사거래에 따른 위험도 동반하게 된다. 이러한 인공지능을 통한 민사거래의 위험의 예방은 아직까지는 주로 민사특별법에 의하여 이루어지고 민사기본법인 민법에는 거의 규율하지 못하고 있는 실정이다.

인공지능관련 법률로는, 2024년에 "자율주행자동차 상용화 촉진 및 지원에 관한 법률"(약칭: 자율주행자동차법)이 제정되어 2025년에 시행되었으며, 2025년에는 "인공지능발전과 신뢰기반 조성 등에 관한 기본법"이 제정되어 2026년부터 시행될 예정이다. 이러한 법률은 인공지능시대를 열어가는 법률이며, 인공지능시대의 도래로 인한 민사법률은 아니다.

인공지능시대의 도래로 인한 민사관련 법률로는, 2012년에 제정된 "전자문서 및 전자거래 기본법"(약칭: 전자문서법. 동법은 1999년에 제정된 전자거래기본법을 흡수하여 제정되었다) 전자문서의 문서로서의 효력 인정(동법 제4조), 전자서명의 서명으로의 인정(전자서명법 제4조의 2), 전자문서의 송수신에 관하여는 전자문서를 수신할 수 있는 정보처리시스템으로 전송한 때 또는 수신사가 관리하는 정보처리시스템에 입력된 때에 송신된 것으로 보도록(동법 제6조) 규정하고 있다.[137)][138)]

137) 전자문서는 송신과 동시에 수신이 되지만, 이는 기술적인 도달의 시기로 보아야 하

그리고 인공지능에 의한 자동차의 자율주행에 있어서 자율주행자동차의 운행자와 제조업자의 자동차손해배상책임에 있어서의 배상책임의 분담도 조정이 이루어져할 과제이다. 지금은 2020년에 제정되고 동년에 시행된 "자율주행자동차의 안전운행 및 관리에 관한 법률"이 자동차의 자율주행을 촉진하고자 하는 법률이지만, 자율주행자동차의 사고로 인한 인적손해의 배상책임은 여전히 운행자에게 책임을 인정하고 있으며(자동차손해배상보장법 제3조), 다만 피해자에게 손해를 배상한 자동차보험회사는 자율주행자동차 제조회사에 대하여 구상할 수 있도록 하고 있다(자동차손해배상보장법 제29조의 2).

인공지능시대의 도래로 인한 민사법의 변화로서 2022년에 민법에서는 디지털 계약의 입법을 시도하여 디지털 계약의 민법에서의 입법을 위하여 법안을 만들고 입법예고까지 하였으나 지금까지 입법으로 나아가지는 못하고 있다. 입법예고된 디지털 계약의 민법 개정안은 2019년 5월 유럽연합이 도입한 디지털콘텐츠 및 디지털서비스 공급의 계약법적 측면에 관한 입법지침(EU Directive 2019/770 on certain aspects concerning contracts for the supply of digital content and digital service)을 참고하여 마련한 것으로, 이용자 보호를 강화하려는 취지에서 일반의 매매계약과 구별되는 디지털콘텐츠 및 서비스 제공 계약의 특성을 계약의 기본법인 민법에 추

고, 민법상의 도달시기는 아니다. 상대방이 요지(了知)할 수 있는 상태에 이르렀을 때에 도달하였다고 해석함이 타당하다. 그리하여 전자적 의사표시의 도달시기는 여전히 도달주의를 따른다도 하여야 한다.

138) 전자상거래에 있어서 정기결제 자동전환 시에 사전 고지 없이 유료로 전환하는 행위, 가격 정보의 은폐 또는 왜곡, 소비자가 원하지 않는 반복 선택 강요, 결제 직전 단계에서 숨겨진 정보 노출 등의 소위 다크 패턴(dark pattern)은 "전자상거래 등에서의 소비자보호에 관한 법률"에서 구체적으로 상세히 규정하여 규제할 것이 요청된다고 생각한다.

가하기로 하였다. 동 개정안은, 디지털제품 제공계약(민법개정안 제733조의2 신설)을 민법에 의한 전형계약의 하나로 규정하면서 그 개념을 “당사자 일방이 상대방에게 디지털 형태로 제작·공급되는 콘텐츠(디지털 콘텐츠) 또는 그 콘텐츠의 제작·처리·저장·접근·유통에 관한 서비스(디지털서비스) (이하 통칭하여 “디지털제품”)를 제공하고 상대방이 그 이용에 대해 대가를 지급하기로 하는 약정”으로 정의하였다. 동 개정안에서는 디지털제품에 대한 별도의 하자담보책임 규정(민법개정안 제733조의 4 신설)을 마련하여, 디지털제품의 하자에 대하여 이용자의 제공자에 대한 일정한 청구권을 인정하고 있으며, 민법상 최대 1년으로 설정되어 있는 하자담보책임 기간을 2년으로 연장하고 있다. 하자담보책임의 내용으로서는, 제공된 디지털제품에 하자가 있는 경우 하자의 시정 청구, 제공자가 정당한 이유 없이 하자의 시정을 거절하거나 하자의 시정에 지나치게 많은 비용이 들거나 그 밖에 시정을 합리적으로 기대할 수 없는 경우에는 대금감액 청구 또는 계약 해제·해지 청구(단, 하자가 중대하지 않은 때에는 이용자는 대금감액만을 청구할 수 있음)할 수 있도록 하였다. 동 개정안은 이외에도, 계약 종료에 따른 당사자간 법률관계(민법개정안 제733조의5 신설), 계속적 제공계약에서 디지털제품 제공자의 변경권(민법개정안 제733조의6 신설)을 규정하고 있다.

Ⅳ. 판례의 대응

사회변화에 민법이 대응함에는 대법원 판례와 헌법재판소의 위헌 및 헌법불합치 결정도 큰 기여를 하였다. 대법원 판례에 의한 대응의 대표적인 판결은, 토지거래허가의 효력에 관한 유동적 무효의 판례,[139] 고령화 사회로의 진전에 따른 도시일용근로자의 노동가능한 가동연령을 종래의 만 60세에서 65세로 상향인정 등 이었다.[140] 그리고 헌법재판소의 위헌 또는 헌법불합치 결정은 가족법에 집중되어 있으나, 재산법 분야에서도, 명예훼손의 피해 구제방법으로서의 원상회복으로 사죄광고를 할 수 없다는 민법 제764조에 대한 한정위헌 결정,[141] 임대차의 최장존속기간을 20년을 넘지 못하도록 한 민법 제651조 제1항에 대한 위헌결정이었다.[142]그리고 여성에 대한 종중원 자격의 인정,[143] 교회의 분열을 부인하고 의결권을 가진 교인 3분의 2 이상의 찬성결의에 의하여 소속교단의 탈퇴, 변경을 인정하고, 이러한 때에 종전교회의 재산은 전부 탈퇴한 교인들의 총유라고 판결[144]하였다.

이와같은 판례에 의하면, 3분의 2의 다수분파가 기존교회의 재산을 전부 갖게 되면, 3분의 1의 소수분파는 기존 교회의 재산에 대하여 가졌던 총유의 권리가 박탈당하게 되는데, 과연 다수의 결의로 소수의 권리를 박탈할 수 있는가? 종전의 판례에 의하면 교회분열시의 재산귀속에 관하여 실제로 해결을 하지는 못하였지만 소수분파의 권리를 인정하고 보장하였다. 그러나 변경된 판례에 의하면 교회분파시에 교회재산의 귀속결정의 문제는 해결하였지만 소수분파의 총유권이 박탈되는 또다른 문제를 남기게 되었다. 생각건대 다수가 소수의 권리를 박탈할 수는 없

139) 대판(전원합의체) 1991.12.24. 90다12243.
140) 대판(전원합의체) 2019.2.21. 2018다248909.
141) 헌재결정 1991.4.1. 89헌마160.
142) 헌재결정 2013.12.26. 2011헌바234.
143) 대판(전원합의체) 2005.7.21. 2002다1178.
144) 대판(전원합의체) 2006.4.20. 2004다37775.

다고 생각하며, 소수분파의 총유의 권리를 인정하고 보호할 수 있는 법인해산의 법리를 유추적용하여 소수분파도 교회재산의 가질 수 있도록 함이 타당하다고 생각한다.

대법원의 판례가 민사법의 해석을 통하여 언제나 사회변화에 긍정적으로만 기능하였다고 생각되지 아니한 판례들도 없지 않다. 비정상적인 부동산거래의 방법으로 이용되어 부동산투기의 법적수단이 되었던 중간생략등기 금지규정에 대한 단속규정 판결,[145] 명의신탁된 부동산에 대한 위탁자의 수탁자에 대한 원물반환을 법률에서 금지함에도 부당이득반환청구권에 의하여 금전으로는 반환받을 수 있다는 판례,[146] 3자간 등기명의신탁에 있어서 명의신탁자는 채권자대위권에 의하여 매도인을 대위하여 소유권에 기한 물권적 방해배제청구로서 명의수탁자명의로의 소유권이전등기의 말소를 청구하고, 매도인을 상대로 매매를 원인으로 한 소유권이전등기청구권을 행사하여 자신의 명의로 이전등기를 함으로써 명의신탁부동산을 회복할 수 있다고 한 판결,[147] 3자간 등기명의신탁에 있어서 명의수탁자의 명의신탁부동산의 매각이 명의신탁자에게 불법행위가 성립되어 명의신탁자에게 불법행위로 인한 손해배상을 하여야 한다는 판결,[148] 무효인 명의신탁약정에 기한 명의신탁부동산은 명의신탁자에 대하여 불법원인급여가 아니라고 한 판결,[149] 매도인과 명의수탁자간의 소유권이전등기가 무효인 3자간 등기명의신탁에 있어

145) 대판 1993.1.26. 92다39112.
146) 대판 2005.1.28. 2002다66922; 대판 2018.2.14. 2007다6918; 대판(전원합의체) 2021.9.9. 2018다284233.
147) 대판 1999.9.17. 99다21738; 대판 2002.3.15. 2001다61654; 대판 2004.6.25. 2004다6764.
148) 대판 2022.6.9. 2020다208997.
149) 대판(전원합의체) 2019.6.20. 2013다218156.

서 그 명의신탁부동산을 명의신탁자가 점유하고 있는 경우에는 그 명의신탁자의 매도인에 대한 소유권이전등기청구권은 소멸시효에 걸리지 아니한다고 판결,[150] 진정명의회복을 등기원인으로 하는 부동산소유권이전등기청구권의 허용[151] 등은 정상적인 부동산거래를 위한 법률의 실효성을 떨어뜨리는 역할을 하였다고 평가된다.

그리고 근저당권이 확정되어도 보통의 저당권으로 전환되지 아니한다고 한 이론을 견지하고 있는 판례들도[152] 마찬가지라 생각된다.

가장 최근에는 판례에 의하여 인정되어 오던 관습법상의 법정지상권의 유효성 여부에 대하여 대법원은 전원합의체 판결[153]에 의하여 관습법상 법정지상권에 관한 관습법이 현재에도 법적 규범으로서의 효력이 유지되고 있다고 판시하였다.

같은 날 대법원은 전원합의체 판결[154]로, 위약벌의 약정은 채무의 이행을 확보하기 위하여 정하는 것으로서 손해배상액의 예정과는 그 내용이 다르므로 손해배상액의 예정에 관한 민법 제398조 제2항을 유추적용하여 그 액을 감액할 수 없다고 한 종래의 판결[155]은 타당하고 그 법리에 따라 거래계의 현실이 정착되었다고 할 수 있다고 하여, 위약벌의 약정에는 그 금액이 과하다는 이유로 법원이 직권으로 감액할 수 없다고 판결하였다.

그리고 산업재해로 사망한 근로자의 유족의 특별채용을 규

150) 대판 2013.12.12. 2013다26647.
151) 대판(전원합의체) 1990.11.27. 89다카12398; 대판 2009.7.9. 2008다56109, 56026.
152) 대판 1965.4.20. 64다1617; 대판 1981.11.10. 80다2712; 대판 2001.10.12. 2000다59081 등
153) 대판(전원합의체) 2022.7.21. 2017다236749
154) 대판(전원합의체) 2022.7.21. 2018다248855(본소), 2018다248862(반소)
155) 대판 1993.3.23. 92다46905; 대판 2015.12.10. 2014다 14511, 대판 2016.1.28. 2015다239324.

정한 단체협약이 미풍양속 내지 사회질서에 반하지 않는다는 판결[156]도 이루어져 있으나, 그 정당성에 의문이 제기된다. 본 대법원 전원합의체 판결은 타당하지 못하다고 생각한다. 산업재해로 사망한 자녀의 특별채용 인정의 단체협약은 판례와는 반대로 반사회적 질서의 법률행위라 생각한다.

최근에는 상여금을 통상임금에 산입하도록 한 판결도 있었다. 이 판결은 근로자를 강하게 보호하고자 한 판결로 생각되며, 근로자와 사용자간의 형평성이 유지되도록 하였어야 할 것이 아닌가 생각된다. 회사의 근로자의 정기상여금 등을 통상임금에 포함하여야 한다는 판결,[157] 더 나아가 일정 근무일수를 충족하여야만 지급하는 등의 조건이 부가된 조건부 정기상여금도 통상임금에 해당된다는 판결,[158] 그리고 근로자의 근로시간연장에 관하여 대법원은 주 52시간의 계산은 하루당 초과분이 아닌 1주간 근로시간을 기준으로 하며, 야근을 몰아서 해도 주단위 총노동 시간이 52시간을 넘기지 않으면 합법이라고 판결하고, 하루 근로 8시간을 넘는 근무시간의 합계가 12시간을 넘어도 적법하다고 판결하였다.[159][160]. 그리고 대법원은 도시 일용근로자의 월 가동일수를 기존 22일에서 20일로 변경하는 판결을 하였다.[161] 그 이유는 2003년 근로기준법 개정으로 주 5일제 근무

156) 대판(전원합의체), 2020.8.27. 2016다248998.

157) 대법원 2021.12.16. 선고 2016다10544.

158) 대법원(전원합의체) 2024.12.19. 2023나302838.

159) 대판 2023.12.7. 2020도15393.

160) 근로기준법에서는 제50조 제1항에서 근로시간에 관하여 1주 간의 근로시간은 휴게시간을 제외하고 40시간을 초과할 수 없다. 제2항에서 1일의 근로시간은 휴게시간을 제외하고 8시간을 초과할 수 없다고 규정하고, 제53조 제1항에서 연장 근로의 제한에 관하여 당사자간에 합의하면 1주 간에 12시간을 한도로 제50조의 근로시간을 연장할 수 있다고 규정하고 있다.

161) 대판 2024.4.25. 2020다271650.

및 대체·임시공휴일 확대 등으로 실제 월 근무일이 감소한 점이 주요 고려 요인이다. 그리고 본 판결은 손해배상, 보험 구상금 등 일실수입 산정 기준에 중대한 영향을 주게 된다.

생각건대 판례는 입법상의 흠결이 있는 부분에 대해서는 입법목적을 고려하여 그 흠결을 보완하여야 함에도 불구하고, 흠결을 이용한 탈법행위의 유효성을 인정한 판례들이 적지 아니하다. 특히 부동산의 변칙적인 거래와 관련하여 그러한 판례들이 많다. 명의신탁이 그 대표적인 사례라 생각한다.

그리고 근자에, 재산법 분야에서 상여금은 통상임금에 산입하여야 한다는 판결이 이어지고 있으며,[162] 임금피크제에 의하여 연령에 따라서 임금을 차등적으로 지급할 것을 내용을 하는 단체협약, 취업규칙 또는 근로계약은 무효라고 판결하였다.[163] 그 이유는, 합리적인 이유가 없는 차별을 금지하고 있는 고용상 연령차별금지 및 고령자고용촉진에 관한 법률 제4조의 4 제1항의 강행규정에 반하여 그 효력이 없다는 것이다. 그리고 대법원은 동법 제4조의 4 제1항을 효력규정으로 판결하고 있다. 그리고 재산법 중, 불법행위 분야의 중요한 판결로는, 파업노동자의 공동불법행위에 있어서 회사의 손해배상의 청구는 참여노동자의 과실별로 나누어 청구해야 한다는 파업노동자에 대한 회사의 공동불법위책임을 묻기 어렵게 만들었다.[164] 이러한 대법원 판례의 태도는 파업근로자의 공동불법행위책임을 분할채무로 하는 결과가 되어 부당하다고 평가된다. 공동불법행위책임은 공동불법행위자의 불법행위를 전체적으로 하나의 행위로 인정하

162) 대판 2021.12.16. 선고 2016다10544; 대판 2021.12.16. 선고, 2016다7975 등
163) 대판 2022.5.26. 선고, 2017다292343.
164) 대판 2023.6.15. 2019다38543.

여 부진정연대채무의 책임을 부담케 하고, 공동불법행위자 각자의 책임은 공동불법행자가 내부적으로 평가하여 분담할 일이며, 피해자인 회사가 각 공동불법행위자의 책임을 분리하여 청구할 사안이 아니라고 봄이 타당하다.

대법원은 변호사 선임비는 착수금과 성공보수를 포함한다고 판결하였다.[165)]

대법원은 2024년에 동성동반자(동성혼) 간의 관계에 있는 사람에 대하여도 국민건강보험 피부양자 자격을 인정하여야 한다는 판결을 하였다.[166)] 이 이유는 사실상 혼인관계 있는 사람에 대하여는 국민건강보험 피부양자 자격을 인정하면서도, 동성동반자에 대해서는 피부양자 자격을 인정하지 않은 것은 사실상 혼인관계에 있는 사람과 차별하는 것으로 헌법상의 평등원칙에 반하기 때문이라고 하였다.

가족법분야에서는 유책배우자의 이혼청구를 불허하는 판례를 유지하고 있으나, 극히 예외적으로 엄격한 요건 하에서 유책배우자의 이혼청구를 인정하고 있다.[167)] 특히 최근에는 혼인관계의 파탄에 대한 책임이 있는 배우자라고 해도 상대 배우자가 관계회복을 위해 노력하지 않을 경우에는 이혼을 청구할 수 있다는 보다 진보적인 대법원 판결이 나왔다.[168)] 그리고 친자관계의 판정을 생물학적 관계에서 사회학적 관계로 바꾸어. 제3자가 제공한 정자에 의하여 인공수정으로 출생한 자를 혼인관계에 있는 부부의 부(夫)의 자로 추정하도록 하여 출생한 자를 보호

165) 대판 2025.5.7. 2024다324736

166) 서울고판 2023.2.21. 2022누32797; 대판(전원합의체) 2024.7.18. 2023두36800.

167) 대판 1987.4.14. 86므28; 대판 2009.12.24. 2009므2130; 대판(전원합의체), 2015.9.15. 2013므568.

168) 대판 2022.6.16. 선고 2021므14258.

하고자 하는 판결[169]도 이루어졌다.

최근에는, 조부모가 손자녀를 입양하기 위한 허가를 청구하는 경우에 입양의 요건을 갖추고 입양이 자녀의 복리에 부합한다면 입양을 허가할 수 있다고 판결하였다.[170] 이는 모두 미성년자의 보호를 위한 법리에 기초하고 있지만, 후자의 경우에는 가족관계의 윤리질서를 혼란스럽게 하지 않도록 엄격히 제한적인 범위내에서만 인정하여야할 것으로 생각되지만, 사견(私見)으로는 후자의 경우에 미성년자의 보호를 가속질서를 흐트려 가면서 까지 개인에게 부양책임을 지울 것이 아니라, 사회공동체가 책임을 지도록 하는 사회부양이 바람직하다고 생각된다.

그리고 대법원은 전원합의체 판결로 망자의 손자녀의 빚의 대물림의 고리를 끊는 판결을 내놨다.[171] 대법원은 전원합의체 판결로 고인(故人)의 자녀 전부가 상속을 포기하면 손자녀나 직계존속이 있더라도 배우자만 단독 상속인이 된다고 보아야 한다고 밝혀, 2015년 대법원의 판결 등 종래 판례를 변경하였다. 이 판결로 고인이 남기고 간 빚을 자녀들이 상속을 포기해도 그 빚이 손자녀에게 대물림되는 일을 최소화할 수 있게 하였다.

그리고 2022년에는 출생신고 후 법적 변경 절차를 통해 어머니의 성씨와 본관을 따르기로 한 경우, 이 자녀는 어머니가 속한 종중의 구성원이 된다는 대법원의 판단이 나왔다.[172] 또한 종중대의원회가 종중총회를 대체 가능하다고도 판결하였다.[173] 또한 헌법재판소는 유류분제도에 대하여 위헌결정을 하였다.[174]

169) 대판(전원합의체) 2019.10.23. 2016므2510.
170) 대결(전원합의체) 2021.12.23. 2018스5.
171) 대판(전원합의체) 2023.3.23. 2020그42
172) 대판 2022.5.26. 2017다260940.
173) 대판 2022.8.25. 2018다261605.

그리고 고인의 유해와 분묘 등 제사용 재산의 소유권을 갖는 민법상 제사 주재자는 유족 간 합의가 없으면 가장 가까운 직계비속 중 최연장자가 맡는다는 대법원 전원합의체 판결이 나왔다.[175] 종래에는 아들에게 우선권을 주었던 기존 대법원 판례가 15년 만에 깨졌다. 그리하여 제사주재자는 공동상속인들 사이의 협의에 의해 정하되, 협의가 이루어지지 않는 경우에는 제사주재자의 지위를 인정할 수 없는 특별한 사정이 있지 않는 한 피상속인의 직계비속 중 남녀, 적서(嫡庶)를 불문하고 최근친의 연장자가 제사주재자로 우선한다고 하였다. 이와 달리 협의가 이루어지지 않는 경우 제사주재자의 지위를 유지할 수 없는 특별한 사정이 있지 않은 한 망인의 장남(장남이 이미 사망한 경우에는 장손자)이 제사주재자가 되고, 공동상속인들 중 아들이 없는 경우에는 장녀가 제사주재자가 된다고 본 종전 대법원 전원합의체 판결[176]을 변경하였다.

그리고 현재 혼인 중에 있지 아니한 성전환자에게 미성년 자녀가 있는 경우에, 성별정정을 허가할 수 있는지 여부에 관하여 대법원은 적극적으로 이를 인정하는 결정을 하였다.[177] 대법원은, 인간은 누구나 자신의 성정체성에 따른 인격을 형성하고 삶을 영위할 권리가 있고, 성전환자도 자신의 성정체성을 바탕으로 인격과 개성을 실현하고 우리 사회의 동등한 구성원으로서 타인과 함께 행복을 추구하며 살아갈 수 있어야 한다고 하여, 이러한 권리를 온전히 행사하기 위해서 성전환자는 자신의

174) 헌재결정 2024.4.25. 2020헌가4·14 등 (병합).
175) 대판(전원합의체) 2023.5.11. 2018다248626.
176) 대판(전원합의체) 2008.11.20. 선고 2007다27670.
177) 대결(전원합의체) 2022.11.24.자 2020스616.

성정체성에 따른 성을 진정한 성으로 법적으로 확인받을 권리를 가지며, 이는 인간으로서의 존엄과 가치에서 유래하는 근본적인 권리로서 행복추구권의 본질을 이룸으로 최대한 보장되어야 한다고 하였다. 따라서 미성년 자녀를 둔 성전환자도 부모로서 자녀를 보호하고 교양하며(민법 제913조), 친권을 행사할 때에도 자녀의 복리를 우선해야 할 의무가 있으므로(민법 제912조), 미성년 자녀가 있는 성전환자의 성별정정 허가 여부를 판단할 때에는 성전환자의 기본권의 보호와 미성년 자녀의 보호 및 복리와의 조화를 이룰 수 있도록 법익의 균형을 위한 여러 사정들을 종합적으로 고려하여 실질적으로 판단하여야 한다고 하였다. 따라서 이러한 사정들을 고려하여 실질적으로 판단하지 아니한 채 단지 성전환자에게 미성년 자녀가 있다는 사정만을 이유로 성별정정을 불허하여서는 아니 된다고 하였다.

한편, 헌법재판소에서는, 근친혼을 일률적으로 무효화하고 있는 민법규정(민법 제815조 2호)은 헌법에 불합치하며, 민법상의 근친혼금지의 범위에 관한 규정(민법 제809조 제1항)은 합헌이라고 결정하였다.[178]

가장 최근에 대법원은 2025년 7월에 전원합의체 판결로 채무자가 시효완성 후 채무를 승인한 경우 시효완성 사실을 알고 그 이익을 포기한 것으로 추정된다고 판단한 종전 대법원 판례[179]를 변경하였다. 즉 채무자가 시효완성 후 채무를 승인하였더라도 이로써 채무자가 시효완성 사실을 알면서도 그 이익을 포기하는 의사표시를 하였다고 추정할 수 없으며, 이러한 추정

178) 헌재결정, 2022.10.27. 2018헌바115.

179) 대판 1967. 2. 7. 66다2173; 대판 1992. 5. 22. 92다4796; 대판 2013. 5. 23. 2013다12464; 대판, 2022. 5. 12. 2021다244, 251.

은 경험칙으로 뒷받침되지 않거나 오히려 경험칙에 어긋나고, 채무승인과 시효이익 포기의 차이를 충분히 고려하지 않은 것이며, 권리나 이익의 포기를 엄격히 해석하는 일반적 원칙과 부합하지 않고, 채무자에게 추정을 번복할 부담을 부과함으로써 불리한 지위에 놓이게 한다고 판시하였다. 그리하여 채무자가 시효완성 사실을 알면서도 시효이익을 포기하는 의사표시를 하였는지는 개별 사안의 제반 사정을 종합적으로 고려하여 합리적으로 판단하여야 한다고 판결하였다.[180)]

V. 법이론의 대응

사회변화에 대한 민사법의 대응과정은, 먼저 사회의 변화에 대한 예견과 실재로 변화가 일어나고, 그러한 사회변화에 대하여 민사법학자들의 학설에 의한 대응이 있고, 그 학설에 기초하여 판례가 새롭게 형성되고,[181)] 그러한 판례의 형성에 의하여 일반 법원리가 형성되면, 그 때에 입법에 의하여 이를 확정적으로 제정법화하는 것이 정상적인 민사법의 발전과정이다. 따라서 민법학자들의 학설이 사회변화에 민법을 살아있는 법으로 만드는 근원이다. 그리하여 민법학자들은 법관 위의 법관이라는 법언(法諺)이 생성된 것이다.[182)]

180) 대판(전원합의체) 2025. 7. 24. 2023다240299.

181) 유동적 무효의 법리는 독일법에서 인정된 유동적 무효의 이론을 토지거래허가제의 법리구성에 적용하였으며(김상용, 전게논문 “土地去來許可申告制의 檢討”, 184-215面), 그 법리를 판례가 받아들여 토지거래허가제를 이치에 맞게 적절히 기능하게 하였던 것이었다.

182) 민사법은 궁극적으로 민사법학자가 발전시켜 나간다(Vgl., Alan Watson, The Evolution of Western Private Law(Expanded Edition, The Johns Hopkins University Press, 1985), p. 7); Zimmermann, a. a. O., Rn 20).

우리나라에서 민사법에 관한 학설이 민사법의 사회변화에 어떻게 대응하여 왔는가에 대하여는, 현행민법이 물권변동에 있어서 구민법의 대항요건주의에서 성립요건주의로 전환하였음에도 불구하고, 여전히 대항요건주의에서나 적절히 기능할 수 있었던 이론을 그대로 답습하여 더욱 심화시켜 성립요건주의를 충실히 실현하는데 오히려 장애가 되었다고 판단되는 법이론을 그대로 유지하였다고 평가된다. 그 대표적인 사례가 중간생략등기와 명의신탁의 유효성 인정 이론이라 생각된다. 명의신탁의 유효성을 인정하면서 동시에 소유권을 대내적 소유권과 대외적 소유권으로 분리하여, 대내적으로는 명의신탁자에게 속하고 대외적으로는 명의수탁자에게 속한다는 명의신탁의 유효성과 함께 관계권 소유권의 유효성을 인정하는 법이론을 전개하여 왔다. 그러나 소유권은 혼일성(渾一性: Einheitlichkeit)에 의하여 대내·외적으로 단일하게 존재하며, 대내적, 대외적으로 소유권이 각각 분리·소유되는 것은 소유권의 본질에 반한다.[183] 그럼에도 불구하고 지금도 그러한 관계적 소유권의 유효성을 인정하는 법이론을 전개하는 이론이 있다.[184] 교회재산을 유지재단에 명의신탁을 한 경우에, 유지재단에 명의신탁된 지교회의 부동산은 대내적으로 지교회가 소유자로서 총유의 형태로 공동소유하나, 대외적으로는 유지재단이 단독의 소유자로서 소유권을 행사한다. 명의신탁된 교회소유 부동산이 대대적으로는 교인들의 총유이고, 대외적으로는 유지재단의 단독소유라는 것이 과연 성립될 수 있는가? 이와같이 소유권이 대내적인 관계와 대외적인 관계

183) 김상용, "관계적 소유권의 극복", 부동산포커스, Vol.114 (한국감정원 KAB부동산연구원, 2018. 11), 02-33면 참조.

184) 이영준, 물권법(박영사, 1990), 882면 이하.

로 분리되는 현상은 현행 우리 민법의 소유권 개념(민법 제211조) 하에서의 소유권의 절대성과 혼일성에 비추어 용인될 수 없는 것이며, 대내적으로는 총유, 대외적으로는 단독소유하는 현상도 인정될 수 없다. 이러한 모순현상은 명의신탁을 교회재산에 대하여 인정하기 때문이다.

생각건대 이러한 소유권 법리의 모순 현상의 발생은 교회소유부동산에 대한 명의신탁의 유효성을 인정하기 때문에 일어나는 비법적(非法的)인 현상이다. 명의신탁은 인정될 수 없는 것이며, 인정하여서는 아니된다. 그리고 관계적소유권을 인정하였던 일본도 양도담보에서 처음 인정한 후 얼마 지나지 않아 곧 완전한 소유권이 양도담보권자에게로 이전하는 것으로 수정을 하였음에도 불구하고 우리는 그대로 인정하고 그 인정범위를 확대해 왔다. 명의신탁은 법리면에서 용인될 수 없으며, 이의 유효성을 부인한 이론과 판례가 형성되어야 한다.

물권변동의 원칙이 바뀌었으면 대항요건주의에서 유효하였던 법리가 성립요건주의에서도 유효할 수 있는지에 대한 근본적인 검토가 있어야 하였으나, 그러지 아니하고 그대로 유효성이 인정된다고 하여, 변칙적인 부동산거래가 일어나는 사회문제를 낳았다고 평가된다. 근자에는 진정명의회복을 등기원인으로 한 소유권이전등기의 유효성을 인정한 법이론도 나타나 등기부의 실체적 진실과 다른 등기가 가능할 수 있는 길을 열어주고 있다.

그리고 근저당권은 개별적인 피담보채권에는 부종하지 아니하지만 피담보채권이 발생하는 기본계약에는 부종하는 부종성이 인정되는 저당권임에도 불구하고, 기본계약에도 부종하지 아니하는 포괄근저당권의 유효성을 인정하는 법이론도 주장되고 있다. 포괄근저당권은 근저당권자가 이를 악용할 수 있는 가능성이 있는 근저당권임을 분명히 알 수 있음에도 불구하고 그 유효성을 인정한다는 것은 논리의 남용 내지 오용(誤用)이라 생각한다.

법학은 논리의 학문만이 아니라 가치의 학문이라 생각한다. 그리고 법에 의하여 이루고자 하는 가치는 궁극에 있어서는 사회에서의 정의와 사랑의 실천이라 생각한다.[185] 민사법이론도 단순한 논리 만에 의하여 구축할 것이 아니라, 인간사회가 추구하는 이상인 가치에 기초하여 구축하여야 한다. 생각건대 사랑은 만물의 근원이며, 정의는 사랑이 실천되어 나가야할 질서 내지 길이라 생각한다.

사견(私見)으로 민사법이론은 정의와 사랑을 근본가치로 하여 논리가 전개되어 실천할 만한 가치있는 민사법으로 발전시켜 나갈 수 있어야할 것으로 생각한다. 정의와 사랑에 근거한 법이론의 정립과 전개로, 민사법이 사물의 이치에 맞는 법으로서 국민들의 일상의 법생활에서 법의식으로 정착하여, 생활 속에서 민사법이 자연히 실천되어 갈 수 있도록 법이론이 정립되어야 한다고 생각한다.

특히 남북관계에서의 남북주민 간의 민사법에 관하여는 법이론을 정치(精緻)하게 정립하여 대처할 수 있도록 함이 무엇보다도 요청된다. 그러나 남북주민 사이의 민사법관계에 관한 법이론이 충실이 정립되지 아니하여, 판례도 극히 소극적이며 특별민사법의 제정을 통해서만 해결하고자 하는 경향을 보이고 있다고 평가된다. 그리고 북한주민을 민족주의에 입각하여 동포로만 이해할 것이 아니라, 사해동포주의에 입각하여 세계속의 보편적인 인격자, 즉 세계시민으로서 스스로의 의식과 인격을

185) 이에 관하여는, 김상용, 법정책 방향으로서의 정의와 사랑: 법과 성서와 역사 연구소, 연구서 제5권(피앤씨 미디어, 2019) 참조.

고양(高揚)할 수 있도록 북한주민을 접근하는 태도를 고도화해 나가야 한다고 생각한다.

그리고 우리 나라에서는 민사특별법의 입법에 의하여 징벌적 손해배상을 확대인정하는 경향을 보이고 있는데 민사법학계에서 이에 대한 법이론의 검토와 대응이 미진하다고 생각된다. 먼저 징벌적 손해배상제도(punitive damages)의 확대입법이 바람직한 법발전의 방향인가에 관하여 의문에 제기된다. 징벌적 손해배상제도는 사적제재의 방법으로서 민사법에서의 손해배상제도는 교환적 정의(commutative justice) 내지 교정적 정의(corrective justice)가 지배하는 법영역이기 때문에 징벌적 손해배상제도는 교환적 정의 내지 교정적 정의에 부합하지 아니하며 배분적 정의(distributive justice)에도 부합하는 제도라 할 수도 없다. 현재 우리 민사법에서의 손해배상의 산정은 상당인과관계설에 입각하여 교환적 정의에 충실하다고 평가된다. 한편으로 가해자의 고의 또는 중과실을 고려한 손해배상 산정의 이론으로는 예견가능성설(theory of foreseeability)이 독일, 미국 등의 많은 나라에서 받아들여져 있다. 그러나 우리나라에서는 이러한 손해배상 산정에 있어서 불법행위자의 고의나 중과실을 고려할 수 있는 방법을 고려하지 아니하고 있다. 징벌적 손해배상제도의 개별입법에 의한 인정확대보다는 징벌적 손해배상제도가 현재의 손해배상제도의 기본원리와 부합하는 지에 대한 충분한 검토가 선행되어야할 과제이다. 유럽연합 내에서는 징벌적 손해배상을 인정하는 나라가 없으며, 미국에서도 계약을 고의나 중과실로 불이행하였을 때에는 징벌적 손해배상을 인정하지 아니한다는 점과 불법행위에 있어서도 고의·중과실의 경우에 언제나 징벌적 손해배상을 인정하지는 않는다. 우리나라에서는 충분한 사전 검토없이 징벌적 손해배상제도의 확대인정의 문제점을 민사법학계에서 충분히 인식하였다고는 생각되지 않으며, 불법행위로 인한 손해배상법리로서 고의·과실을 구분하지 아니하는 상당인과관계설에서 고의·과실을 구분하여 손해배상액을 산정하도록 하는 예견가능성설로의 전환이 더 적절한 손해배상제도라는 분석과 평가를 할 필요가 있다고 생각된다. 민사법학계가 징벌적 손해배상제도에 대한 문제점을 깊이 인식하고, 고의 또는 중과실에 의한 불법법행위에 있어서는 이를 반영한 손해배상법리로 대치하는 이론적 뒷받침이 있어야할 것으로 생각된다.

Ⅵ. 권리구제제도의 다양화

우리나라에서는 민사권리구제제도로서 기본적으로 민사소송제도와 민사조정제도를 선택적으로 이용할 수 있도록 하고 있다. 그리고 여러 민사특별법에서 특별민사조정제도를 널리 규정하여 이용할 수 있도록 하고 있으며, 중재제도의 활용도 규정하고 있으며, 집단소송, 단체소송도 인정하고 있다. 특별민사조정제도로는, 소비자분쟁조정제도, 약관분쟁조정제도, 환경침해분쟁조정제도, 의료분쟁조정제도, 주택임대차분쟁조정제도, 상가건물임대차분쟁조정제도, 금융분쟁조정제도,[186] 개인정보분쟁조정제도, 언론분쟁조정제도, 인권침해분쟁조정제도 등이 입법되어 운영되고 있으며, 중재제도는 언론분쟁중재제도, 의료분쟁중재제도가 마련되어 이용·운영되고 있다. 그 외에도 언론중재법에 의한 반론보도청구권, 정정보도청구권, 소액사건심판법(1973)에 의한 소액사건심판, 소송촉진 등에 관한 특례법(1981) 제22조 이하에서의 법

186) 근거법률은 금융위원회의 설치 등에 관한 법률(2008)이다.

원의 직권에 의한 배상명령제도도 마련하여 운용하고 있다.

그리고 민사피해구제를 위하여 집단조정, 집단소송, 단체소송제도도 부분적으로 마련되어 있다. 집단조정의 구제방법은 2006년부터 소비자기본법 제68조에서 소비자집단은 물론 소비자단체도 집단적으로 구제받을 수 있는 소비자집단분쟁조정제도를 규정하고, 2011년부터는 개인정보보호법 제49조에서 다수의 개인은 물론 개인정보보호단체도 피해구제를 받을 수 있게 개인정보분쟁집단조정제도를 입법·운용하고 있다.[187] 그리고 집단소송제도로는 증권 관련 집단소송법(2004)에 의하여 증권집단소송을 운용하며,[188] 단체소송제도로는 2006년부터 소비자기본법 제70조 이하에서 소비자단체소송을 규정하여 운영하고, 2011년부터 개인정보보호법 제51조이하에서 개인정보단체소송을 인정·운영하고 있다.[189] 또한 정부에서는 집단소송법을 제정하여 증권집단소송과 같은 집단소송을 일반화하려고 한다.[190] 그리고 채무자 회생 및 파산에 관한 법률(2005)에 의한 파산절차 및 정리절차, 개인채무자회생절차에 의한 개인회생제도에 의해서도 권리구제를 받을 수 있다.

권리구제의 내용을 우리나라에서는 손해배상에 있어서 불법행위가 가해자의 고의 또는 중과실로 인한 경우에는 실손해의 3

187) 집단분쟁조정에 의해서는 손해배상은 물론 침해행위의 정지(injunction)도 청구할 수 있다.

188) 증권집단소송은 증권피해자 50인 이상이 법원에 집단소송허가결정을 받은 후, 그 다음에 법원에 집단소송을 제기할 수 있고(동법 제12조 이하), 손해배상을 청구할 수 있다(동법 제34조).

189) 단체소송에 의해서는, 소비자단체가 법원에 해당 제품의 판매금지나 불공정약관의 시정청구(소비자기본법 제70조), 소비자단체 또는 개인정보보호단체가 법원에 권리침해행위의 금지, 또는 중지를 청구할 수 있을 뿐, 손해배상청구는 인정되지 아니한다(개인정보보호법 제51조).

190) 대한변협신문 2020. 10. 12. 1면 참조.

배 이내의 범위 내에서의 징벌적 손해배상(punitive damages)을 부분적으로 인정하고 있다. 구체적으로 제조물책임(제조물책임법 제3조의 2), 하도급의 부당한 거래로 인한 원사업자의 책임(하도급거래 공정화에 관한 법률 제35조 제2항), 개인정보처리자의 정보주체에 대한 손해배상책임(개인정보보호법 제39조 제3항), 정보통신서비스 제공자의 정보이용자에 대한 손해배상책임(정보통신망 이용촉진 및 정보보호 등에 관한 법률 제32조 제2항) 등에서 징벌적 손해배상책임을 인정하고 있다. 또한 정부는 상법에서 일반적으로 실손해의 5배 이내의 징벌적 손해배상에 관하여 입법하고자 하였다.[191]

Ⅶ. 평 가

1. 법전상의 민법에 불과한 민법 중 재산법과 살아있는 민법 중 가족법

현행민법의 제정·시행 이후 사회도 급속도로 압축적으로 변화하였으며, 민사법은 전반적으로 그 변화하는 사회에 비교적 적절히 탄력적으로 잘 대처하여 왔다고 평가할 수 있다. 그러나 가족법은 기본법인 민법의 가족법편을 살아있는 가족법(law in action)으로 발전시켜 왔으나, 재산법은 민법 중 재산법편은 법전상의 재산법(law in book)으로만 남아 있고, 수많은 민사특별법을 제정하여 변화하는 사회에 대응하여 왔다고 평가할 수 있다. 가족법은 뜻있는 가족법학자들의 진보적인 법이론의 정립, 활발한 여성운동, 헌법재판소의 진보적인 위헌 또는 헌법불합치 결정이 이를 뒷받침하여 이루어진 결과이었다.

191) 상게 대한변협신문, 1면 참조.

그러나 재산법은 민법의 대원칙이 새롭게 규정되었음에도 불구하고, 구민법의 원칙에서나 타당하였던 법이론을 그대로 유지하거나 더욱 이를 지지하여 변화된 신민법의 원칙을 실현하지 못하고, 탈법적인 방법의 유효성을 너무 넓게 인정한 결과와 그러한 법이론에 기초한 판례의 형성으로 민법 중 재산법은 심각한 사회문제로 등장한 부동산의 변칙적인 거래에 민법이 대응할 수 없었다고 평가된다. 그리하여 부동산에 관한 민사특별법을 수 없이 제정하고 개정하였으며, 공법적 규제로 사회문제로 등장한 부동산의 변칙 거래에 대처하고자 하였다. 그렇게 제정된 부동산에 관한 민사특별법은 흠결이 많은 법률들이었으며, 그런 흠결을 악용 내지 오용한 탈법적인 행위가 행하여지고, 법이론과 판례가 법률의 흠결을 보완해 주지 못하였다고 평가된다.

재산법 중에서 담보법은 국민들의 일상의 생활법임에도 불구하고 민법상의 담보법의 수정·보완에 소홀하였으며 또한 불충분하였다고 평가된다. 그리하여 재산법은 법전상의 법에 불과하게 되고, 특별법을 제정하고 민법을 부분적으로 수정하기는 하였으나 서로 조화를 이루지 못하는 법상태에 이르고 말았다고 평가된다.

2. 원칙에 충실하지 못한 민사법의 운용: 민법의 법의식화의 미실현

현행민법은 구민법에서의 대항요건주의에서 성립요건주의로 물권변동의 대원칙을 전환하였다. 민법의 대원칙이 변한 것이었다. 그러면 대항요건주의하에서 타당하였던 법이론과 판례

등은 성립요건주의하에서도 유효하게 유지할 수 있는지에 대한 근본적인 검토가 있었어야 마땅하였다. 그러나 그러지 못하였다. 대항요건주의에서나 타당하였던 중간생략등기, 명의신탁의 유효성을 성립요건주의하에서도 그대로 유지하였다. 대항요건주의에서 성립요건주의로의 전환에 따라서 부동산소유권등기를 실제 소유자와 일치시키고자 민법 부칙의 규정이 있었지만 그대로 진행되지 못한 채, 지금까지 수차례의 한시법(限時法)을 제정하여 등기와 실제 소유자와의 일치를 위한 민사특별법을 제정하여 시행하여 왔다. 그러므로 인하여 정상적으로 거래하고도 특별법이 제정되면 간편하게 소유권이전등기를 할 수 있다는 요행심을 국민들에게 심어주었다고 평가된다. 부동산등기의 진실성을 확보하기 위해서는 등기원인증서의 공정증서(公正證書)로의 작성이 가장 이상적이다. 그러나 우리나라에서는 전업공증인(專業公證人) 양성을 하지 않았을 뿐만아니라, 변칙적인 부동산거래는 부동산등기를 통하여 이루어짐으로 부동산등기의 진실성 확보를 위한 근원적인 제도의 마련을 하지 않았다고 비판해 볼 수 있을 것이다. 이는 원칙에 충실하지 못한 법이론, 판례 및 법의 운용이라 생각한다.

민사법 운용에 있어서는 원칙에 충실하고, 그 원칙에 대한 신뢰가 쌓여 그 원칙이 국민들의 법의식으로 정착되어야 한다. 그러나 한시법의 너무 잦은 입법, 소급입법의 제정 등으로 민법상의 원칙이 국민들의 법의식으로 정착하지 못하여 생활속의 법치주의가 이루어지지 못하고 있다고 평가된다. 민법은 국민들의 일상의 법생활의 행위규범이어야 함에도 불구하고, 민법을 너무 재판규범으로만 기능하도록 민법을 관리하고 운용하여 온 것 같다고 평가된다.

3. 민법의 현대화 추진의 미진

민법 중 재산법은 두 차례에 걸쳐서 개정을 위한 노력을 하였지만 그 결과를 민법개정으로 이어가지 못하였다. 민법의 개정은 민법의 현대화를 이루고자 하는 것이다. 민법의 현대화란 변화하는 세계화에 부합되게 민법을 앞서가는 외국 및 국제적인 민사법 원칙과 내용에 부합될 수 있도록 수정·보완하고, 우리 전래의 전통법과 그 간의 새로운 법이론 및 판례를 민법으로 수정·편입하는 것을 의미한다. 독일은 이미 2001년에 채권법의 현대화를 독일민법의 개정을 통하여 이루어 2002년부터 시행하였으며, 일본은 2017년에 일본민법의 현대화를 일본민법 중 채권법의 개정을 중심으로 하여 이를 이루어 2020년부터 시행하고 있다. 그러나 우리는 민법 중 재산법의 현대화를 제대로 이루지 못하였다고 평가된다. 세계적인 통일 민사법에 대한 연구가 이루어지고, 국제물품매매계약에 관한 국제연합협약(CISG)에의 가입, 동산담보법의 제정, 자산유동화법 등의 제정으로 세계화의 흐름을 다소간 수용하긴 하였지만, 민법과의 부조화의 내용에 대한 검토와 민법의 개정을 이루지 못하여 민법과 특별법 간에 조화를 이루지 못하고 있다고 평가된다. 전통법의 현대화는 전혀 이루지 못하였으며, 대립되는 법이론 간의 조정이 전혀 이루어지지도 못하였으며, 판례의 입법은 거의 이루어지지 못하고 있는 실정이라 생각된다.

이처럼 재산법 분야에서는 임기응변식으로 사회변화에 특별법으로 대처하여 왔으며 졸속입법, 너무 잦은 개정, 공법적 규제의 심화로 민사법의 운용에 일관성이 결여되었다고 평가된다.

4. 사법관계에 공법적 규제의 증대

한국사회의 변화에 대한 민사법의 대응에 있어서 민법이론에 기초한 민사법원리에 의한 민사법의 발전보다는, 민사법관계를 공법적 규제로 해결하고자 하는 측면이 강하였다고 평가된다. 대표적으로 토지거래허가·신고제의 실시, 등기신청의무주의, 토지공개념에 의한 토지의 소유, 이용 및 수익에 대한 강한 공적 규제, 채권의 공정한 추심에 관한 법률에 의한 불공정한 채권추심에 대한 강한 공적 규제, 근저당권과 연대보증 이용에 대한 공적 규제, 부동산의 명의신탁에 있어서의 과징금, 이행강제금 등의 제재금(制裁金)의 부과, 세금 또는 부담금 등의 부과에 의한 개발이익의 무리한 사회환수 등 개인간의 민사법관계에 세금, 부담금, 형벌 등의 방법에 의한 공적 규제가 너무 많이 행하여지는 것이 아닌가 생각된다.[192] 사법관계는 법원칙에 충실하게 국민들이 일상의 법생활 속에서 자연스럽게 실천되도록 하여야 할 일이라 생각한다. 그러한 법원칙에 충실한 법제도의 마련과 그것의 법의식화를 통하여 생활 속에서 실천될 수 있도록 하려는 안목과 노력이 부족하였다고 평가된다. 어쩌면 전 국민을 범죄자로 보고 민사관계입법을 하고 있지 않는가 하는 의문이 제기되기도 한다. 한편으로 사적인 제재도 민사법에서 나타나고 있다. 대표적으로 징벌적 손해배상제도는 사적제재의 성격을 강하게 띠고 있다.

192) 특히 민법물권법의 내용은 자유로운 물권으로 규정되어 있으나, 현실에서는 공적 규제의 심화로 인하여 자유로운 물권을 찾아보기 힘든 상태이다. 물권법 교과서는 현실에는 없는 물권법 내용을 설명하고 있는 감 마저 든다고 평가해도 무리가 아닐 것이다.

앞으로 도래할 것으로 생각되는 지식정보사회와 위험사회의 시대에는 더욱더 민사관계에 공적 규제가 심해질 것으로 생각된다. 위험에 대한 규제는 비례의 원칙에 입각하여 최소한의 규제에 그쳐야할 것으로 생각된다. 그러나 민사법을 제정하고 집행하는 국가권력을 행사하는 자들은 손쉬운 공권력을 통한 공적 규제를 민사관계에도 더욱 행사하려고 하지 않을까 염려된다. 민사관계에 공적 규제를 강화하면 탈법행위가 더욱 은밀히 많이 행하여질 것임을 잊지 말아야 할 것이며, 원칙에 충실한 법제도를 만들고[193] 원칙에 충실하게 법을 집행하여야 할 것으로 생각된다. 그리고 민사관계의 분쟁을 고소 또는 고발로 해결하고자 하는 사회적 경향도 원칙에 충실한 입법, 판례가 이루어지 못한 것이 원인이 아닐까 생각된다.

그리고 코로나-19의 확산으로 인하여 행정명령에 의한 사법생활에 대한 각종의 규제가 장기화, 일상화된 때가 있었다. 코로나의 확산에 따른 행정명령으로 인한 사법적 생활의 규제는 비례의 원칙이 철저히 지켜져야 하며, 행정명령으로 인한 개인의 영업손실에 대해서는 손실보상이 이루어져야 하였다. 그리고 코로나-19의 방역대책으로 이루어지는 백신접종에 의한 부작용과 사망사고에 대해서는 백신의 결함과 사고발생간의 인과관계에 대한 입증책임의 분배가 일반적인 민사책임에서의 입증책임의 분배와 동일하게 다룰 것인지, 아니면 백신의 결함을 개발도상의 결함(Entwicklungsfehler)으로 면책사유로 할 것인지, 아니면 입증책임을 사실상 전환히어 국가로 하여

193) 특히 부동산거래에 있어서 부실등기를 방지하기 위한 공적규제를 많이 하고 있으나, 부동산거래의 진실을 담보할 수 있는 최선의 원칙인 부동산등기원인서면의 공정증서(公正證書: notarielle Urkunde)에 의한 작성과 제출을 하도록 하는 등기원칙을 입법하고 실행하면 공적규제를 하지 않아도 될 것이나, 그러한 원칙적인 방법을 강구하지 않고 있다.

금 입증책임을 부담하게 할 것인지에 대한 법이론의 정립이 이루어져야할 과제를 안고 있다. 또한 코로나 백신접종으로 인한 손해배상책임을 과실책임(Verschuldenshaftung)으로 할 것인지, 위험책임(Gefährdungshaftung)으로 할 것인지에 대해서도 법이론적 및 입법적 판단을 하여야할 것으로 생각한다.

제 4 장

한국사회의 변화의 전망과 한국민사법의 대응 과제

제 4 장

한국사회의 변화의 전망과 한국민사법의 대응 과제

Ⅰ. 한국 사회변화의 전망

1. 미래사회의 모습과 인간상

한국사회가 어떠한 모습으로 변화해 나갈 것인가에 대하여는 사상가들이 말하는 일반적인 사회모습으로 변화하여 갈 것으로 생각한다. 독일의 사회사상가 켈스팅(Wolfgang Kersting: 1946－)은 현재의 자유주의, 개인주의에 터잡은 자본주의 사회는 앞으로 협동사회(Kooperationsgemeinschaft) 내지 연대사회(Solidaritätsgemeinschaft)로 변화해 나갈 것이며, 인간의 모습도 합리적이고 이기적인 인간에서 합리적이고 도덕적인 인간으로 성숙해 나가야 한다고 하였다.[1)] 이와같이 협동사회, 연대사회는 모든 방면에서 상호의존적인 사회로서 바람직한 미래의 사회상을 제시하였다고 생각된다.

지금까지 자본주의 사회는 개인주의, 자유주의를 기초하여

1) Wolfgang Kersting, Theorien der sozialen Gerechtigkeit (Stuttgart, Weimar, Metzler Verlag, 2000), SS. 22ff.

경제적 부를 이루었던 사회였다. 특히 개인주의는 극단적인 이기주의로 발전하여 양극화의 사회모순을 심화시킨 원인이 되었다. 물론 자유주의, 개인주의로의 사회발전으로 인한 양극화의 사회모순을 시정하기 위한 개인의 자유의 제한으로 실질적 평등을 이루고자 하였으나, 여전히 오늘날 사회의 기본사상은 자유주의와 개인주의에 터잡고 있다. 이러한 자본주의 사회의 인간의 모습은 이기적이고 계산적인 인간상을 모범으로 하여 왔다.

그러나 이러한 근대의 유산자(有産者)의 인격과 재산의 보호를 기본이념으로 하여 발전된 근대의 자유주의, 개인주의 사회의 그 기본사상은 인정하되, 모두가 함께 더불어 힘을 합해 살아가는 연대사회, 협동사회, 공동체주의가 가미된 사회로 나아가야할 것으로 생각한다. 이와 함께 인간의 모습도 이기적인 극히 계산적인 인간상에서 서로 협력하며 공동체에 대하여 충실의무(Loyalitätspflicht zur Gemeinschaft)를 부담하는 도덕적 인간상이 강조되는 방향으로 발전되어 가야할 것이다.

더 나아가 앞으로의 인간의 모습은 인간들이 신의 형상(image of God; imago Dei)을 회복해 나가는 인간상일 것이 요청된다. 신은 인간을 창조하실 때에 신의 형상을 따라서 창조하셨다.[2] 그러나 인간은 원죄(orignial sin)에 의하여 타락하여 하나님의 형상을 잃어 버렸다.

그러나 신은 인간에 대한 지극한 사랑으로 성자 예수를 이 땅에 보내시어 예수의 은혜로 다시 하나님의 형상을 회복할 기회를 주셨다.[3] 신은 에너지가 충만한 전능하신 살아있는 인격

2) 창세기 제1장 26-27절.
3) Gunnlaugur A. Jónsson, The Image of God: Genesis 1:26-28 in a Century of Old Testament Research (Sweden, Lund, Coiectanea Biblica, 1988), pp. 28-29.

체이시며[4](God is the living personal combination of fulness of energies and powers), 이 세상을 사랑으로 창조하셨다. 하나님의 형상은 진리를 알고(true knowledge) 정의로우며(righteousness) 성스러움(holiness)이다.[5] 이러한 하나님의 형상을 인간은 원죄로 잃고 말았지만, 성자 예수의 은혜로 회복해 나갈 수 있게 되었다. 앞으로 미래사회의 인간상은 바로 이러한 하나님의 향상을 회복하여 창조 본래의 정의롭고 성스러우며, 진리 속에서 살아가는 인간이 되어야 한다고 생각한다. 근대이후의 인간의 문명사를 살펴보면, 인간은 이성을 가진 존재로서 창조자의 창조의 섭리를 떠나 인간 스스로 이 세계를 인간이 이성으로 인간이 계획하는 대로 스스로 구축해 나갈 수 있다는 창조자를 멀리 떠나고자 한 역사였다고 진단된다. 인간의 이성도 창조자가 인간에게 준 것이며, 인간의 이성이 완전무결한 것이 아니라 한계가 있다는 사실을 인식하여야 한다. 인간은 자고(自高)하지 말아야 한다. 창조자 앞에 겸손하여야 한다. 창조자는 인간과 협력하여 계속적으로 이 세상의 창조를 계속하고자 한다. 인간이 너무 이성만을 믿고 신과 창조자와 멀어지려고 할 것이 아니라, 신과 함께 협력하여 미완결의 이 세상을 계속적으로 창조해 나가는 신인협력(神人協力)의 시대을 이루고, 창조자의 형상을 회복해 나가는 겸손한 자세의 인간상을 회복해 나가야할 것으로 생각한다. 그러므로 앞으로의 인간상은 하나님의 형상을 회복한 정의롭고 성스러우며 진리안에서 살아가는 도덕적 품격을 지닌 인간의 모습이 되어야 할 것으로 생각한다.

4) Ibid., p. 37.
5) L. Berkhof, Manual of Christian Doctrine (Michigan, Grand Rapids, WM. B. Eerdmans Publishing Company, 1965), P. 129.

2. 위험사회, 불안사회의 도래

장래의 사회는 안전한 사회가 아니라 위험사회, 불안사회로 발전해 갈 것으로 생각된다. 기후변화, 전염병의 급속한 확산, 과밀도시의 출현 등으로 안전이 보장되지 아니하는 불안한 사회가 도래할 것으로도 생각된다. 과학기술의 발전으로 안전을 위한 기술이 개발되겠지만 근본적으로 확실한 사회안전은 보장되지 아니한다. 과학기술의 발전과 함께 개인주의가 극도의 이기주의로 발전하게 되면 사회의 양극화로 인한 사회의 불안이 더욱 심화될 수 있다. 의생명과학의 발달로, 부의 양극화는 물론 수명(壽命)의 양극화가 발생할 것이라고 예견되기도 한다.

그리고 코로나-19의 계속적인 확산으로 인하여 사회가 더욱 불안해 지고 있다. 코로나에 대한 백신의 개발과 보급, 새로운 치료제의 개발이 이루어지고는 있으나 백신과 신약(新藥)의 부작용을 완전히 극복하지 못하고 있다. 이러한 코로나 바이러스의 확산은 사회를 더욱더 불안사회, 위험사회로 빠져들게 하고 있다. 이와같은 코로나 바이러스의 확산으로 인한 위험사회, 불안사회로의 발전에 대해서는 전국민, 더 나아가 전인류가 공동책임을 의식하고 대처하여야할 일이다. 앞으로의 사회는 종래의 사회와는 근본적으로 다른 위험사회, 불안사회로 빠져 들어갈 가능성이 있다고 판단된다. 이러한 위험사회, 불안사회의 지속은 인간성의 파괴를 초래할 수 있다. 인간이 이성적이고 과학문명이 발전하고 있음에도 불구하고, 이러한 위험사회, 불안사회로의 사회발전에 대해서는 인간성의 회복이 무엇보다도 강하게 요청된다고 생각된다. 하나님의 형상으로 창조된 인간 본래의 모습의 회복으로 이성적이고 선하고 성스러운 인간성을 회복하여야 한다고 생각한다.

이러한 위험사회, 불안사회의 극복을 위해서도 협동하고 연대하고 공동체를 생각하는 사회로 발전되어 나가야 한다. 과학기술의 발전이 만능이 아니며, 과학기술의 발전으로 인한 부(富)도 만능일 수 없다. 함께 더불어 안전사회를 이루기 위한 협력과 연대를 하여야 할 것으로 생각한다. 그리하여 앞으로의 사회의 지도이념은 정의와 사랑이어야할 것으로 생각된다. 서로 사랑하는 사회, 사랑이 올바르게 작용하는 질서있는 정의의 사회로 발전해 나가야할 것이다. 또한 장래의 사회가 신뢰사회가 되어 한국사회가 안전사회로 정착해 나가도록 하여야할 것이다.

그리고 빅 데이터 과학의 발전은 미래사회를 감시국가 내지 감시사회를 실현하는데 유용한 도구가 될 위험을 내재하고 있다.[6)]

위험과 불안의 제거를 위한 공적 규제만으로는 안정되고 평화로운 사회를 이룰 수 없다. 근본적으로 인간 본래의 모습인 하나님의 형상의 회복을 이루어야 한다. 특히 지능정보사회에서 빅데이터를 정의와 사랑의 사회를 이루는데 사용한다는 확실한 이념과 사상이 넓게 의식화되지 아니하면, 미래사회는 불안의 사회, 위험사회로 더욱 발전할 수도 있다.

인간성의 하나님의 형상의 회복으로의 발전은 바로 정의와 사랑의 사회로의 발전이 그 내용이다.

장래사회의 발전에 관한 우려에도 불구하고 한국사회의 역사는 한국사회 공동체가 협력하여 한국사회를 희망적으로 발전해 나가도록 할 것을 기대하고 또한 그렇게 믿는다.

---

6) 양천수, 빅데이터와 인권(영남대학교출판부, 2016), 66면.

3. 자유시장경제질서와 공적 규제의 조화

사회가 불안사회 내지 위험사회로 발전하게 되면, 사회는 홉스가 말한 바와 같이 만인의 만인에 대한 투쟁의 사회로 발전할 가능성이 있고, 개인주의 사회가 극단적으로 발전하게 되면 사회의 양극화 현상으로 발전하게 되어, 칼 맑스가 얘기한 바와 같이, 계층과 계층간의 계층갈등으로 발전할 가능성을 배제할 수 없다. 물론 그러한 사회의 출현 가능성을 극복할 수 있는 사회사상과 사전적 조치를 취하여야 함은 말할 것도 없다. 협동사회, 공동체 사회의 사상이 이러한 양극화로 인간의 사회갈등을 예방할 수 있는 사상이라 생각하지만, 양극화 현상이 심해지면 자유시장경제에 국가권력이 개입하여 규제하는 현상으로 발전할 것이다. 시장은 자유로와야 정상적으로 형성된다. 시장을 규제하면 시장이 비정상적으로 발전하게 된다. 인간은 자유롭게 태어난 이성적 존재로서 시장을 통하여 정상적으로 삶에 필요한 자원을 조달할 수 있어야 한다. 국가권력이 시장에 너무 강하게 개입하면 시장이 왜곡되고 자연적인 자원배분이 이루어지지 못한다. 장래의 사회의 경제의 운용은 시장을 중심으로 하여 이루어짐을 대원칙으로 하고, 시장이 본래의 기능을 할 수 있도록 하는 목적과 범위 내에서 국가에 의한 조정이 이루어져야 한다고 생각한다. 고도의 지능정보사회에서는 거대정보기업이 시장을 독점하는 현상이 발생할 가능성이 있고, 국가는 이를 민사법에 맡기기 보다는 공적으로 규제하려고 할 것이다. 특히 코로나 위기이후의 민사법관계에서는 더욱더 공권력으로 민사법생활을 규제할 가능성이 증대될 것으로 생각된다. 그러나 함께 더

불어 살아가야 한다는 공동체주의 정신으로 공적 규제를 줄일 수 있는 사회상태를 만들어 나가야할 것으로 생각한다.

근자에 자유시장경제질서를 내용으로 하는 자본주의의 발전은 공동체 정신을 존중하고 고양하여야 인간의 존엄성을 신장하고 인간다운 경제사회를 이룰 수 있다는 주장이 공감을 얻고 있다. 자본주의가 개인주의를 바탕으로 하지만, 한편으로 공동체 정신으로 공동체 구성원들이 함께 협력하여야 하여야, 공동체 구성원 각자의 인격의 존엄성과 인간의 가치를 실현할 수 있다고 하였다. 인간의 존엄을 실현할 수 있는 인간의 이상적인 가치로 보는 자본주의 입장에서 모든 국민에게 기본소득을 보장하고자 하는 사회보장론은 인간의 독립적이고 독자적이며 존엄한 인간성에 대한 모욕적인 발상이며, 인간을 단순한 소비자로만 다룬다고 비판하였다.7) 그는 공동체가 공동의 목표를 향하여 서로 협력하여야 자본주의가 발전한다고 하는 공동체주의 사상을 내포한 자본주의의 발전을 주장하였다.

이러한 자유시장경제질서의 유지와 발전을 위해서는 하버마스가 말한 담론(Diskussionstheorie)의 방식에 따라서 이성적인 토론을 통하여 자유와 규제의 가장 적정한 조화방안을 계속적으로 찾아나감이 가장 좋은 방법이라 생각한다.8)

7) 영국의 경제학자 Paul Collier가, 그의 저서, Future of Capitalism: Facing the New Anxieties (New York, Harper Collins Publishers, 2018)에서 이를 주장하였다(조선일보, 2021. 12. 24. B7−B8 면, 그와의 대담기사 참조)

8) Marieta Auer, Der privatrechtliche Diskurs der Moderne (Mohr Siebeck, 2014), S. 51.

Ⅱ. 한국민사법의 대응 과제

1. 민법의 현대화

민법 중 재산법 편은 사법(死法)이 된 규정들이 많다. 민법 중 재산법을 대개정하여 민법의 현대화[9]를 이루어야 함은 민법의 가장 중대한 과제라 생각한다. 재산법의 현대화는 우리 전통법의 현대화도 이루어야 하지만, 세계화의 시대적 흐름 속에서 생성된 글로벌 스탠다드(global standard)를 반영한 세계적인 통일민사법의 법원리를 수용하여, 우리 민법의 재산법으로 재구성하는 일이다. 오늘날은 교통과 통신의 발달로 세계가 하나로 된 지구촌의 시대이며, 세계 각국의 국민들은 자국의 국민이면서 동시에 세계시민으로 의식하는 시대로 발전하였다. 또한 이러한 세계화를 이끈 사상적 기초는 사해동포주의라 생각한다.

이러한 시대변화를 수용하여 우리의 민법 중 재산법의 대개정이 이루어져야할 것으로 생각된다. 재산법의 세계화를 위한 자료는 충분히 준비되어 있다고 생각된다. 비교법학의 발전으로 각국의 민사법은 세계속의 지방법(Landesrecht)의 성격을 지나 이제는 세계속의 보편적인 민법으로 발전되어가야할 시대에 와 있다고 생각한다. 지역적으로 민사법의 통일이 일어나고, 세계적인 민사법의 통일법도 조약으로 또는 리이스테트먼트(Restatement)로 제정되어 있다. 이러한 세계사의 흐름에 우리 민법의 재산법도 동참하여야할 것이다. 그것이 바로 재산법의 현대화라 생각한다.

9) 오늘날 세계화의 진행에 따른 민법의 개정을 민법의 현대화라 하며, 근대민법의 제정을 민법의 근대화라 한다. 민법의 현대화는 채권법에 집중되어 있다.

2. 공동체주의의 추가

오늘날 자본주의 국가의 민법은 근세의 자유주의, 개인주의, 사소유권의 보장, 자유시장경제질서의 바탕 위에서 제정되고 시행되고 있다. 이러한 사회사상이 발전되어 오면서 개인주의가 극단적인 이기주의로 발전하여 빈부격차를 낳아 계층간의 갈등이 지속되어 왔다. 작금(昨今)에는 사회의 양극화 현상이 심각한 사회문제로 발전하였다. 특히 오늘날은 거대지식정보기업이 세계시장을 독점하는 시장지배현상이 일어나고 있으며, 앞으로 더욱 고도의 지식정보화사회로 진전되면 자유시장질서는 거대지식정보기업에 의한 시장집중현상이 더욱 심화될 가능성을 배제할 수 없다.

앞으로의 사회는 협동사회, 연대사회로 나아가야 하고, 인간의 모습도 이기적인 인간에서 합리적이면서 도덕적인 인간, 그리고 창조주인 신(神)의 형상을 회복해 나가는 인간으로 변화해 가야한다고 생각한다. 이러한 사회의 변화와 인간 모습의 변화를 위해서는 극단적인 개인주의를 지양하고 공동체주의의 사상이 가미되어야할 것으로 생각된다. 자유주의, 개인주의를 기본적으로 인정하지만, 자유주의에 공동체 사상을 더하여 사회가 극단적인 이기주로 발전해 나가지 않도록 하여야 할 것으로 생각한다. 그리하여 우리 사회는 공동체적 자유주의로 변화해 나아가야한다. 이러한 자유주의와 개인주의를 바탕한 민법의 사상적 기초에 공동체주의를 추가하고, 공동체주의의 덕목으로 생각되는 공동체구성원의 공동체에 대한 충실의무(Loyalitätspflicht)를 실현할 수 있는 민법으로 점진적으로 수정해 나가야할 것으로 생각한다. 지금의 개인주의적인 민법은 공동체주의 사상을 구현할 수 있는 사회법의 요소를 보다 많이 담고 있는 민법으로 발전되어야 할 것으로 생각된다. 개인주의가 낳은 사회문제를 개인주의로 해결할 수는 없다.[10)]

공동체주의의 가미는 우선 개인으로 하여금 불로소득을 취하도록 허용하여서는 아니될 것이며, 땀 흘려 얻은 수익만을 소유할 수 있도록 하는 민법으로 수정해 나가야할 것으로 생각된다.[11)] 사회공동체의 노력에 의하여 발생한 개발이익은 소유권의 내용이 아니라는 방향으로 재산법의 수정이 필요하다고 생각된다.

이러한 공동체주의 내지 공동체 사상은 가족법의 개정법안에서 이미 나타나고 있다고 판단된다. 정부는 2021년 초에 상속권상실제도의 신설을 위한 민법 중 상속법 개정 입법예고를 하였다. 동 가족법 개정안에서는, 상속인의 피상속인에 대한 중대한 부양의무 위반, 중대한 범죄행위, 학대 혹은 부당한 대우를 한 경우에는 피상속인의 유족이 가정법원에 상속권 상실 청구권을 행사할 수 있도록 규정하고 있다(민법 제1004조의2, 신설예고). 그러나 피상속인이 사망전에 유언으로 불효한 상속인을 용서하면 상속권을 인정하도록 규정하고 있다[12)](민법 제1004조의3, 신설예고). 이러한 상속권 상실제도의 입법예고는 공동체주의 사상의 민법에서의 법적 실천의 시대적 요청의 반영이라 평가된다. 그러나 이러한 내용의 민법 개정안은 지금까지 입법되지 못하고 있다.

10) A. a. O., SS.6-7.

11) 이와 함께 소멸시효기간의 단축과 소멸시효법의 임의규정화로의 소멸시효법의 개정안은, 자기의 의무를 끝까지 이행하도록 하는 책임감있는 미래사회의 도덕적 인간의 모습에 역행하는 개정안이라고 생각된다.

12) 조선일보, 2021. 1. 7. A1면.

그리고 사유재산에 대해서는 공동체의 공동선(common good)을 위한 책임이 있음을 인정하여야 한다. 자유지상주의자들이 사소유권을 신성불가침의 천부의 권리로 주장하기도 하지만, 사소유권은 절대적이거나 불가침의 권리가 아니다. 사소유의 재산은 사회구성원 모두의 인간으로서의 존엄에 이바지하여야할 공동체의 공동선을 위한 사회적 의무를 부담하고 있다. 그리하여 사유재산에 대해서는 사회가 사회적 저당권(social mortgage)을 가지고 있다.[13] 이러한 사유재산의 공동체를 위한 사회적 의무의 인정과 부담은 바로 이웃에 대한 사소유자들의 사랑의 법적 표현이다. 이와 같이 사유재산의 공동선을 위한 사회적 의무의 부담은 이웃인 인간의 존엄과 인권을 존중하고 이웃과 연대하는 공동체주의 사상의 실천이다.[14] 인간은 공동체(community) 내에서 그리고 공동체를 통하여 품격이 있는 인격자가 될 수 있음을 잊지 말아야 한다.[15]

3. 원칙에 충실한 민사법의 운용

민법은 국민들의 일상의 법생활의 기본법이다. 기본법인 민법은 민사법생활의 원칙을 규정하고 있는 법이다. 그러한 민법은 원칙에 충실하게 수정해 나가야 하며, 민법의 운용도 원칙에 충실하도록 하는 법이론 개발과 판례가 형성되어 나가야 한다.

그리고 민사법생활의 기본법인 민법의 원칙은 국민들의 일상의 법생활 속에서 자연스럽게 실천될 수 있도록 법의식화 되

13) Franzese and Camella, op. cit., p. 128.
14) Ibid., p. 142.
15) Ibid., p. 142.

어야 할 법분야이다. 그러나 재산법의 운영에 있어서는 민사특별법이 일반법이 되고 민법의 재산법편이 사법(死法)이 되어가는 현상이 나타나고, 한시법, 소급법을 너무 많이 제정하여 왔으며, 너무 자주 개정하여 민사법의 법의식화를 위한 시간적, 정신적인 여유가 없었다고 판단된다. 그리하여 민법의 기본원칙이 법의식화하지 못하고 탈법행위가 일어나고, 변칙적인 민사법 행위가 일어나고, 이로 인하여 국민들로 하여금 요행심을 가지게 하는 비정상적인 법운용 현싱이 빚어졌다고 생각된다. 또한 민사특별법에서는 사법관계에 공법적 규제 가능성을 너무 폭넓게 제공하여 왔다고 생각된다. 국민의 일상의 법생활에 관한 민사법은 원칙에 충실하게 운용하여 민사법이 국민의 의식으로 법의식화에 되어, 생활 속에서 자연스럽게 실천되도록 민사법의 제정과 개정 및 운용이 이루어지도록 하여야할 것이다.

4. 자연법적 민법으로의 발전

(1) 자연법적 민법

법에 대하여, 법이란 국가권력에 의하여 제정만 하면 강제력을 갖는다는 법실증주의(Rechtspositivismus)도 있지만, 제정법은 자연의 이치와 정의에 부합하였을 때에 비로소 강제력을 갖는다고 이해하여 제정법을 이끌어가는 자연법의 존재를 인정하는 자연법론(Naturrechtslehre)이 있다. 자연법론에서는, 자연법은 실정법과 같이 조문화되어 있지는 않지만, 자연의 이치, 신의 말씀, 인간 이성의 질서로서 제정법은 이러한 자연법에 부합했을 때에 강제력을 가질 수 있다고 이해한다. 특히 민사법은 그 내용이 자연법적이어야 하고, 자연법적인 내용이 원칙이어야 하며, 그러하여야 민사법이 인간의 법생활 속에서 법의식화되어 실천될 수 있는 법분야이다. 법이론도 판례도 이러한 자연법을 구현할 수 있도록 구성하여야, 실정법률의 흠결을 보충할 수 있고 민사법의 법의식화에 기여할 수 있다고 생각한다.

민사법은 법의 논리구성에만 치중할 것이 아니라, 민사법의 내용이 가장 보편성이 있는 자연법적일 수 있도록 입법하고, 운용하여야 할 것이라 생각한다. 그리하여야 민사법의 실효성(實效性)을 제고(提高)할 수 있다고 생각한다. 자연법은 실정법의 정당성(Rechtsfertigung)과 적법성을 부여하며, 실정법이 정당성과 적법성을 갖지 못할 때에 실정법을 규제하는 기능을 갖는 법으로서 실정법을 지도해 나가는 법이다.[16] 그리고 법윤리(Rechtsethik)에 대한 연구를 깊이 하여 더욱더 실정 민사법률이 자연법적인 민사법으로 발전할 수 있도록 하여야 할 것으로 생각한다.

그리고 특히 실정법이 입법의 불비로 모순적일 때에는 해석에 의하여 이를 사리에 맞게 수정·보완하는 자연법적 해석론의 전개가 요청된다. 예컨대 민법 제758조 제1항에서 공작물의 점유자에게는 1차적으로 중간책임을 인정하고, 공작물의 소유자에게는 2차적으로 무과실책임을 지도록 규정하고 있으나, 가해자가 공작물의 점유자 겸 소유자인 때에 점유자책임으로서는 면책되나 소유자로서는 배상책임을 진다고 해석할 것이 아니라, 소유자의 책임도 면책된다고 해석함이 바람직하다고 판단된다. 이러한 해석은 사리와 이치에 따른 자연법적 해석에 의해 가능하다고 판단된다.

16) Erik Wolf, Das Problem der Naturrechtslehre, 2. Aufl. (Karlsruhe, Verlag C.F.Müller, 1959), S. 156.

자연법론은 일반적으로 인간의 이성에 의한 이성법(Vernunftrecht)에 충실할 것을 내용으로 하지만, 필자의 사견으로는, 인간은 하나님의 형상(image of God; imago Dei)을 따라서 창조되었으므로, 근세사회이래로 인간이 이성을 너무 강조하고 창조자로부터 점점 멀어지고자 한 점에 비추어, 인간이 하나님의 형상을 회복할 수 있도록 인도하는 신법(神法)과 인간의 이성법을 합하여 이를 자연법으로 이해함이 타당하다고 생각한다.[17] 그리하여 앞으로의 지연법적인 민법은 신법과 이성법에 기초한 정의와 사랑에 충실한 내용으로 구성하여 하나님의 형상을 회복할 수 있도록 수정해 나가야 한다고 생각한다.

특히 자연법은 법에 가치를 부여하며, 법 밖의 영역에서의 가치를 법의 가치로 전환하는 중요한 가능을 담당한다. 역사적으로 자연법은 성서의 말씀의 가치를 법의 가치로 전환하여 왔다. 그리고 성서에서의 최고가치인 사랑을 법에서의 최고가치로 전환하는 가교역할을 담당하고 있다. 그러한 자연법이 신중심의 자연법론이다.[18]

(2) 자연법과 법치주의의 관계

자연법은 실정법을 지도하는 이상법이지만, 자연법은 법치주의를 매개로 하여 실정법의 입법, 해석, 적용을 지도한다.

17) 이러한 자연법을 필자는 기독교적 자연법론(theory of Christianitstic natural law이라 명명(命名)함이 적절하다고 생각된다. 기독교적 자연법론의 사상적 기초는 인간성은 하나님의 형상에 있으며, 인간의 인간성이 하나님의 형상으로 회복되도록 하는 법이 바로 자연법이라 생각한다. 하나님의 형상의 회복은 법에서는 자연법으로 구현되지만, 정치, 경제에서도 각각 이루어나가야 할 정책방향의 기초라 생각한다.

18) 김상용, 자연법; 법과 성서와 역사 연구소, 연구시리즈 제6권(화산미디어, 2023), 87-100면.

자연법과 법에서의 가치의 관계를 자연법과 법치주의를 중심으로 하여 살펴보면, 먼저 법치주의의 개념과 역사적 발전은, 사회가 있는 곳에 법이 있다(Ubi societas, ibi ius: Wo Gesellschaft, dort Recht), 사람이 있는 곳에 법이 있다(Ubi homo, ibi ius: Wo der Mensch ist, da gibt es Recht)의 법언(法諺)에서와 같이 법은 인류의 시작과 함께 인간사회에 생성되어, 인간을 보호하며 사회의 질서를 유지해 주고 공동체를 조직·운영하게 해 주고 있다. 그러므로 인간과 사회와 법은 서로 불가분리(不可分離)의 관계에 있으며, 인간과 사회는 법에 의해서 보호받고 질서를 유지하고 있다. 이러한 법에 의한 인간과 사회의 질서, 공동체의 조직과 운영의 법현상을 소박하게 법치라고 할 수 있다. 그러한 법치의 법원리를 법치주의(rule of law)라 한다.

법치주의를 이해하기 위해서는 먼저 법에 대한 이해가 전제된다. 그러나 법을 일목요연하게 그 개념을 정의할 수는 없다. 헌법, 법률, 명령, 규칙, 조례, 관습법, 판례, 조리 등 법은 그 존재형식이 극히 다양하다. 법학자들의 학설도 로마법에서는 중요한 법의 존재형식이었다. 지금도 학설이 판례에서 채택되거나 입법이 이루어지면 그 학설이 법이 된다. 법치주의와 관련하여서는, 국가입법권에 의하여 제정된 성문법, 즉 제정법과 국가권력에 의하여 제정되지 아니하고 자연히 생성되어 조문화되어 있지 않지만 법적 효력을 갖는 관습법을 포함한 불문법으로 나눌 수 있다.

전자의 국가제정법을 법률(Gesetz; statute)이라 하고, 제정법을 포함하여 모든 형식의 법을 포괄하여 법(Recht; law)이라 한다. 법현실에서는 법과 법률을 구별하지 않고 동일한 개념으로 혼용하고 있는 것이 일반적이며, 법 중에서 제정법이 가장 중요하므로 법치주의는 법률을 중심으로 논하여진다. 그리고 법의 내용을 중심으로 하여 이치와 사리에 맞는 좋은 내용의 법을 선법(善法), 그렇지 않고 권력자의 자의(恣意)를 법형식으로 담은 법 등 좋은 내용이 아닌 법을 악법(惡法)으로 분류할 수 있다. 또한 법탐구에 있어서도 주어진 실정법만을 법으로 이해하고 법가치를 그렇게 중요시하지 않는 법실증주의(Rechtspositivismus), 좁게는 국가 제정법만을 법으로 이해하고자 하는 법률실증주의(Gesetzespositivismus)는, 주어진 법률과 그 외에 모든 형식의 법이 담아야 할 법가치를 중시하는 자연법론(Naturrechtslehre)과 대립된다.

법치주의에서의 법은 제정법을 포함한 모든 법을 말하며, 악법을 제어(制御)하고 선법을 찾아 이를 제정하고 적용하고자 하는 법원리이다. 그리고 법치주의는 자연법적 법가치를 그 내용으로 담은 법에 의한 국가작용을 지향한다.

그리고 법치주의는 헌법가치를 실정법률로 제정하여 이를 실현하는 국가의 입법, 사법(司法), 행정의 모든 영역에서의 법원리이다. 더욱 줄여서 말하면, 법치주의는 헌법에 규정된 법가치를 법률에 의하여 실현하도록 하는 법원리이다. 법치주의는 공법의 영역에서 주로 다루어지고 있으나, 사법 분야에서의 법치주의는 개인의 법생활이 법에 규정된 대로 이루어지는 생활 속의 법치주의라 할 수 있다. 법치주의는 법의 지배를 말하며, 법률을 수단으로 이용하는 법에 의한 지배는 법치주의가 아니다. 법치주의는 법의 이상이며, 법의 현실에서는 법치주의의 이상을 실천하도록 하여야 함이 마땅하다. 그러나 우리의 법현실은 법치의 이상에 미치지 못하고 있다. 법치주의가 흐트러지면 법치주의가 더욱 강하게 요청된다.

이러한 법치주의 사상이 언제부터 법의 역사에 출현하였는지에 관하여는, 강자의 명령이 법이다(Law is command of the stronger)라는 소피스트들의 궤변에 대항하여, 이데아(idea) 세계의 법질서와 같이 객관적이고 보편적인 가치를 담은 선법(善法)에 의한 법의 지배 사상은 플라톤에서 시작되었다는 주장이 있다. 그러나 근대 법치주의는 근대 초기의 절대전제군주의 자의적인 절대권력의 행사에 의해 인간의 존엄과 자유가 억압받던 시대에, 인간의 인권과 인격의 자유와 평등을 존중하고 보호하기 위한 저항이론으로 형성되어, 인간의 자유와 평등의 가치를 담은 시민들의 대표자에 의하여 제정된 법률에 의하여 국가권력이 행사되도록 한 데서 시작되었다고 이해된다. 그리하여 인간의 자유와 평등을 지키기 위해서는 법률에 의하여 이러한 인간의 자유권을 보장·보호하고, 이러한 법가치를 담은 법률에 의하여 전제적인 국가권력 행사를 제약함이 근대 법치주의의 사상적 기초였다. 그러므로 근대법치주의는 인간 개인의 자유권적 기본권 보호가 주된 목적이었으나, 점차 사회권적 기본권을 헌법가치로 하는 법치주의로 확대·발전되었다. 그러나 식민시대를 거치면서 식민지 종주국의 식민지배의 법률은 법치의 형식에 의한 악법에 의한 지배를 경험하고, 나치와 같은 악법의 제정법에 의한 불법의 시대인 악법에 의한 지배의 시대도 거쳤다. 오늘날의 실질적인 법치주의인 법의 지배는 세계 제2차 대전 이후의 법치시대부터라 생각된다. 이와 같은 법치주의의 법원리는 영미에서는 법의 지배의 이론(rule of law)으로 대륙에서는 법치국가원리(Rechtsstaatsprinzip)로 발전되어 왔다.

영미에서 법의 지배(rule of law)를 법원리로 정립한 것은 영국의 헌법학자인 다이시(A.V. Dicey: 1835−1922)라고 일반적으로 알려져 있다. 우리나라에서 법치주의는 1900년대 초에 법치국 또는 법치국가로 소개되어 수용되기 시작하였다. 오늘날은 법의 지배, 법치국가의 법사상이 모두 우리 법치주의의 기초 법사상으로 기능하고 있다.

이와 같이 법치주의는 인류보편의 가치를 법의 이상가치로 하는 법에 의한 지배이며, 따라서 법치주의에서 담고자 하는 법가치는 바로 자연법에서의 법의 이상인 가치이다. 따라서 자연법은 법치주의를 그 내용으로 한다.

그리고 법치주의의 법치는 국가작용에 있어서 인치(人治)를 극복하기 위해서 주장되고 정립되어 왔다. 국가작용은 법, 법률에 의하여 이루어져야 함이 민주주의의 근본원칙이다. 그러나 현실의 국가작용은, 국가작용이 법률의 형식을 취함이 없이 권력자의 자의(恣意)에 의하여 이루어지는 자의의 지배(rule of whim), 국가작용이 법률의 형식으로 행하여지나 그 법률의 내용이 권력자의 의사를 실현하고자 하는 법률에 의한 지배(rule by law), 그리고 국가작용이 법, 법률의 형식에 의하여 행하여지면서 동시에 그 법률이 객관적이고 인류보편적인 가치를 담은 내용의 법률일 때의 법의 지배(rule of law)로 나눌 수 있다. 자의의 지배는 인치(人治)이며, 법률에 의한 지배와 법의 지배는 외관상으로는 법률에 의하여 국가작용이 이루어지기 때문에 모두를 법치라고 말하기도 한다. 그러나 국가작용을 법률을 수단으로 이용하여 이루고자 하는 법에 의한 지배는 인치이며, 법률이 인류보편의 가치를 그 내용으로 담은 법률에 의한 법의 지배만이 법치주의이다. 따라서 법치주의를 다른 말로 법의 우위의 원칙이라 하는 것은 법이 가치, 즉 법이 법 스스로 추구하는 이상적인 가치를 가지고 있기 때문이다. 그러한 법치주의에서의 법가치는 인류보편의 가치이다. 그러므로 법치주의는 인류보편의 가치를 담고 있는 법률에 의한 법의 지배만을 말한다. 따라서 법률을 단지 수단으로 이용하고 그 실질은 권력자의 자의를 실천하고자 할 때의 법률에 의한 지배는 권력자가 이를 법치주의라고 부르지만 실질은 인치에 속한다. 그러므로 법치주의는 인류보편의 객관적인 가치를 내용으로 담아 그 법가치를 실현하고자 하는 법의 지배만을 말한다. 법에 의한 지배와 법의 지배가 모두 법률의 외관을 취하고 있으나, 법에 의한 지배는 권력자의 의사를 실현하고자 하며, 법의 지배는 인류보편적이고 객관적인 가치를 실현하고자 한다. 전자의 법에 의한 지배를 형식적 법치주의, 후자의 법의 지배를 실질적 법치주의라고 부르기도 하지만, 전자의 법에 의한 지배는 법치주의가 아니라 인치에 속한다. 우리의 법역사에 있어서 식민지 시대의 식민지 지배의 법, 독재정권 시대의 긴급조치에 의한 국가통제는 법률의 형식에 의한 인치이었다. 북한의 사회주의법에 의한 사회주의적 법치주의도 법치주의가 아닌 인치이다. 동양 법전통에서의 의법치국(依法治國) 또는 법률만능주의는 법치적 사고라기 보다는 인치적 사고의 성격이 강하다. 그리고 역사적으로 식민주의법, 제국주의법, 인종주의법 등은 법이 법률의 형식을 취하고 있지만, 그 법의 법가치가 인류보편의 가치가 아니기 때문에 법치주의의 범주에 속하지 아니한다.

법치주의는 인류보편의 가치를 담아 이를 실현하고자 하는 법, 법률에 의한 국가작용에 관한 최고 법원리이다. 이러한 법에서의 가치가 법가치(Rechtswerte)이며, 그 법가치는 헌법에 규정되어 있다. 헌법에서 규정되어 있는 법가치가 헌법가치(Verfassungswerte)이다. 법가치는 자연법론에서 이상으로 하는 법의 가치이며, 실정법에서의 법가치는 헌법에 규정되어 있는 헌법가치를 최고가치로 한다. 그러나 일반적으로 법치주의에서의 법가치는 헌법가치를 의미한다. 이와 같이 법치주의는 헌법가치를 법률의 내용으로 하여 그 가치를 실현하고자 하는 법률에 의한 입법, 사법, 행정의 국가작용의 최고원리이다.

우리 헌법이 규정하고 있는 헌법가치는, 인간존엄의 가치, 인간의 자유와 평등, 자유권적 기본권과 사회권적 기본권의 보장과 보호, 자유민주주의, 3권분립, 사법권의 독립, 자유시장경제질서, 국제평화주의, 자유민주적 기본질서로의 평화통일 등이다. 물론 법치주의도 헌법가치의 하나이다. 우리의 헌법가치는 국민 각 개인의 인격을 존중·보호하고, 개인의 인격의 자유로운 전개를 가능케 함을 근본가치로 하고 있다. 이러한 헌법가치를 담은 법률을 제정하고, 그러한 법률을 해석·적용하고, 그러한 법률을 집행하여야 한다는 법원칙이 바로 법치주의이다. 이와 같이 법치주의는 존엄한 인격을 가진 개인이 주권자이고 개인이 자유롭게 자기 인격을 실현할 수 있도록 하는 자유민주주의 국가의 최고 법원리이다. 이러한 헌법가치에 어긋나는 법률에 의한 국가작용은 법치주의라 할 수 없다. 그리고 헌법재판제도는 법에 의한 지배를 제어하고, 법률이 헌법가치를 담아 실현하여야 하는 법의 지배를 수호하기 위한 법제도이다.

자연법론에서의 법가치는 헌법가치를 포함하여 헌법가치 밖의 인류보편의 객관적인 가치도 그 대상으로 한다. 자연법은 이와 같이 법외부의 가치를 법의 가치로 전환시키는 매개 기능을 담당하므로, 자연법은 법과 법외의 영역을 연결하는 가교역할을 담당한다. 특히 자연법은 역사적으로 종교의 가치를 법의 가치로 전환케 하는 역할을 담당하여 왔다. 자연법의 역사에서 서양의 중세에는 기독교의 윤리가치를 법의 가치로 전환시키는 신중심의 자연법론을 광범위하게 전개하였다. 그리하여 자연법이 기독교의 정의와 사랑의 최고가치를 법의 가치로 전환하여 기독교의 종교가치를 법가치로 전환케 하였다. 물론 기독교 이외의 종교가치도 자연법에 의하여 법가치로의 전환이 이루어진다. 그러나 기독교 이외의 다른 종교에서는 때로는 신중심의 신정정치(神政政治)를 지향하는 경우에 그 종교에서의 가치가 인류보편적인 가치에 반하는 경우가 있다. 이와 같은 인류보편의 가치에 반하는 종교가치를 법가치로 전환한 법을 법치주의에 입각한 법이라고 할 수 없다.

그리고 오늘날과 같이 과학이 고도로 발달하고 인공지능이 인간을 대신하고자 하는 시대에는 인류보편의 가치에 반하는 과학의 결과물들이 생산되고, 그로 인하여 결국 정의와 사랑에 부합되지 아니하는 인간의 법생활로 이끌려갈 수 있다. 거짓말하는 인공지능, 인간의 이기심을 극대화하는 과학결과물의 보급과 이용으로 순수한 인간 삶의 침해 등의 경우에는 자연법적인 법가치의 유지를 위한 자연법의 기능이 강하게 나타날 수 있다. 자연법은 사회가 인류보편의 가치에 반하는 방향으로 발전하려할 때에 사회를 인류보편의 가치의 사회로, 사회 스스로가 자기중심을 지켜 나가게 하는 기능을 담당하게 된다. 그러므로 사회가 변하여도 자연법은 영원히 그 생명력을 갖는다. 자연법은 가치 매개를 통하여 법을 법이외의 세계와 연결하고 가교케 하는 역할을 담당하며, 특별히 인간의 타락 이전의 순수한 자연상태, 즉 인간의 하나님의 형상을 회복케 하는 순수의 가치, 특히 정의와 사랑의 가치를 영원히 법의 중심가치로 하고, 그 생명력을 계속 이어가게 하는 기능을 담당한다.

5. 정의와 사랑을 이상으로 하는 민사법으로의 발전

미래사회는 협동사회이면서 동시에 위험사회로 들어갈 가능성이 크다고 예상된다. 이혼이 증대하고, 아동의 학대로부터의 보호, 고령화 사회에서의 노인의 부양과 보호, 극단적인 개인주의 사회의 발전 등의 사회발전에 민사법의 내용은 어떻게 구성되어야 할까? 도덕적 인간에게 요구되는 덕목은 무엇일까? 그리고 지능정보사회에서 거대지능정보기업이 시장을 지배하는 시장집중 현상을 어떻게 해결할 수 있을까? 민사소송이 너무 많이 제기되는 사회현상을 긍정적으로만 평가할 수 없을 것이다. 법이전의 사회규범인 도덕, 윤리, 종교규범이 충분히 작동하지 못하는 것이 소송을 많이 제기하게 되는 이유가 아닐까 생각한다. 패소할 것이 분명함에도 불구하고 한(恨)이라도 풀어보기 위하여 대법원에 상고(上告)한다고 하는 사법현상(司法現象)을 어떻게 받아들여야 할까? 이러한 부정적인 사회현상은 바로 사랑이 부족하고 정의가 제대로 관철되지 못한 것이 그 원인이 아닐까? 이러한 부정적인 사회현상은 민사법에서 공적규제확대와 강화로 해결하겠다는 기존의 페러다임으로써는 해결할 수 있을 것 같지 않다.

장래에는 법에서의 새로운 가치와 이상이 요구된다고 생각된다. 그 가치가 바로 사랑과 정의라고 생각된다. 사랑은 만물의 근원이다. 그리고 정의는 사랑이 올바르게 확산되어 가도록 하는 질서 내지 길이다. 그리고 사랑과 정의는 자연법의 내용이다. 그러한 사랑과 정의를 이상과 목표 및 가치로 하는 민사법의 출현이 소망되고 기대된다. 그러므로 앞으로의 민사법은 정의와 사랑을 이념으로 하여 발전해 나가야할 것으로 생각한다. 그러한 사랑과 정의를 이념으로 하는 자연법이 민사실정법의 기초가 되도록 하여야할 것이다.

정의는 세속의 덕목이지만 사랑은 근원적으로 종교에서의 덕목이다. 또한 정의와 사랑의 실천은 인간성의 하나님의 형상의 회복의 길이다. 앞으로는 종교, 특히 기독교에서의 덕목인 이웃사랑이 사랑의 자연법을 통하여 민사실정법에 실현되어 나가야 할 것이다.[19] 또한 미래의 고도의 지능정보화사회에서는 정의와 사랑이 실정법에 의한 강제 이전에 일상의 법생활에서 더욱더 강하게 요청될 것으로 생각된다.

19) 정의와 사랑이 민사법의 이상적 가치로 발전되어 가야 한다는 의견에 관하여는, 김상용, 전게 법정책 방향으로서의 정의와 사랑, Jeroen Kortmann, Altruism in Private Law (Oxford University Press, 2009) 참조.

제 5 장

맺는 말

제5장

맺는 말

한국사회는 지난 60여년간 농경사회에서 시작하여 고도의 지능정보사회로 급속도로 그리고 압축적으로 발전하였다. 이러한 사회변화에 대하여 한국민사법이 탄력적으로 대응하여 이만한 경제발전과 문명사회를 이루었다고 긍정적으로 평가된다. 그러나 민사법의 대응에 있어서 가족법은 민법의 가족법 편이 적절히 대응하여 민법 중 가족법은 살아있는 민법으로 평가되나, 재산법은 민법 중 재산법의 개정에 의한 수정·보완보다는 수많은 민사특별법의 제정으로 대응하여 민법 중 재산법 편은 사법(死法)이 많이 발생하게 되었다고 평가된다. 재산법의 현대화를 이루지 못한 것이 민사법의 가장 취약점이 아니었을까 평가된다.

앞으로의 사회는 극단적인 개인주의가 좀 억제되고 자유주의가 기초가 되고 공동체주의가 가미된 개인의 인격의 자유로운 전개가 인정되고 기능하는 협동사회, 연대사회, 공동체주의적 사회로 발전되어 나가야 하고, 개인도 이기적인 인간에서 도덕적 인간으로 인간상이 바뀌어 나가야할 것으로 생각된다. 이러한 새로운 미래 사회의 민사법은 기존의 페러다임으로는 이상적인 사회를 이루어갈 수 없을 것이다.

자유주의를 바탕으로 하면서 극단적인 개인주의를 극복하고 사랑과 정의를 이상과 내용으로 하는 사랑의 자연법적인 민사법의 법이론을 정립하고, 사랑의 자연법을 실정법인 민사법으로 규범화해 나가야할 것으로 생각된다. 만물의 근원은 사랑이며, 만사의 진행도 사랑과 정의로 이루어지도록 하는 민사법으로 현행의 민사법을 수정·보완하여 발전시켜 나가야할 것으로 생각한다. 그리하여 한국민사법은 자연법적인 민사법으로 발전해 나가야함이 민사법의 과제라 생각한나.

그리고 민사법의 발전을 추구하기 위해서는 법학과 사회발전에 대한 학문분야와 학제간 연구의 병행이 강하게 요청된다. 법학이 결코 법의 영역 내에서만 발전을 추구할 수 없다고 생각된다. 인간에 대한 이해, 정치, 경제, 사회, 종교 등의 다양한 사회과학부문의 연구와 병행하여 연구가 이루어져야 정의와 사랑의 민사법을 창조해 나갈 수 있을 것으로 생각된다.

참고문헌

〈국내저서〉

고상룡, 부동산 임대차의 법리와 위상, 박영사, 2021.

권영준, 법학의 기본원리, 박영사,2020.

금융혁명 ABS, 자산유동화실무연구회 편, 한국경제신문사, 1999.

김상용, 민법총칙 제4판: 전경운 증보, 화산미디어, 2018.

______, 물권법 제4판, 화산미디어, 2018.

______, 채권총론 제3판, 화산미디어, 2016.

______, 채권각론, 제3판, 화산미디어, 2016.

______, 채권각론 제4판, 화산미디어, 2021.

______, 比較契約法, 法英社, 2002.

______, 西洋法史와 法政策, 피엔씨미디어, 2014

______, 韓國法史와 法政策, 피엔씨미디어, 2014

______, 자연법론과 법정책,피앤씨미디어, 2015.

______, 민법사상사, 법과 성서와 역사 연구소, 연구서 제1권, 피앤씨미디어, 2016.

______, 토지정의론, 법과 성서와 역사 연구소, 연구서 제2권, 피앤씨미디어, 2017.

______, (법정책 방향으로서의) 정의와 사랑: 법과 성서와 역사 연구소, 연구시리즈 제5권, 피앤씨미디어, 2019.

______, 자연법, 화산미디어, 2023.

______, 懺悔와 贖罪, 법과 성서와 역사 연구소, 연구 시리즈 제7권: 자서전, 피앤씨미디어, 2023.

______, 삶 속에서의 신앙고백, 법과 성서와 역사 연구소, 연구 시리즈 제8권, 피앤씨미디어, 2024.

김상용 저, 전경운 증보, 민법총칙, 제4판, 화산미디어, 2018.

김상용 저, 鄭愚衡 增補, 土地法, 法元社, 2004.
김수정 외, 민법의 경제적 분석, 박영사, 2021.
김재형, 근저당권연구, 박영사, 2000.
김형배 외 5인 공저, 독일채권법의 현대화, 법문사, 2003.
노상범·고동원, 부동산금융법, 제4판, 박영사, 2020.
데이터와 사법, 한국민사법학회 하계학술대회 자료집, 2020. 6. 12.
민법개정안연구, 김재형 외 저, 박영사, 2019.
박노형, 개인정보보호법, 박영사, 2020.
법정책학이란 무엇인가, 한국법정책학회 편, 삼영사, 2015.
4차 산업혁명시대의 새로운 사회갈등과 대응방향: 국토 Vol. 463, 국토연구원, 2020. 5.
손지화, 전자상거래법, 신조사, 2014.
송덕수, 신민법강의, 제15판, 박영사, 2022.
______, 신민법입문, 제13판, 박영사, 2022.
양천수, 빅데이터와 인권, 영남대학교출판부, 2016.
______, 제4차 산업혁명과 법, 박영사, 2017.
우리 민법학은 지금 어디에 서 있는가? – 한국 민사법학 60년 회고와 전망 –, 한국민사법학회 편, 박영사, 2007.
윤진수, 친족상속법 강의, 박영사, 2016.
______, 한소해 집필, 2013년 개정민법해설, 법무부, 2013.
윤진수 외, 상속법 개정론, 박영사, 2020.
윤철홍, 민사특별법연구, 법원사, 2003.
이영준, 물권법, 박영사, 1990.
재단법인법의 과제와 진로, 윤철홍 교수 정년퇴임 기념논문집: 법원사, 2020. 7.
정우형, 부동산등기법, 전정(全訂) 3판, 법우사, 2017.
______, 한국토지투기사, 피앤씨미디어, 2018.
제4차 산업혁명시대 부동산 법제의 전개: 雲谷 李載鎭 교수 화갑기념논문집, 한올출판사, 2020
한불민사법학회, 프랑스채권법 해제, 박영사, 2021
한삼인, 김상현, 친족상속법, 화산미디어, 2018.

〈국내논문〉

가정준, "미국법이 민법에 미치는 영향", 민사법학 제52호, 한국민사법학회, 2010. 12.

고상룡, "민법총칙", 학문연구의 동향과 쟁점 제8집: 법학, 대한민국학술원, 2018.

권영준, "경제상황의 변동과 민법의 대응", 法과 政策研究, 第12輯 第4號, 韓國法政策學會, 2012. 12.

_____, "계약법의 사상적 기초와 그 시사점: 자율과 후견의 관점에서", 저스티스 통권 제124호, 한국법학원, 2011.6.

_____, "코비드-19와 계약법", in: 민법학의 현실과제: 2020년 한국민사법학회 동계공동학술대회 자료집, 2020. 12. 12.

김경욱, "민사소송법", 학문연구의 동향과 쟁점 제8집: 법학, 대한민국학술원, 2018.

김남진, "4차 산업혁명시대와 중요 법적문제", 대한민국학술원통신 제319호, 대한민국학술원, 2020. 2. 1. 2－7면.

김상용, "土地去來許可.申告制의 檢討", 民事法學 8號, 한국민사법학회 편, 1990.4.

_____, "韓國에서의 物權變動에 관한 法理論, 判例 및 法制度의 變遷", 우리 법 70년 변화와 전망-사법을 중심으로－ : 청헌 김증한 교수 30주기 추모논문집, 법문사, 2018. 10. 15.

_____, "기독법률가의 덕목(德目)으로서의 정의와 사랑", 연세법학 100주년 기념 학술대회, 연세대학교 법학전문대학원 주최, 연세법학 백주년 기념 학술대회: 연세법학, 또 다른 백년 － 진리·자유와 법학, 2021. 6. 11, 자료집 1－14면; 연세법학, 또 다른 백년: 진리, 자유와 법학, 연세대학교 대학출판문화원, 2021. 11. 2－23면.

_____, "공동체적 토지이용의 확대 필요성에 관한 연구: 특수지역권의 현대화를 중심으로", 學術院論文集, 인문·사회과학편, 제60집 1호, 2021, 139－209면.

김상중, "불법행위법과 부당이득법의 변화와 과제", 우리법 70년의 변화와 전망: 사법을 중심으로: 청헌 김증한 교수 추모논문집간행위원회 편, 법문사 간, 2018.

김성은, "포괄근저당권의 규제에 관한 소고", 동아법학 제70호, 동아대학교 법학연구소, 2016.

김세권, "민법관의 전환과 불법행위법의 기능변화에 관한 연구", 동북아법연구 제9권 제2호, 전북대학교 동북아법연구소, 2015.9.

김영두, "인공지능과 자유의지", 연세법학 30권 1호, 연세대학교 법학연구원, 2020. 3.

김재형, "담보법의 현재와 미래: 민법시행 50주년을 맞이하여", 민사법학 제52호, 2010, 329-359면

김주수, "가족법: 학설과 판례의 발전", 한국의 학술연구: 법학, 대한민국학술원, 2003.

김혜원, "통일 이후 북한지역 주택관리 방안 연구", 부동산분석 제6권 제1호, 한국감정원, 2020. 4.

김형배, "우리 민법학의 미래", 민사법학 제36호, 2007, 1-20면.

김화, "항공사 마일리지 제도에 있어서 마일리지 소멸과 관련된 약관법상의 문제 - 대법원 2024. 11. 28.선고 2021다308030 판결", 2025년 민사법학회 제2회 판례연구회 발표논문 자료집(한국민사법학회, 제주대학교 법과정책연구원, 2025. 6. 20), 81-99면.

남효순, "프랑스민법전의 개정의 역사: 한국민법전 제정 50년에 대한 시사", 민사법학 제52호, 한국민사법학회, 2010. 12.

맹준영, "자율주행자동차와 민사책임 판단기준 - 자율주행의 우리 실정법 체계에의 수용과 민사책임 판단도구로서의 의의 및 평가를 중심으로", 민사법학 110호, 한국민사법학회, 2025. 3., 407-448면.

박영복, "EU법의 상황과 우리의 민법", 민사법학 제52호, 한국민사법학회, 2010. 12.

박인환, "초고령사회민법학의 과제: 고령자의 자율존중의 관점에서 본 성년후견과 신상결정", 다원과 통섭의 민법학: 윤진수 교수 고희기념(박영사, 2025. 6), 191-227면.

______, “사적자치와 법적능력 - 장애인권리협약 제12조를 계기로 하여”, 사적자치와 민사법의 후견적 개입: 한국민사법학회 2025년도 하계 학술대회 발표논문 자료집(한국민사법학회 주최, 제주대학교 법과 정책연구원, 법무부 후원, 2025. 6. 21), 37-55면.

백대열, “데이터 물권법 시론: 암호화폐를 비롯한 유체물 등 데이터를 중심으로”, 민사법학 제90호, 한국민사법학회, 2020. 3.

서종희, “가상자산 및 출급청구권의 소멸시효 - 가상자산의 법적성질에 대한 고찰과 함께”, 한국 민사법학회 2025년도 하계학술대회 발표논문 별도 자료집, 한국민사법학회 주최, 제주대학교 법과정책연구원, 법무부 후원, 2025. 6. 21, 5-35면.

서희석, “한국민법에 대한 일본민법의 영향과 향후의 과제: 비교법의 연구대상으로서의 일본민법을 위하여”, 민사법학 제52호, 한국민사법학회, 2010. 12.

성승제, “경제위기 분석과 상사법적 대응방안에 대한 검토”, 法과 政策研究 第12輯 第4號, 韓國法政策學會, 2012. 12.

성희활, “금융법과 금융정책”, 법정책학이란 무엇인가, 한국법정책학회 편, 삼영사, 2015.

송덕수, “우리 민법과 사적 자치”, 민사법학 제88호, 한국민사법학회, 2019. 9.

송옥렬, “상사법학의 동향과 쟁점”, 학문연구의 동향과 쟁점 제8집: 법학, 대한민국학술원, 2018.

송재일, “미래시대 농업·농촌을 위한 법적 과제”, 영남법학 제46호, 영남대학교 법학연구소, 2018.

신영호, “가족법 개정의 동향과 쟁점”, 학문연구의 동향과 쟁점 제8집: 법학, 대한민국학술원, 2018.

신유철, “우리 민법의 자회상과 미래상: 독일민법의 영향과 교훈”, 민사법학 제52호, 2010, 3-34면.

안택식, “기업규제에 관한 법정책”, 법정책학이란 무엇인가, 한국법정책학회 편, 삼영사, 2015.

양창수, “한국민법학 60년의 성과와 앞으로의 과제”, 민사법학 제36호, 한국민사법학회, 2007. 5.

엄동섭, “법인·단체법의 변천과 과제”, 법과 기업연구 제8권 제2호, 통권 제20호, 서강대학교 법학연구소, 2018. 8.

윤석찬, “민법개정과 세계화의 추세: 소멸시효제도를 중심으로”, 법학연구 제47권 제2호, 부산대학교 법학연구소, 2007. 2.

윤진수, “상속법의 변화와 앞으로의 과제”, 우리법 70년의 변화와 전망: 사법을 중심으로: 청헌 김증한 교수 추모논문집간행위원회 편, 법문사 간, 2018.

이부하, “사법에 대한 기본권 영향 – 독일의 법이론을 중심으로 –”, 법과 정책연구, 제9집 제1호, 한국법정책학회, 2009. 6.

이상용, “인공지능과 법인격”, 민사법학 제89호, 한국민사법학회, 2019. 12.

이승우, “친족법의 변화와 앞으로의 과제”, 우리법 70년의 변화와 전망: 사법을 중심으로: 청헌 김증한 교수 추모논문집간행위원회 편, 법문사 간, 2018.

이준민, “법인 및 기관의 가상자산거래에 대한 금융당국의 제한에 대한 평가”, 사적자치와 민사법의 후견적 개입: 한국민사법학회 2025년도 하계학술대회 발표논문 자료집, 한국민사법학회 주최, 제주대학교 법과정책연구원, 법무부 후원, 2025. 6. 21, 163-185면

이철우, “사회속의 법 변동: 탈식민지화와 근대화”, 우리법 70년의 변화와 전망: 사법을 중심으로: 청헌 김증한 교수 추모논문집간행위원회 편, 법문사 간, 2018.

이희배, “가족법(친족·상속법)”, 한국의 학술연구: 법학 II, 대한민국학술원, 2010.

전대규, “시행 50년의 민법전과 민법학에 대한 중국민법의 의미: 중민법의 내용과 그 특징을 중심으로”, 민사법학 제52호, 한국민사법학회, 2010. 12.

鄭肯植, “조선민사령과 한국 근대 민사법”, 동북아법연구, 통권 제11권 제1호, 전북대학교 동북아법연구소, 2017.5.
정신동, “게임산업과 사적자치– 유럽의 게임물등급분류를 참조하여”, 사적자치와 민사법의 후견적 개입: 한국민사법학회 2025년도 하계학술대회 발표논문 자료집(한국민사법학회 주최, 제주대학교 법과정책연구원, 법무부 후원, 2025. 6. 21), 187–200면.
정우형, “부동산과 법정책”, 법정책학이란 무엇인가, 한국법정책학회 편, 삼영사, 2015.
조유진, “인간과 AI의 공존시대, AI는 법적주체가 될 수 있을까?: 미국의 인공지능 관련법과 AI시대 입법의 변화”, 법무사 제633권, 대한법무사협회, 2020. 3.
최봉경, “계약각론 및 사무관리법의 개정착안점에 관한 소고”, 민사법학 제52호, 한국민사 법학회, 2010. 12.
최준영, “끝장난 세계화 – 신생존법 강요받는 한국”, 조선일보, 2025. 7. 30. A30.
함태성, “우리나라 동물법의 현황 및 진단 그리고 향후 과제”, 법과사회 제60호, 법과사회이론학회, 2019. 4.
허지행, “채권유동화와 부종성에 관한 고찰 - 임대차 채권 유동화를 중심으로”, 사적자치와 민사법의 후견적 개입: 한국민사법학회 2025년도 하계학술대회 발표논문 자료집, 한국민사법학회 주최, 제주대학교 법과정책연구원, 법무부 후원, 2025. 6. 21, 140–156면.
황성연, “동남아 시장경제화와 일본에 의한 법정비지원: 북한 시장경제화를 위한 법정비지원에의 시사점”, 통일과 법률, 통권 제43호, 법무부, 2020. 8.

〈국외저서〉

Agape, Justice and Law, ed. by Robert F. Cochran Jr. and Zachary R. Calo, Cambridge University Press, 2017.

Alt Franz, Peter Spiegel, Gerechtigkeit, München, Güterloher Verlaghaus, 2017.

Aivanhov Omraam Mikhael, Das Gesetz der Gerechtigkeit und Das Gesetz der Liebe, Baden-Würtenberg, Rottweil, Prosveta Verlag, 2012.

Auer Marieta, Der privatrechtliche Diskurs der Moderne, Mohr Siebeck, 2014.

Berkhof L., Manual of Christian Doctrine, Michigan, Grand Rapids, WM. B. Eerdmans Publishing Company.

Buchda Gerhard, Das Privatrecht Immanuel Kants, Jena, Fromannsche Buchdruckerei Hermann Pohle, 1929.

Burdick William L., The Principles of Roman Law and Their Relation to Modern Law, New York, Rochester, The Lawyers Co-operative Publishing Co., 2012.

Christianity and Natural Law, ed. by Normann Doe, Cambridge University Press, 2017.

Christianity and Private Law, ed. by Robert Cochran Jr. and Michael P. Moreland, New York, Routeldge, 2021.

Collier Paul, Future of Capitalism: Facing the New Anxieties, New York, Harper Collins Publishers, 2018.

Devenny James, Mel B. Kenny, The Transformation of European Private Law, Cambridge University Press, 2013.

The Goals of Private Law, edited by Andrew Robertson and Tang Hang Wu, Oxford and Portland, Hart Publishing Ltd., 2009.

Gordley James, Foundations of Private Law: Property, Tort, Contract, Unjust Enrichment, Oxford University Press, 2007.

Great Christian Jurists in German Histtory, ed. by Matthias Schmoeckel and John Witte Jr., Mohr Siebeck, 2020.

Hagencord Rainer, Die Würde der Tiere, Gütersloh, Bayern, Gütersloher Verlagshaus, 2011.

Heimerl Hans, Helmuth Pree, Kirchenrecht: Allgemeine Normen und Eherecht, Wien, Springer-Verlag, 1983.

Historisch-Kritischer Kommentar zum BGB(HKK) Band I: Allgemeiner Teil §§ 1-240, hrsg. von Reinhard Zimmermann usw., Mohr Siebeck, 2003.

Historisch-Kritischer Kommentar zum BGB(HKK) Band IV: Familienrecht §§ 1297-1921, hrsg. von Reinhard Zimmermann usw., Mohr Siebeck, 2018.

Interreligiöse Toleranz, hrsg. von Philipp Thull and Hamid Reza Yousefi, Darmstadt, Wissenschaftliche Buchgesellschaft, 2014.

Jónsson Gunnlaugur A., The Image of God: Genesis 1:26-28 in a Century of Old Testament Research, Sweden, Lund, Coiectanea Biblica, 1988.

Kelly J.M., A Short History of Western Legal Theory, Oxford, Clarendon Press, 2003.

Kersting Wolfgang, Theorien der sozialen Gerechtigkeit, Stuttgart, Weimar, Metzler Verlag, 2000.

______, Kant über Recht, Padeborn, Mentos Verlag GmbH, 2004.

Kim Hwa, Die Nacherfüllung als Rechtsbehelf des Käufers nach CISG, deutschem und koreanischem Recht, Studien zum ausländischen und internationalen Privatrecht, Nr. 310, Mohr Siebeck, 2014.

Klappstein Verena, Die Rechtsprechungsänderung für die Zukunft: Eine rechtsmethodische und rechtsvergleichende Untersuchung im Zivilrecht, Berlin, Duncker & Humblot, 2009.

Law and the Bible: Justice, Mercey and Legal Institution, ed. by Rober F. Cochran Jr. and David VanDrunen, IVP Academic, Illinois, Downors Grove, IVP Academic, 2013.

Kortmann Jeroen, Altruism in Private Law, Oxford University Press, 2009.

Lucy William, Philosophy of Private Law, Oxford University Press, 2007.

Menschen und Recht, Festschrift für Erik Wolf zum 70. Geburtstag, Frankfurt/M, Vittorio Klostermann, 1972.

Oakley Francis, Natural Law, Laws of Nature, Natural Right, New York., The Continuum International Publishing Group Inc., 2005.

Osterkamp Thomas, Juristische Gerechtigkeit, Mohr Siebeck, 2004.

The Oxford Handbook of Comparative Law, ed. by Mathias Reimann and Reinhard Zimmermann, Oxford University Press, 2006.

Private Law; Key Encounters with Public Law, edeted by Kit Barker and Darryn Jensen, Cambridge University Press, 2013.

Privatrecht 2050 - Blick in die digitale Zukunft: Jahrbuch Junge Zivilrechtswissenschaft 2019, hrsg, von Beyer et al.,Nomos, 2019.

Raiser Ludwig, Die Zukunft des Privatrechts, Berlin, De Gruyter, 1971, Reprint 2011.

Raiser Thomas, Das lebende Recht, 3. Aufl., Nomos Verlagsgesellschaft, 1999.

Smith Claire-Michelle, Marcus Gatto, Contract Law: A Comparison of Civil Law and Common Law Jurisdictions, New York, Business Expert Press, 2018.

Susskind Richard, The Future of Law: Facing the Challenge of Information Technology, Oxford University Press, 2005.

The Transformation of European Private Law: Harmonisation, Consolidation, Codification or Chaos?, edited by James Devenney and Melkenny, Cambridge University Press, 2013.

Thurow Lester C., The Zero-Sum Society, Basic Books, Inc., 1980.

Toynbee Arnold J., A Study of History (Abridgement by D.C. Somervell), Oxford University Press, 1962.

Watson Alan, The Evolution of Western Private Law, Expanded Edition, The Johns Hopkins University Press, 1985.

Wolf Erik, Das Problem der Naturrechtslehre, 2. Aufl., Karlsruhe, Verlag C.F.Müller, 1959.

Wolterstorff Nicholas, Reason within Bounds of Religion, Michigan, Grand Rapids, William B. Eerdmans Publishing Company, 1999.

______, Justice: Rights and Wrongs, Princeton University Press, 2008.

______, Justice in Love, Michigan, Grand Rapids, William B. Eerdmans Publishing Company, 2015.

Zukunftsperspektiven der Rechtsvergleichung, hrsg. von Reinhard Zimmermann, Mohr Siebeck, 2016.

日本民法典と西歐法傳統, 西村重雄, 兒玉 寬, 編, 九州大學出版會, 2000.

民法學の現在と近未來, 田井義信 編, 法律文化社, 2012.

〈국외논문〉

Biebricher Thomas, “Die Zukunft Europas zwischen Demokratie und Kapitalismus”, Kommentar, 55 . Jg., 2014.

Dreher Anna Ursula, “Zukunft braucht Herkunft”, Forum der Psychoanalyse, H.34, N. 1, 2018. 3. 1.

Franzese Paula A, and Angela C. Camella, “Housing and Hope: Private Property and Catholic Social Teaching”, in: Christianity and Private Law, ed. by Robert F. Cochran Jr and Michael P. Moreland, New York, Routeledge, 2021.

Gazmuri Inigo de la Maza, Alvaro Vidal Olivares, The Principles of Latin American Contract Law(PLACL), ZEuP (Zeitschrift für Europäisches Privatrecht) 28. Jahrgang: Heft 2, 2020, 2020. 2.

Graziano Thomas Kadner, “Zukunft der Zivilrechtskodifikation in Europa – Harmonisierung der alten Gesetzbücher oder Schaffung eines neuen? – Überlegungen anlässlich des 200. Jahrestages des französischen Code Civil”, ZEuP (Zeitschrift für Europäisches Privatrecht), 2005. Heft 3.

Heinrich Dieter, “Privatautonomie, Parteiautonomie (Familienrechtliche) Zukunftsperpektiven”, RabelsZeitschrift fuer auslaendisches und internationales Privatrecht, H.79, N.4, 2015.

Hommes Ulrich, “Reccht und Ideologie”, in: Menschen und Recht, Festschrift für Erik Wolf zum 70. Geburtstag, Frankfurt am Main, Vittorio Klostermann, 1972.

Koch Elisabeth, "Familienrecht im System des Zivilrechts", in: Historisch–Kritischer Kommentar zum BGB(HKK) Band IV: Familienrecht §§ 1297–1921, hrsg. von Reinhard Zimmermann usw., Mohr Siebeck, 2018.

Kortmann Jeroem, Altruism in Privatrecht: Liability for Nonfeasance and Negotiorum Gestio, Oxford University Press, 2009.

Langenbucher Katja, "Rechtsprechung mit Wirkung für die Zukunft", Juristen Zeitung(JZ), 58. Jahrg., Nr. 23, 5. Dezember 2003.

Meder Stephan, "Diskriminierung der Frauen in die Geschichte des Rechts", in: Historisch–Kritischer Kommentar zum BGB(HKK) Band IV: Familienrecht §§ 1297–1921, hrsg. von Reinhard Zimmermann usw., Mohr Siebeck, 2018.

______, "Das BGB und die Frauenbewegung", in: Historisch– Kritischer Kommentar zum BGB(HKK) Band IV: Familienrecht §§ 1297–1921, hrsg. von Reinhard Zimmermann usw., Mohr Siebeck, 2018.

Oskamp, Anja, "Book Review: The Future of Law; Facing Challenges of Information Technology, by Richard Susskind", Artificial Intelligence and Law, H.7, N. 4, ProQuest, Springer, 1999.

Sandrock Otto, "Das Privatrecht am Ausgang des 20. Jahrhunderts: Deutschland — Europa — und die Welt", Juristen Zeitung(JZ), 51. Jahrg., Nr. 1, am 5. Januar 1996.

Schmoeckel Mathias, "Christlische Theologie und die Konzeption des Familienrechts:, in: Historisch–Kritischer Kommentar zum BGB(HKK) Band IV: Familienrecht §§ 1297– 1921, hrsg. von Reinhard Zimmermann usw., Mohr Siebeck, 2018.

Wagner Gerhard, "Corona Law", ZEuP(Zeitschrift für Europäisches Privatrecht), Heft 3 2020, 28. Jahrgang.

Warter Johnnes, "Vertragsrechtliche Fragen plattformbasierter Wirtschaft", in: Privatrecht 2050 - Blick in die digitale Zukunft: Jahrbuch Junge Zivilrechtswissenschaft 2019, hrsg, von Beyer et al., Nomos, 2019.

Zimmermann Reinhard, "Das Bürgerliche Gesetzbuch und die Entwicklung des Bürgerlichen Rechts", in: Historisch－Kritischer Kommentar zum BGB(HKK) Band I: Allgemeiner Teil §§ 1－240, hrsg. von Reinhard Zimmermann usw., Mohr Siebeck, 2003.

〈자료집〉

2004년 법무부 민법개정안: 총칙 · 물권법, 법무부 민법개정자료팀 편, 법무부, 2012.

2004년 법무부 민법개정안: 채권법 · 부록, 법무부 민법개정자료팀 편, 법무부, 2012.

2013년 법무부 민법개정시안: 총칙 편, 법무부 민법개정자료팀 편, 법무부, 2013.

2013년 법무부 민법개정시안: 물권편, 법무부 민법개정자료팀 편, 법무부, 2013.

2013년 법무부 민법개정시안: 채권편 上, 법무부 민법개정자료팀 편, 법무부, 2013.

2013년 법무부 민법개정안: 채권편 下, 법무부 민법개정자료팀 편, 법무부, 2013.

2018년 민법일부개정법률(알기 쉬운 민법)안에 관한 민법학자의견서, 한국민사법학회 편, 유원북스, 2018. 4. 19.

기업의 자유와 공정의 가치: 신현윤 교수 정년기념학술대회발표 논문집, 연세대학교 법학연구원, 2020. 8. 20.

민법, 민사소송법의 회고와 전망: 민법, 민사소송법 시행 60주년 공동학술회의 자료집, 대법원, 한국민사법학회, 한국민사소송법학회 공동주최, 2020. 11. 6－11. 7.

민법의 해석상 쟁점들 및 현대적 방향: 2020년 한국민사법학회 민법시행 60주년 기념 추계공동학술대회 제2부 자료집, 한국민사법학회, 고려대학교 법학연구원, 서울시립대학교 법학연구소, 한양대학교 법학연구소 주최, 2020. 11. 7.

AI와 법 그리고 인간: 사법정책연구원 주최 학술회의 자료집, 2019. 12. 18.

ELI(European Law Institute) Principles for the COVID-19 Crisis, April 2020.

사항색인

[ㅇ]

<영문편>

Nr.9, Studies of Law,
the Bible and History

Historical Development of Korean Civil Law
(1960-2025)

[Table of Contents]

Chapter 1 Introduction

Chapter 2 The Process and Characteristics of Change in Korean Society

Chapter 3 Progress and Contents of Civil Law's Responses

Abbreviation

ABB: Assets－Backed Bond

ABS: Assets－Backed Security

AGG: Allgemeines Gleichbehandlungsgesetz

CISG: United Nations Convention on Contracts for the International Sale of Goods

COVID－19: Corona Virus Disease of 2019

et seq.: et sequens

EU: European Union; Europäische Union

ff.: and the following articles

IBRD: International Bank for Reconstruction and Developement

KCC: Korean Civil Code

MBB: Mortgage－Backed Bond

MBS: Mortgage－Backed Security

NAS: The National Academy of Sciences, Republic of Korea

WTO: World Trade Organization

Chapter 1

Introduction

Ⅰ. Relationship between Social Change and Civil Law

Ⅱ. Composition and Ideological Foundation of Korean Civil Law

Ⅲ. Temporal Range of Objects to be Considered: From Enforcement of Korean Civil Code (1960) to the Present

Chapter 1

Introduction

Ⅰ. Relationship between Social Change and Civil Law

The historian Arnold Joseph Toynbee (1889-1975) argued that the development of history follows a pattern of challenge and response.[1] In line with Toynbee's perspective, the history of law can likewise be understood as a process in which human beings have responded to the challenges of social change by formulating optimal norms for living together in society. In particular, the civil law regulating human life can be said to be the process of responding to social changes as the norm of daily legal life that allows humans to live the safest and most prosperous life. Likewise, the law continues to change. In addition, changes from outside play a big role in that change.[2] Therefore, the change of law is its

1) Arnold J. Toynbee, A Study of History (Abridgement by D.C. Somervell, Oxford University Press, 1962), pp. 60ff..

2) The Goals of Private Law (ed. by Andrew Robertson and Tang Hang Wu, Oregon, Hart Publishing, 2009), p. 202.

response to social changes.

There could be various methods for examining the law. If the law would be approached as a response to the challenges of social changes by the method of examining the process of implementation and revision of legal norms, the establishment and revision of the legal system, and the establishment and application of precedents and theories on such legal norms, it would be possible to understand and to establish the changes of the law in the past and legally to respond against the challenges appropriately, which the future society will face.

All human beings have aspired for a happy and good life, and in such a society humans have gathered and have worked tirelessly to create and realize social systems based on the social ideology and ideas, by which these aspirations of society members can achieve. Human activities in the field of law for such human happiness and good life have generated the history of law. In addition, the law is a part of the culture of human society, and human activities in the laws have formed the legal culture, from which we believe that the understanding of the history of law is an essential premise for finding the most appropriate legal system and way for law operation in the future society.

Law has such characteristics that it differs by people and by country, which has been true over a long history of time. However, law as a cultural phenomenon has developed into a relationship, in which laws are propagated and influenced each other, since it is also transmitted to different peoples and countries without being confined to one nation.[3)]

Thus, even when examining the history of law, the need for a comparative study[4)] of not only the historical examination of the domestic law but also the change of foreign law in response to social changes in foreign countries has become more necessary than ever. However, in this paper, the change of the Korean civil law will be examined with a focus on the response of the Korean civil law to the changes in Korean society. With regard to what makes up of this paper, the response of civil law to changes in Korean society will be discussed from a macro perspective in the main text, and more specific and detailed content will be explained in footnotes.

Ⅱ. Composition and Ideological Foundation of Korean Civil Law

In order to examine how the Korean civil law has responded to changes in Korean society, it is necessary to understand the

3) This migration of law is called as roaming of law(Wanderung des Rechts). Foreign or other national laws have been adopted and systematized academically, and transformed into domestic laws. However, the laws formed into national laws have been maintained only as their own domestic laws(Landesrecht) due to the prioritization of their own domestic laws. With the creation and development of comparative law(Rechtsvergleichung), the scope of mutual understanding of foreign laws has been broadened. In addition, with the change of the times towards globalization and internationalization, domestic laws also went beyond their national territories and sovereignty, and with the advent of supranational laws that have effect beyond their own countries, or transnational laws that are common among nationals of each country, continued in these days.

4) This is called the legal history of comparative law(geschichtliche Rechtsvergleichung).

ideological basis of the current Korean civil law, especially the Korean Civil Code, and the conditions of the times when it was enacted. Although our Korean Civil Code was enacted in 1958 and enforced since 1960, the basic ideology and philosophy of civil law was established on the basis of the Western modern ideology. Therefore, the Korean Civil Code has inherited the ideas of modern civil law in the West. The Western modern ideology is based on individualism and liberalism, which recognizes human beings as rational beings and guarantees free activities by reason.[5)] Built upon the ideological basis of individualism and liberalism, the modern civil law of the West was enacted, which is based on the modern capitalism that emphasizes the market economy as a place of economic activity as a venue of private property system through guaranteeing private ownership(Privateigentum) of the means of production. Korean Civil Code was also enacted by accepting and adopting the ideology and legal system of Western modern civil law. Therefore, Korean Civil Code also guarantees private ownership of means of production and protects and safeguards modern capitalism

5) There are scholars who call individualism as the child of civil society (See, Arietta Auer, Der privatrechtliche Diskurs der Moderne (Mohr Siehbeck, 2014), S. 77). The idea of individualism began with the thought of William of Ockham (ca. 1287-1347), a medieval voluntarist, and was passed down to the Enlightenment in modern times, and the Reformers also contributed to the development of individualism. This individualism has been established and developed as an ideology for the wealthy. As a result, individualism was created and developed as an possessive individualism (See, Nicholas Wolterstorff, Justice: Rights and Wrongs (Princeton University Press, 2008), pp. 12, 43, 51, 63). Even today, the individualism centered on the haves still works strongly, and this individualism of the haves centered on the possessives has developed into libertarianism(Libetarismus).

that recognizes a free market economy. In summary, Korean Civil Code recognizes the dignity and reason of the individual person, recognizes and guarantees such individual freedom, and recognizes the private property system and its essential elements, the private property right, as the property basis for human beings to live as dignified human beings. The contents of the Civil Code are based on and composed of the ideas that free economic activities of individuals are carried out through the market and that individuals can accumulate wealth and live a happy and good life through free economic activities in the market.

These ideological foundations of modern civil law, such as liberalism, individualism, guarantee of private property rights, and capitalism in a market economy, emerged along with modern society. Although undergoing many modifications according to the changes of the times, they are still maintained as the basic ideology of civil law today and through the manifestation of these ideologies, society became prosperous and civilization developed. The capitalist society of liberalism, individualism, guarantee of private owership of means of production, and market economy is expected to continue to develop in the future, and it is also expected that it will be modified and developed in a way that enables all members of society to live a happy and good life like a dignified human being.

In the West, pursuing such liberalism, individualism, guarantee of private property rights and a market economy, and taking them as the basic ideologies of modern civil law, they became modern guiding ideologies as the desire for human liberation from the status–constrained society of the feudal economy of the Middle Ages. Therefore, they were conceived as a resistance against the status–binding society of the Middle Ages.

However, this modern ideology was ideologically applicable to all peoples without exception, but in reality, it functioned more as an ideology to guarantee the personality, wealth and activities of the peoples who have property.[6)]

The ideological basis of the modern civil law in the West was embodied as a legal norm in the Western modern civil law, Japan adopted and enacted it into the Japanese Civil Code[7)], which was applied[8)] to the old Korean Civil Code. When the current Korean Civil Code was enacted, the modern ideology of liberal individualism in the West became the basic ideology in the civil law. In this way, the current Civil Code in Korea is the Code established as a specific legal system that allows Western modern liberalism and individualistic ideology to function properly in the Korean society.

6) As such, the law is embedded in a specific ideology. To break the ideology that binds the law, there should come a change in society. Only then does the law begin to work for the realization of a new ideology beyond the existing ideology (See, Ulrich Hommes, "Recht und Ideologie", in: Mensch und Recht: Festschrift für Erik Wolf zum 70. Geburtstag, Frankfurt am Main, Vittorio Klostermann, 1972), S. 87).

7) In the current Japanese Civil Code, the property law part was enacted in 1896, the family law part was enacted in 1898, and in 1898 both were implemented simultaneously. In 2017, Japan finished to modernize its law of obligations, and the revised Civil Code of Japan reflecting this modernization came into effect in 2020.

8) In the history of civil law, this is called adoption without any change, and the Japanese civil law that was adopted is Korean's old civil law. In Korea, the Japanese civil law which had been adopted into the law in 1912 by the Chosun Civil Affairs Ordinance remained in effect as then current Korean civil law until the end of 1959.

Ⅲ. Temporal Range of Objects to be Considered: From Enforcement of Korean Civil Code (1960) to the Present

The changes in Korean society and the Korean Civil Code's responses to them that this treatise intends to consider are limited to the period from the enforcement of the current Korean Civil Code to the present, i.e., to the end of 2025, while the task of this treatise is to determine how the Korean society will change in the foreseeable future, and to suggest the development direction of the Korean Civil Code, which can be said to be sustainable and ideal, and to be able to cope with the social changes.

The reason that the theme of this study is limited to the period after the enforcement of the current Korean Civil Code is that the old Civil Code is not the Korean Civil Code's responses to changes in the society, since it was the contemporary Japanese Civil Code. Although the current Korean Civil Code was enacted on the basis of the old Civil Code, there are fundamental changes in the legal principles of the current Korean Civil Code from the old one. Above all, it is because there was a change in the legal principles of the old Civil Code since the old Civil Code took the legislative attitude with respect to transfer of real rights that a method of public notice, i.e., registration of real property right into land registration book and delivery of possession of personal property shall be regarded as a requirement for claiming the transfer of real right to the third party

(Intentionalismus), but the current Korean Civil Code was converted to the legislative attitude that a method of public notice shall be regarded as a requirement for the transfer of real right itself between grantor and grantee (Formalismus). In addition, the Japanese Civil Code, as amended in 1947, additionally stipulates that private rights must be suitable for public welfare in Article 1, Paragraph 1 of the Japanese Civil Code, ideologically suggesting the possibility of public regulation over daily private legal lives of citizens. However, the current Korean Civil Code was enacted by the country itself, and it is different from the Japanese Civil Code in its ideology and basic legal principles.

The Korean society in the age of the old Civil Code was not an autonomous Korean society that developed by its own decisions. Thus, this treatise confines the period after the enforcement of the current Korean Civil Code which intended to properly regulate Korea's autonomous and unique society in order to overcome heteronomous old Civil Code era in Korea. The time and the theme were limited to consider from the time after the enforcement of the current Korean Civil Code.

Korea's current Civil Code came into force in 1960, but its enactment was made in 1958. However, with the enactment and promulgation[9] of the organization of the Civil Code Compilation Committee under the Presidential Decree in 1948, work for the enactment of the current Civil Code began. After that, the Civil Code enactment work continued even during the Korean War, and the

9) It was Presidential Decree No. 4 of September 15, 1948.

draft of the Civil Code was made in 1953, submitted to the National Assembly in 1954, and enacted in 1958.[10)]

Since the enforcement of the Civil Code, the family law in the Civil Code has been revised several times to respond flexibly to changes in the times, but it can be evaluated that the property law in the Civil Code has taken a method of responding to the changes of the times by enacting the special civil acts rather than the revision of the Civil Code.

10) The drafting of the current Civil Code began on December 15, 1948, and the draft was made on July 4, 1953, and on December 26, 1954, it was submitted to the National Assembly as a bill drafted by the government. It was promulgated as Law No. 471 on February 22, 1958, and came into effect on January 1, 1960. For the detailed historical process of civil law enactment, see Kim Sang Yong(original author), Chun Kyung Woon's supplement, General Parts of Civil Law (4th edition, Hwasan Media, 2018), pp. 70–72.

Chapter 2

The Process and Characteristics of Change in Korean Society

Chapter 2

The Process and Characteristics of Change in Korean Society

Chapter 2

The Process and Characteristics of Change in Korean Society

Ⅰ. Process and Characteristics of Korea's Social Change

More than 60 years have passed since our current Civil Code was implemented. During the period of more than 60 years, Korean society has been rapidly developed and changed in a compact way. In particular, it is evaluated that Korean society developed and changed in a compressed manner due to the compressed economic growth. Prior to the enforcement of the Korea Civil Code, Korean society was an agricultural society. After the Korean Civil Code was implemented, Korean society went through urbanization and industrialization, and entered into a globalized and internationalized society. In addition, with the development of science and technology, it has developed into a highly intelligent information society, which is now called the 4th industrial revolution. Furthermore, it rapidly entered into the nuclear family and aging society, progressing from a communal traditional society to an extreme individualistic society.

After the enactment of the Korean Civil Code and its implementation, the family structure and its culture in Korean society have been characterized by relaxation of family solidarity, weakening of group family ethics, a decrease in the fertility rate due to strengthened individualism, an increase in divorce, smaller family size, an aging population, diversification of family types, deinstitutionalization of marriage, and especially child protection have been also developed as the demands of the times.[1)]

It is evaluated that all these social changes proceeded simultaneously and in a compressed manner. It is thought that the successful hosting of the 1988 Seoul Olympics was the turning point for Korean society over the past 60 years. Considering that the period before the Olympics was a period of preparation for a leap forward, it can be evaluated that Korea has achieved a dynamic society by actively participating in the flow of world history with confidence.

It is also evaluated that before the Seoul Olympics the Korean society had been in the era of industrialization and urbanization.

1) Lee Seung Woo, "Changes in the Kinship Law and Future Tasks", in: Changes and Prospects of the Korean Law in 70 Years: Focusing on the Private Law: Compilation of the Cheongheon Kim Jeung Han Commemorative Treatises Publishing Committee (Beobmunsa, 2018), p. 532.

After the Seoul Olympics, there emerged globalization, advanced development into an intelligent information society, rapid progress toward aging and an increase in divorce. Due to the extreme individualism, the children have not been taken care fully by divorced parents. Therefore, child protection issues followed simultaneously as a new social challenge. On the whole, it is judged that these social changes along with the guarantee and expansion of freedom have developed into a very individualistic society.

Ⅱ. Characteristics of Civil Law Responses

To the question of whether the contents of the civil laws have been established into the people's legal consciousness by flexibly responding to the change of Korean society toward such a highly compressed social economy over the past 60 years and have properly regulated the people's legal life, the question cannot be answered only positively. It seems reasonable to evaluate that the consciousness of the people did not keep up with social changes. At the time when the Korean Civil Code was enacted, the society was filled with a strong traditional consciousness centered on agriculture. Although the Korean Civil Code was enacted using the Western modern civil law as an example, it was not enacted on the basis of the traditional society, but rather as a code enacted by introducing the civil law contents of the developed Western industrial society. Thus, It is not evaluated as a code that properly regulates the

Korean society. It should have been continuously revised so that the Korean Civil Code could properly respond to changes in Korean society. Though it is evaluated that the family law in the Korean Civil Code has been developed to accommodate social changes by amending it several times, the property law in the Korean Civil Code was dealt with by enacting special civil acts and neglecting to amend the Civil Code itself, so that the part of the property law in the Korean Civil Code did not properly respond to social changes, resulting in a kind of dead law.2) Therefore, in the responses of Korean Civil Code to changes in Korean society, it can be evaluated that the family law in the Korean Civil Code is a living law while the property law in the Korean Civil Code is supplemented only through the enactment of many special acts. Therefore, most of the special civil acts are concentrated on the property law.

As a result, it is evaluated that the Korean Civil Code did not

2) For example, Korean Civil Code prohibits the establishment of real (dinglich) leasehold right (Cheonse—Kwon) to farmland in order to revitalize the purpose of land reform (Civil Law Article 303 Paragraph 2). Although lease of farmland is permitted today, the Civil Code still prohibits the establishment of lease—hold right (Cheonse—Kwon) to farmland. Even though real estate collateral is mainly set up with rights to collateral security in financial practice, there is only one article (Article 357 of the Civil Code) regarding collateral security, so it is evaluated that there is a large gap between the real estate security service and the Civil Code regulations. Civil law is required to be a living civil law (lebendiges Recht) in which the civil law can be practiced in the daily legal life of the people by establishing a legal consciousness (Rechtsbewußtsein) in the people's civil legal life. However, our civil law was stipulated as a content that did not properly regulate Korean society from the time it was enacted, and after the enforcement of the civil law, amendments and supplements due to the compressed changes in Korean society could not be made in a timely manner, so the contents of the civil law did not affect the people's legal consciousness. It is evaluated that they did not settle into life as a result.

adequately respond to the compact changes in Korean society. Rather, it has been coping with the enactment and revision of numerous special civil acts. Therefore, it is not an exaggeration to say that today, especially in the property law in the Korean Civil Code, the special civil law might be a general law and the property law in the Korean Civil Code might become an exceptional law. In particular, the advent of the age of artificial intelligence has led to changes in civil law mainly through special civil statutes, while the Civil Code itself has hardly incorporated any provisions reflecting the era of artificial intelligence.

In addition, Korean society was greatly influenced by continental Europe, but after World War II, the influence of the United States made a big wave, which made changes in Korean society. Civil law was also greatly influenced by Continental Law, but now, as the influence of the Anglo−American law is gradually increasing, it is evaluated that our civil law cannot adequately respond to changes in Korean society. It can be evaluated that there has been the adoption of Anglo−American law on the basis of the courts of the European Continental Law.[3)]

3) The legislation of the punitive damages system developed in the Anglo−American law is being made. Furthermore, the class action system is being expanded. Therefore, the review of whether the expansion of the punitive damages system and of the class action system would be suitable in our society and appropriate ways to settle into the people's consciousness should be continued. The system of discovery in evidence investigation shall be expanded more broadly. As the legal education system is converted into an Anglo−American style, it is thought that a continuous review should be followed on how to manage and operate the civil law in order to transform the nearly dead civil law into a living civil law.

Chapter 3

Progress and Contents of Civil Law's Responses

I. Changes in Legal Principles in Civil Law and Overview of Responses in Civil Law
II. Civil Code Responses
III. Special Civil Law Responses
IV. Responses of Precedents
V. Responses of Legal Theory of Civil Law
VI. Diversification of Remedy for Private Rights
VII. Evaluation

Chapter 3

Progress and Contents of Civil Law's Responses

Ⅰ. Changes in Legal Principles in Civil Law and Overview of Responses in Civil Law

The Korean Civil Code (KCC) was enacted in 1958 and has been in force since 1960. Before that, the old Civil Code was the Japanese Civil Code. At the time of enacting the Korean Civil Code, the most important legislative intention of the legislators was to enact the Korean Civil Code, which was different from the Japanese Civil Code, that is, the old Civil Code. The most important change in the Civil Code from the old Civil Code was the change of the legislative attitude related with the transfer of real rights from the registration requisite for counteraction to the third party (Intentionalismus) to the attitude that the registration shall be regarded as a requirement for the transfer itself (Formalismus).[1)]

1) In addition to the transition to the principle of establishment requirements for changes in property rights, there are provisions for collective ownership in the Civil

Thus, the registration was a requirement for claiming the transfer of the real rights to the third party in the old Civil Code, but it is now a requirement for establishment of the transfer itself in the current Korean Civil Code[2] (Articles 186 and 188 (1) KCC).

In the course of the enactment and implementation of the

Code(Article 275ff. KCC) and regulations on Korea's unique real (dinglich) leasehold rights, i.e. Cheonse-Kwon(Article 303ff. KCC). In addition, the private tenancy rights, lien rights, and real estate pledges under the old Civil Code were not stipulated in the current Civil Code.

2) In the counter-requirement system, there were many real properties which are not registered under their owners' name because registration was not a requirement for change of real property rights. In accordance with the transition to the principle of establishment requirements, the actual owner and the title holder on the register had to be matched. In order to match the register with reality, it has been continuing since the enactment of the Korean Civil Code to require the actual owner to change registration to his name on the register. When the Korean Civil Code was enacted, in Article 10 of the Addendum of the KCC, the actual owner is required to register the transfer within the statutory period of 3 years, and then the statutory period is extended to 2 years and 1 year through two revisions of the competent additional clause in 1962 and 1964, and when the extended statutory period expired, the registration period was extended by another 10 years according to the judgements of the Supreme Court (Judgement of Supreme Court, 1966. 9. 17. 66 Da 1150; Judgement of Supreme Court, 1968. 11. 5. 68 Da 797), and even after that, the real estate is not registered by real owner. Therefore, after such abovementioned judgements, the Supreme Court decided through another new judgements, that the claim for registration of the possessive owner to the registered owner shall be excluded from the object of extinctive prescription (Judgement of the Supreme Court 1976. 11.23. 76 Da 342; Judgement of the Supreme Court 1976. 11. 23. 76 Da 546). After that, additional statutory measures were taken for actual owner with possession to apply registration of actual possessive ownership through simple way. For that purpose, the Real Estate Ownership Transfer Registration Act (official name: Act on Special Measures for Registration of Transfer of Real Estate Ownership, etc.) was enacted 9 times again and again as the limited time acts, and the actual possessive owner alone under his or her name only with the guaranty of his neighbors allowed to apply for registration. Through such registration, actual possessive owner can be changed into real registered owner. In 2020, the Act on Special Measures for the Registration of Transfer of Real Estate Ownership, etc. was newly enacted for temporary and enforced in 2020, and work on matching the actual owner and the owner's name on the register are still continued.

current Civil Code, the civil law responses to changes in Korean society has been dealt through several revisions of the family law in the Civil Code while the property law responded to changes in Korean society by enacting special civil acts rather than revising the property law in the Civil Code. As a result, it is evaluated that the family law in the Civil Code might be a living civil law and the property law in the Civil Code might become a kind of a dead law. In the meantime, two rounds of efforts have been made drastically to amend the property law, but only a few articles have been made successfully, and most of responses were enactment of special civil acts.

In addition, many theories and precedents have been accumulated to respond to social changes, and civil rights remedy system have been expanded in many ways. The selective use of civil litigation and civil conciliation is allowed, and various special conciliation systems according to the special acts are widely recognized. In additon, the arbitration system is recognized, and, although partially, class action and action by association (Verbandsklage) are also recognized. In the case of damages, recognition of punitive damages other than actual damages has been expanded.

Ⅱ. Civil Code Responses

1. Responses of Property Law in the Civil Code

(1) Partial Revision to the Property Law in 1984

After the Civil Code was enacted and enforced, as one of the reform policies of laws impeding the growth and development by the 5th Republic of Korea, the revision work embarked in 1981, and the amendment was prepared in 1982. In 1984, for the first time, a very partial amendment of the property law in the Korean Civil Code was made. Missing aircraft was added to the special disappearance list, the period of special disappearance was shortened to one year (Article 27, Paragraph 2 KCC (Korean Civil Code)), partitioned and divided superficies was enacted[3] (Article 289-2 KCC). And the right to preferential reimbursement was granted to the lease-hold rights (Cheonsekwon) holder and it also clarified that the legal nature of the right is also a security right together with the using right (Article 303 Paragraph 1 KCC), revised the shortest duration of the right to lease a building to one year (Article 312 Paragraph 2 KCC), stipulated the right to request increase or decrease in lease deposit amount and in case of increasing claims, the maximum limit was defined (Article 312-2 KCC). Among these civil laws, the Provisional Registration Security Act (1983) and the Collective Building Act (1984) were enacted as special civil acts along with the revision of the property law in the Korean Civil Code.

3) Legislation of partitioned and divided superficies was made to respond to the necessity of the construction of the subway and the large-scale underground development.

(2) Preparation of Full Amendments to Property Law and Failure to Enact Legislation in 2004

In 1999, work began to revise the entire property law in the Korean Civil Code. In 2004, an amendment bill was prepared and submitted to the National Assembly as a government bill. However, as the session of the 17th National Assembly at that time expired, the amendment to the property law in the Korean Civil Code was abolished in 2008.[4)] Among these civil laws, the amendment to the property law is generally referred to as the 2004 Civil Code Amendment.

Among the amendments to the property law in 2004, it is particularly noteworthy that, in the establishment of a juristic person (association and foundation), the principle is changed from the principle of permission to the principle of authorization, and with respect to the right to collateral security, taking the provision of the Japanese Civil Code as an example,[5)] the right to collateral security is accessory to the basic contract, so that comprehensive floating sum mortgage was not allowed.[6)] After the failure of the revision of the property law, legislation to protect the surety was necessary from a

4) According to the proviso to Article 51 of the Constitution, bills submitted to the National Assembly are automatically abandonded when the term of office of the National Assembly expires.

5) Under the Japanese Civil Code, the right to collateral security was enacted by the amendment of the same Civil Code in 1971.

6) In this regard, see Kim Sang Yong, "Opinion on Legislation of Rights to Collateral Security: Focusing on Prohibition of Comprehensive Floating Sum Mortgage," Real Estate Focus Vol.104 (KAB(Korea Appraisal Board), Real Estate Research Institute, Jan. 25, 2017), pp. 47–70.

socio-economic point of view. So, in 2008, the Guarantor Protection Act (official name: Special Act for the Protection of Guarantees) was enacted to stipulate the guaranty (Article 6 of the same Act), but the comprehensive floating guaranty was not allowed.

(3) Preparation of Full Amendment to Property Law and Partial Revision in 2014

Following the failure of the enactment of the full amendment of the property law in the Korean Civil Code in 2004, the second amendment work of the property law in the Korean Civil Code was started in 2009, and a revised proposal was prepared in 2014. This time, not as in 2004, it was decided not to take the method of submitting all of the amendment bills to the National Assembly, but rather to take the method of dividing the amendment bills into parts and submitting the partial amendment bills to the National Assembly sequentially. Therefore, in 2011, the lawful majority age was lowered to 19 from 20 and the adult guardianship system was legislated, and in 2015, the travel contract legislation and regulations on guaranteed obligations were amended. Other than these, amendments to the property law were not enacted in the Korean Civil Code. Amendments to liens were submitted to the National Assembly in 2013 and amendments to juristic person in 2014, respectively, but they were all discarded and abandoned at the same time of the end of the 19th National Assembly's session in 2016. Then, in 2016, the driving force for the revision of the Civil Code was weakened due to the chaos of the impeachment against the president, and in 2017, the basic idea concerning the Korean Civil Code was changed due to the change of government. Thus, the revision of the property law in the Korean Civil Code for the modernization of the civil law is no longer advanced.[7)]

The adult guardianship system is a guardianship system that enables the protection of property and maintenance of life for the adult person who cannot manage their own affairs, both mentally and physically, due to the aging of the population. In the past, the incapacitated person system was legislated and operated to protect the property of those who are mentally unable to manage their own property. Under the adult guardianship system, the incapacitated person system was converted into a system for persons with limited capacity to act in order to maintain the property and livelihood of the adult person who are not able to manage their own affairs physically as well as mentally.

In the area of adult guardianship, legislation has established four types: adult guardianship (Article 9(1) KCC), limited guardianship (Article 12(1) KCC), specific guardianship (Article 14–2 KCC), and voluntary guardianship (Article 959–14ff. KCC). Adult guardianship applies to individuals who are continuously unable to handle their affairs due to

7) Germany had already revised its Civil Code in 2001 to modernize civil law, and this amendment took effect in 2002. Japan similarly amended its Civil Code in 2017 for modernization, with the revision taking effect in 2020. In contrast, South Korea is assessed as lacking both a sufficient understanding of the ideas, content, and procedures necessary for the modernization of its Civil Code and the political momentum to implement such modernization. In 2023, the third Civil Code (Property Law) Revision Committee was reconstituted for the purpose of amending property law.

mental limitations caused by illness, disability, aging, or other reasons. It is initiated by a decision of the Family Court upon the request of the individual concerned, their spouse, a relative within the fourth degree of kinship, a minor's guardian or his/her supervisor, a limited guardian or his/her supervisor, a specific guardian or his/her supervisor, the public prosecutor, or the head of a local government(Article 9 KCC). Adult guardianship (Article 9 of the Civil Code) is granted by court decision to individuals deemed fully incapable of managing their affairs. Limited guardianship (Article 12 KCC) applies to individuals who are partially unable to handle their affairs due to mental limitations from illness, disability, aging, or other causes, and have received a ruling for the initiation of limited guardianship. Specific guardianship (Article 14-2 KCC) applies to individuals who, due to such mental limitations, require temporary assistance or support limited to certain matters. The family court may appoint a specific guardian upon petition. Voluntary guardianship (Article 959-14(1) KCC) is based on a guardianship agreement, where a person, in anticipation of or in preparation for a situation where they may become unable to manage their affairs due to mental limitations from illness, disability, or aging, entrusts all or part of the tasks concerning property management and personal care to another person and grants them the authority to act on their behalf.

Except for voluntary guardianship, all other forms of adult guardianship are initiated by a ruling of the family court, which also supervises the guardian. Guardians may be either natural persons or legal entities, and more than one guardian may be appointed (Article

930 KCC). A voluntary guardianship agreement must be made in the form of a notarial deed (Article 959–14(2) KCC), and voluntary guardianship only begins when the family court appoints a supervisor for the voluntary guardian (Article 959–14(3) KCC).

These various forms of adult guardianship are all designed to be subject to strict supervision by the family court.[8)]

Recently, there has been a growing argument that the adult guardianship system should transit from a representative decision–making model, where the guardian, as a legal representative, makes decisions on behalf of the ward, to a supported decision–making model that assists the ward in making their own decisions by supporting their decision–making capacity.[9)]

To elaborate further on this, the adult guardianship system is a decision–making system in which a representative makes decisions on behalf of a person(principal) who lacks decision–making capacity and attributes the results of those decisions to that person. In such cases, discrepancies may arise between the genuine will of the principal and the will of the representative acting in the principal's interest. Even when the principal retains some ability to make decisions independently, the representative ends up making decisions for them.

8) For more details on adult guardianship, see Kim Sang Yong, supplemented by Chun Kyeong Woon, Textbook of the General Parts of Civil Law (4th Edition, Hwasan Media Publishing Co., 2018), pp. 175–205.

9) In this regard, see In–Hwan Park, "Private Autonomy and Legal Capacity – In Light of Article 12 of the Convention on the Rights of Persons with Disabilities," presented at the 2025 Summer Conference of the Korean Civil Law Association, Private Autonomy and Protective Intervention in Civil Law (hosted by the Korean Civil Law Association, co–hosted by the Legal Policy Research Institute of Jeju National University and supported by the Ministry of Justice, June 21, 2025), pp. 37–55.

This does not conform to the legal principle of true private autonomy. In such instances, a decision-making support system is needed to enable the person to make their own decisions. However, the current adult guardianship system is fundamentally based on the principle of substituted decision-making by the representative (i.e., the guardian), and it does not include content that supports the principal's own decision-making.

Accordingly, there is a global shift toward transforming the adult guardianship system into a decision-making support system that enables individuals with limited decision-making capacity to determine their own intentions. This transition has accelerated particularly after the adoption in 2006 and entry into force in 2008 of the United Nations Convention on the Rights of Persons with Disabilities (CRPD). Since then, the international paradigm of protection for mentally and physically vulnerable adults has been shifting from intervention for protection to support for autonomy. This transformation into a decision-making support system is increasingly being recognized as an essential mechanism for the realization of private autonomy for persons with decision-making disabilities.

In Korea, although the Civil Code has not formally incorporated provisions for decision-making support within the adult guardianship system, several acts have been enacted to indirectly support the decision-making of individuals who lack legal capacity. Specific acts related to decision-making support include the Act on the Guarantee of Rights and Support for Persons with Developmental Disabilities (enacted in 2014, effective in 2015), the Mental Health Promotion and

Welfare Services for Persons with Mental Disorders Act (enacted in 2016, effective in 2017), the Dementia Management Act (enacted in 2017, effective in 2028), and the ratification of the UN Convention on the Rights of Persons with Disabilities in 2008. In addition, existing laws such as the Act on the Prohibition of Discrimination against Persons with Disabilities and Remedy against Infringement of their Rights (commonly shortened as the Anti–Discrimination Act for the Disabled, enacted in 2007, effective in 2008) and the Welfare of the Aged Act (enacted in 1997, effective in 1998) have already been enacted and implemented to protect individuals lacking decision–making capacity.

Furthermore, even when a guardian makes decisions on behalf of the principal, the guardian, as the representative, must endeavor to make decisions that the principal would have made if he/she had decision–making capacity, taking into account the principal's values, personality, beliefs, and lifestyle etc.. When the principal's will cannot be determined, the guardian must strive to identify and realize the presumed will of the principal.[10)]

10) For further discussion on decision–making support systems, see: Park In–Hwan, "Tasks of Civil Law in an Ultra–Aged Society: Adult Guardianship and Personal Decision–Making from the Perspective of Respecting the Autonomy of the Elderly," in Civil Law in Pluralism and Convergence: Commemorative Essays for Professor Yoon Jin–Soo's Retirement, Bakyoungsa, June 2025, pp. 191-227.

(4) Preparation of Amendment Bill for Revision of Terms in the Civil Code in 2017

The terms in the current Civil Code are often used as they are in the Japanese Civil Code, and they are used in a different meaning from the terms in everyday life. Therefore, it was difficult for the general public to understand the terms of the Korean Civil Code. Under the influence of the anti-Japanese trend that began to emerge with the new administration in 2017, attempts were made to revise the terminology of the Korean Civil Code rather than amending or supplementing the contents of the Korean Civil Code. In 2017, an easy-to-understand Civil Code amendment bill was prepared to purify terminology. After that, in 2019, the easy-to-understand Civil Code amendment bill passed the Government and was submitted to the National Assembly in the same year, but was discarded after the expiration of the 20th National Assembly in 2020.

As for the amendment to the Korean Civil Code for terminology, there was a strong opposition that the amendment in content was more important than terminology.[11]

(5) Strong Protection of Minority against Sexual Infringement

In oder to protect a minor from sexual infringment, Article 766 Paragraph 3 of KCC has been newly legislated in 2020 as follows:

11) For this, see the Civil Law Scholar's Opinion on the Partial Amendment Bill of Civil Law in 2018 (easy-to-understand civil law) (edited by the Korean Civil Law Association, Youwon Books, April 19, 2018).

Where a minor suffers from sexual violence, sexual molestation, sexual harassment, other sexual infringement, the extinctive prescription of the right to claim compensation for damages shall not proceed until the minor attains the majority (§ 766(3) KCC).

(6) Legislative Attempt and Suspension Concerning the Right of Personality in the Civil Code

For strong protection of the right of personality in the current period of intelligent information society, the Government has noticed a reform bill newly in 2022 to legisltate the the right of personality in the KCC as follows: Person has a right of life, body, health, honour, privacy, name, portrait, personal information etc. (§ 3−2 (1) KCC). The injured person is able to claim injunction, to claim a proper measure for recovery of infringed right of personality, to claim compensation of damages, and to damand security for damages from the person who might infringe the right of personality(§ 3−2 (2) KCC). The above paragraphs shall apply mutatis mutandis to juristic person(§ 34−2 KCC). Until now, this legislation plan has not been accomplished.

(7) The Third Commencement of Amendment Work of Property Law in Civil Code 2023

From 1999, Korean Government had tried to amend the part of Property Law in the Korean Civil Code. But the first amendment work was totally failed. Because the member of the then National Assembly could not understand the contents of the complicated amendment bill of the Civil Code and many civil law scholars opposed the proposed bill for amendment of the Civil Code by government. The second amendment work covered all parts of the property law in the Civil Code, but a few parts of them were partially legislated. At this time the left-wing ruling government and the majority ruling party of the National Assembly had not been positive for the amendment work of the Civil Code. In the end, the third new amendment work has been triggered by the new right-wing government through the organization of the Amendment Committee of Civil Code in the June 2023. It is known that the Committee would start to amend the contract law and to jump to all other parts of the property law. It may be taken a long time for jurists and citizens to read a proposed draft.

In March 2024, the third Civil Code Amendment Committee published a preliminary draft of the contract law section as the first step in the revision process. Subsequently, in February 2025, a proposed amendment to the key provisions of contract law within the Civil Code was released for public consultation.

(8) Legislation of Unified Calculation System of Age on the Basis of Birth Date

Customarily in Korea, three kinds of age calculation has been used according the purposes of application of age. The one has been natural age. The natural age was calculated on the basis of the year of birth. Therefore, according to the calculation of the year of birth, the natural age is 1 year, as soon as he/she was born. Person who was born at the January 1 and a person who was born at the December 31 are same aged. They are both one year old. The another has been a few exceptional kind of age calculation. It has been called as count age. The count age is calculated by way of exclusion of the birth year. Therefore, count age begins from the next year of the birth year. For example, a person who was born this year shall become one year old from the next year. This count age is legislated in the Military Service Act, Youth Protection Act, Act on the Protection of Children and Youth against Sex Offenses, Framework Act on Civil Defense et al.. The other has been legal age. The legal age was calculated on the basis of the birth date according to the article 158 of the Korean Civil Code. Therefore, legal ages of persons would be different each other, according to the date of birth, even though they would be born in the same year. In 2023, the calculation of age system was unified into the legal age on the basis of the date of birth. If a person whose first birthday has yet to come, his/her age may be calculated and shown on a monthly basis(Proviso of Article 158 of the Korean Civil Code).

2. Responses of Family Law in the Civil Code

(1) Driving Forces of Frequent Family Law Revisions

After the enactment of the Civil Code and its implementation, the family structure or family culture in Korean society has been developed at the request of times and characterized by the relaxation of family solidarity, weakening of group family ethics, small families, aging, diversification of family types, deinstitutionalization of marriage, and especially the welfare of children.12) In response to the development of family culture in Korean society, the family law13) in the Korean Civil Code, unlike the property law in the Korean Civil Code, flexibly responds to social changes through amendment. Therefore, the family law has been functioning as a living civil law. As a result, it is characterized by its having relatively few special laws compared to the property law.

How could the family law function as a living civil law? There were three main reasons for this. The first was a strong women's

12) Lee Seung Woo, "Changes in the Kinship Law and Future Tasks", in: Changes and Prospects of the Korean Law in 70 Years: Focusing on the Private Law: Compilation of the Cheongheon Kim Jeung Han Commemorative Treatieses Publishing Committee (Beobmunsa, 2018), p.532.

13) In the Roman law, as well as in the French civil law, which adopted the Institutionensystem in the process of enacting the Western modern civil law, the family law was not enacted as an independent part of the civil law, and there were two family-related provisions in the personal law and the debt law. However, it was only in the German Civil Code of the Pandectensystem that the family law was compiled as an independent one.(Vgl.,Koch Elisabeth, "Familienrecht im System des Zivilrechts", in: Historisch-Kritischer Kommentar zum BGB(HKK) Band IV: Familienrecht §§ 1297- 1921 (hrsg. von Reinhard Zimmermann usw., Mohr Siebeck, 2018), Rn 3). Even in Germany, before the enactment of the German Civil Code, there was also an argument that the family law should be incorporated into the public law because the family is an organization like the state (A. a. O., Rn. 1). Thibaut (Anton Friedrich Justus Thibaut: 1772-1840) also advocated editing family law into police law (A. a. O., Rn 1). However, under the ideology of respecting the individuality of each member of the family, the family law was theoretically established as an individual law, and it was compiled into a civil law along with the self-determination and self-responsibility in the property law, up to the present day (A. a. O., Rn 3).

movement[14] to transform the male-dominated patriarchal and un-democratic traditional family law based on Confucianism into a democratic family system based on gender equality. Second, there was theoretical support of law by progressive family law scholars, and third, it is evaluated that it was because the Constitutional Court made a number of decisions[15] that were unconstitutional or inconsistent

14) In the history of family law in German Civil Code, as Gottlieb Planck (1824-1910), who drafted the family law at the 1st German Civil Code Enactment Committee and chaired the 2nd Committee, stubbornly held the ideology of valuing the right of the head of the family and enacted Article 1354 (also called the article of obedience(Gehorsamsparagraph)) of the German Civil Code which stipulates that the wife should submit to the guardianship of the husband in all matters in marriage, according to his argument.(Vgl., Meder Stephan, "Diskriminierung der Frauen in die Geschichte des Rechts", in: Historisch-Kritischer Kommentar zum BGB (HKK) Band IV: Familienrecht §§1297-1921, Rn 1, 6). The Marital Equality Act (Gleichberechtigungsgesetz: Gesetz über die Gleichberechtigung von Mann und Frau auf dem Gebiet des Bürgerlichen Rechts) was enacted in 1957 as a result of the women's movement in Germany and took effect in 1958, abolishing Article 1354 of German Civil Code (A. a. O., Rn 25). [§1354 BGB a. F.: Dem Manne steht die Entscheidung in allen das gemeinschaftliche eheliche Leben betreffenden Angelegenheiten zu; er bestimmt insbesondere Wohnort und Wohnung. Die Frau ist nicht verpflichtet, der Entscheidung des Mannes Folge zu leisten, wenn sich die Entscheidung als Mißbrauch seines Rechts darstellt.] As such, the German Civil Code was first revised with the Family Law, followed by the Law of Obligations and the Inheritance Law, the Property Law, and the Statutory Claims Law were maintained without any revisions(Reinhard Zimmermann, "Das Bürgerliche Gesetzbuch und die Entwicklung des Bürgerlichen Rechts", in: Historisch-Kritischer Kommentar zum BGB(HKK) Band I: Allgemeiner Teil §§1-240 (hrsg. von Reinhard Zimmermann usw., Mohr Siebeck, 2003), Rn.20).

15) Decision of inconsistency of the Constitution in the main text of Article 778, Article 781 (1) and Article 826 (3) of the old KCC related to the householder system (Constitutional Court Decision 2005. 2. 3. 20001 Hun Ga 9-15, in accordance with the 2004 Heon Ga 5) and the constitutional inconsistency decision (Constitutional Court Decision 2005. 12. 22. 2003 Heonga 5-6) in the main text of Article 781 (1) of the Korean Civil Code of the presumption of paternity, "One follows the surname and origin of a father". Examples include the Korean Civil Code Amendment in 2005 and the Korean Civil Code Amendment in 2012 in accordance with Article 818 of the Korean Civil Code (Constitutional Court Decision 2010. 7. 29. 2009 Heonga 8), which stipulates the right to cancel bigamy.

with the constitution to individual provisions of the family law in the Korean Civil Code.[16)17)] Thus, the Family Law was largely revised in 1977, 1990, and 2005, and in addition, the Family Law was partially revised continuously several times.

(2) Major Revision in 1977

In line with the progress of democratization in Korean society, the first revision to the patriarchal family system based on Confucianism was made in 1977. However, due to the opposition of Confucianistic circle, it was only a revision of the compromised result.[18)] Of course, prior to that, in 1962, statutory branch family was recognized (Article 789 KCC). 1977 revision includes deletion of the right to consent of parents in adult marriage (Article 808, Paragraph 1 KCC), construction of adulthood by marriage (Article 826-2 KCC), the establishment of a divorce confirmation system by agreement by the family court (Article 836 KCC), presumption of marital sharing of undetermined property (Article 830 Paragraph 2 KCC), parental right jointly exercised by parents (Article 909 KCC), adjustment of statutory inheritance[19)] (Article 1009 KCC), new establishment of the system of

16) In Germany, it is evaluated that the German Federal Constitutional Court's decision on the constitutionality of the German Family Law provisions based on the equality clause of Article 3 of the German Basic Act greatly contributed to the progress of family law after the Marital Equality Act (Vgl., Meder, a. a. O., Rn 25).

17) Lee Seung Woo, "Changes in the Kinship Law and Future Tasks", p. 531.

18) Shin Young Ho, "Trends and Issues in Revision of Family Law," in: Trends and Issues in Academic Research, Vol. 8: Law (The National Academy of Sciences, Republic of Korea, 2018), p. 414.

19) 50% of his or her proper inheritance was added to the heir of householder, and 50%

legally secured portions (Article 1112 ff. KCC). At the same time, as an alternative to the abolition while maintaining the ban on same－surname－same－origin marriage, the Special Act on Marriage was enacted as a temporary law in 1977, allowing the reporting of same－surname－same－origin marriage in a civil law marriage relationship for one year in 1978.[20)]

(3) Major Revision in 1990

The Family Law was amended in 1990 to remove the content of gender inequality remaining in the Korean Civil Code. Specifically, the scope of relatives was adjusted (Article 777 KCC), the grounds for dissolution of the engagement were amended (Article 864 KCC), the cost of living together in a marriage was converted into a joint burden of the married couple (Article 833 KCC), and the visitation right for the father or mother who does not raise a child was newly established (Article 837－2 KCC), householder inheritance system was converted to the householder succession system (Article 980 ff. KCC), the scope of a natural heir was reduced and the legal inheritance becomes equalized (Article 1009 KCC), adjustments were made to the exercise of parental rights (Articles 909 and 920－2 KCC), the right to claim property division

of his or her lineal ascendant's inheritance was added to his wife's inheritance.

20) After that, the same temporary act was enacted in 1987 and 1995, allowing same－surname－same－origin marriage to be reported for one year each in the following year. Inconsistency with the Constitution of Korea (Constitutional Court Decision on Jul. 16, 1997, 95 Heon Ga 6－13) was adjudicated, and in 2005, same－surname－same－origin marriage was allowed by amending the KCC to ban incestuous marriage from same－surname－same－origin marriage.

of divorced couples was newly established (Article 839-2 KCC), contribution system (Article 1008-2 KCC) and a property division system for specially related persons were newly established (Article 1057-2 KCC). Posthumous adopting child system (Article 867 the old KCC) and son-in-law adoption system (Article 876 of the old KCC) which was designed to maintain the family were abolished.

(4) Major Revision in 2005

With the development of Korean society toward an individualistic society, breaking down the traditional patriarchal family system and paternal lineage priority system remaining in the Korean Civil Code was requested and also necessary. Thus, in 2005, the Family Law was significantly amended to abolish the householder system (Article 980 ff. the old KCC), to abolish the forcing the use of paternal surname and to make it possible to change the surname (Article 781 KCC), to allow marriage of same-surname-same-origin, if not inbreeding marriage, by converting banning on same-surname-same-origin marriage to prohibition of consanguineous marriage (Article 809 KCC), abolish the prohibition period for remarriage (Article 811 of the old KCC), extend the period of exclusion of litigation against denial of paternity to two years[21] (Article 847 KCC) and newly establish full-adoption system (Article 908-2ff. KCC). In addition, the person who will exercise parental rights is defined as the person with parental rights (Article 909 KCC), the

21) Before the revision, the Constitutional Court decided that Article 847 of the Korean Civil Code (a one-year exclusion period) was inconsistent with the Constitution (Constitutional Court Decision 95 Heon Ga 14, 96 Heon Ga 7 on March 27, 1997).

guardianship dismissal system is amended to the guardian change system (Article 940 KCC), the special qualified acceptance are supplemented (Articles 1030, 1034 and 1038 KCC) and the requirements for contribution to support the elderly were relaxed to solve the problem of supporting the elderly (Article 1008−2 Paragraph 1 KCC).

(5) Other Family Law Revisions

In addition to the three major amendments, the Family Law was amended frequently. Looking at the specific amendments, in 2002, the claim for recovery of inheritance shall not lapse at the expiration of three years from the date of commencement of inheritance, but at the expiration of three years from the date he comes to know the infringement, or ten years from the date of infringement of the right of inheritance[22)](Article 999, Paragraph 2 KCC). Furthermore, the special qualified acceptance was enacted[23)] (Article 1019 Paragraph 1 KCC).

In 2007, the age of engagement and the age of marriage were revised from gender differential ageism to equal ageism (Articles 801 and 807 KCC). The divorce consideration period system, and the compulsory divorce guidance and counseling of the family court in

22) The Constitutional Court decided that the provisions of Article 999 of the old Korean Civil Code, which set the period of extinction of the right to claim for restoration of inheritance as the commencement of inheritance, were inconsistent with the Constitution (Constitutional Court Decision on Jul. 19, 2001, 99 Heon Ba 9 etc.).

23) This was amended on the base of the Constitutional Court's Decision, through which the Constutional Court decided Article 1026 No. 2 of the Korean Civil Code, which recognizes statutory simple succession, as inconsistent with the Constitution (Constitutional Court Decision 1998. 8. 27. 96 Heon Ga, 22 et al.).

case of divorce by agreement, compulsory submission of child rearing and parental authority agreement (Article 836-2 KCC) were enacted. The revision recognized child's right to visit parents (Article 837-2 Paragraph 1 KCC), and the right to cancel the fraudulent act was newly established to preserve the right to claim for division of property (Article 839-3 KCC).

In 2009, it was required to prepare a child support payment report at the time of divorce by agreement, and the report was validated as a writ of execution.[24] (Article 836-2 Paragraph 5 KCC).

In 2011, the adult guardianship system was legislated.[25] And the divorced couple would be able to agree, at the time of divorce, to appoint a person of them with parental rights, but the family court was allowed to review whether the appointed person would be suitable to have the parental rights, and the surviving father or mother was allowed to appoint a guardian for minors by allowing the family court to examine whether or not he or she is suitable as a guardian even though he or she agreed to have parental rights at the time of divorce. Naturally in that case, the exercise of parental authority was prohibited (Article 909-2 KCC). Restrictions on the

24) In 2014, the Child Support Compliance and Support Act was enacted, and the Child Support Compliance Office was established to perform tasks related to child support claims and support for fulfillment of underage children (Article 7 of the same Act), representing litigation for child support claims and legal support to secure the right to enforce child support, etc. (Article 11 of the same Act).

25) With respect to the method of disclosure of guardianship along with the legislation of the adult guardianship system, guardianship of minors is disclosed by registration in the Family Relations Register (Article 79 ff. Family Relations Registration Act (2013)), and adult guardianship is registered in the guardianship registry(Act on Guardianship Registration (2013)).

qualifications of the surviving parent to become the parental authority apply not only in the case of divorce, but also in cases where it is difficult to exercise parental rights, such as the revocation of marriage, the revocation of recognition or adoption, or the death of the adoptive parents, or the loss of parental authority, resignation, or exercise of parental authority (Article 927−2 KCC).

In 2012, the adoption system was amended to protect the interests of adoptees by requiring permission from the family court for the adoption of minors and the adoption of a ward (Article 867ff. KCC). As for adoption about which parents of the adopted child should agree with the adopting parents, the age of the adopted child is lowered from 15 to 13 (Article 908−2 KCC). In addition, the provisions on the right to cancel the contract between husband and wife (Article 828 of the old KCC) were deleted.

In 2014, legislation was enacted regarding a trial in lieu of consent of the parental authority (Article 922−2 KCC), the temporary suspension of parental authority and partial restrictions by the family court were enacted (Article 924−2 KCC).

In 2015, Article 924 of the Civil Act was amended and Article 924−2 was newly enacted to allow a minor, in cases where a parent has abused their parental authority, such as through abuse or neglect, to directly file a petition with the family court for the termination of parental authority against the parent exercising such authority.

In 2016, grandparents' right to visit their grandchildren was recognized (Article 837-2, Paragraph 2 KCC).

In 2017, if a child born within 300 days from the date of termination of the marital relationship would have grounds for exclusion from presumed paternity, the formation of a father-son relationship that matched blood ties[26] could be allowed through the family court's permission to deny paternity (Article 854-2 KCC) or permission for recognition(Article 855-2 KCC).

In 2020, Article 766 (3) of the Korean Civil Code was newly established, and in the event that a minor has been subjected to sexual violence, sexual harassment, sexual molestation, or other sexual infringement, the extinctive prescription of the right to claim compensation for these infringements will be effective until he or she reaches the age of majority. By stipulating that, it was intended to protect minor sexual victims by deferring the prescription of the right to claim compensation for sexual harm to minors until they reach the age of majority.

There was also a Korean Civil Code amendment in early 2021. Among the parental authority over minors, the provisions on the disciplinary authority of a person with parental rights (Article 915 before amendment of KCC) have been deleted. In recent years, there have been frequent cases of parents abusing their parental rights. Actually so often the person with parental authority claims that such abuse is the exercise of disciplinary rights against minor children

26) The establishment of this system was made by the Constitutional Court's Decision, through which Article 844 (2) of the old Korean Civil Code) shall be inconsistent with the Constitution (Constitutional Court Decision on Apr. 30, 2015, 2013 Heon Ma 623).

among the custody rights. Therefore, there is a problem of legal deficiencies that cannot punish the person with parental authority who abuses minors. In order to fundamentally solve the problem, the provision on the right of disciplinary authority for minors by a person with parental authority has been deleted.

In addition, it is expected that the revision of the family law will be promoted to accommodate changes in the social structure such as a decrease in the marriage rate, the increase of late marriage, and an increase in the proportion of single—person households. Thus, it is expected that discussions for the revision of the family law will be active in issues including deletion of the restriction on the scope of kinship (Article 779 KCC), the legal recognition of various family types, the abolition of the distinction between children in marriage and those outside of marriage, and the abolition of the paternal preference in determining the surname of the children.[27] Until now, social consensus to such a various family types have not reached. Therefore, revision of the KCC for such a purpose of recognition of various family types has not been legally accomplished.

In 2022, a reform bill of the Family Litigation Act was announced by the Government. In the bill it is possible that a minor can request the family court to divest the parental power of his/her parent, if the parent would abuse his parental power. But, until now the reform bill of the Family Litigation Act of the year 2022 has not

27) The Chosun Ilbo on April 28, 2021, page A3.

been enacted. Furthermore, in 2022, a new reform act to help minor lower his/her burden of inherited debt was also newly legislated. By the reform act, a minor can petition to the family court the qualified acceptance of inheritance within 3 months after being maturity, if he/she would not know that his/her inheritance obligation would be more that his/her inheritance property, or within 3 months after his/her awareness, if his/her inheritance debt would be more that his/her inheritance property(Article 1019 paragraph 4 of the KCC).

In a landmark en banc decision, the Supreme Court of Korea delivered a ruling, that breaks the cycle of inheriting debt.[28] The Court held that if all of the deceased's children renounce their inheritance, the surviving spouse should be considered the sole heir, even if the deceased has surviving grandchildren or ascendants. This decision overruled the prior judgement of Supreme Court, which had allowed debts to pass on to grandchildren even if the children had renounced inheritance. As a result, the Court significantly curtailed the possibility of debts being passed down to later generations when direct descendants opt out of inheritance.

In a separate en banc decision of the Supreme Court ruled that a party may still have a legitimate legal interest in seeking a confirmation of nullity of a marriage that had previously existed for a certain period, even if the marriage has already been dissolved by divorce.[29]

28) Supreme Court Judgement on Mar. 23, 2023. 2020 Geu 42.
29) Supreme Court Judgement(en banc) on May. 23, 2024, 2020 Meu 15896.

Meanwhile, the Constitutional Court of Korea ruled that Article 1003(1) of the Civil Act, which excludes de facto spouses from inheritance rights, is constitutional.[30)]

Furthermore, in a ruling on June 27, 2024 (2021Heon Ma1588), the Constitutional Court declared unconstitutional the 10-year limitation period under Article 999(2) of the Civil Act when applied to Article 1014, which provides for a claim to recover an infringed inheritance share (Sang-Sok-Hoe-Bok-Cheong-Gu-Kweon). The Court held that restricting such claims to 10 years from the date of infringement infringes upon the claimant's property rights and right to a trial, as protected under the Constitution.[31)]

Additionally, in 2022, the Supreme Court of Korea ruled that if a child, after birth registration, undergoes a legal procedure to adopt the mother's surname and family origin, that child becomes a member of the mother's family clan(Jongjung). This decision is reflected in Supreme Court Judgement.[32)]

30) Constitutional Court on Mar. 28, 2024, 2020 Heon Ba 494.
31) Constitutional Court on Jun. 27, 2024, 2021 Heon Ma1 588.
32) Supreme Court Judgement on May. 26, 2022, 2017 Da 260940.

Ⅲ. Special Civil Law Responses

1. Special Civil Laws' Responses to Social Changes due to Industrialization and Urbanization

(1) Absurdity in Real Estate Transactions and Reponses of Special Civil Laws

(i) Emergence of Public Concept of Land Ownership and Special Civil Laws' Responses to Anomalous Real Estate Transactions

In Korea, industrial complex development started with the implementation of the state-led 5-year economic development plan in the 1960s, and urbanization began to proceed due to the influx of farmers into cities. The start of industrialization had to precede the securing of factory land. As a result, a lot of land was converted to factory sites or industrial complexes. Therefore, land price has so highly risen. Furthermore, the progress of industrialization led to the conversion of rural farmers into factory workers, and their influx into the city led to the problem of securing land in the city and the social problem of lack of housing.

In accordance with the progress of industrialization and urbanization, law was enacted to support this social changes for securing a large amount of factory and residential land and for housing construction. Accordingly, there was a social problem, in which abnormal speculative transactions of real estate for the purpose of privatization of rising real estate prices were prevalent.

Thus, the government's real estate policy was announced to suppress anomalous real estate transactions, and the real estate–related special civil acts were continuously enacted to support it.

In order to solve the social problems caused by the rise in real estate prices due to industrialization and urbanization, the Government announced the so–called 8.8 Measure on August 8, 1978, and established the public concept of land ownership as the ideology of the land law, i.e. an ideological grounds which were prepared to strengthen public regulations and public controls on land.

Because of the fact that real estate transaction without registration in practice goes against the principle of establishing requirement of registration, which is the principle of transfer of real estate ownership, legal countermeasures were taken to correct the anomalous real estate transaction practice that was widely practiced at the time when it was valid only in the principle of the old counter–requisite. As a representative legal countermeasure, the Real Estate Registration Act was amended to convert the use of the deed of sale, which was the customary registration certificate(Mae–Do–Zeung–Seo) at the time, that was legally used for intermediate omission registration, into a certified contract (Keom–In–Kyeo–Yak–Seo).[33]

33) However, its implementation was to be determined by a separate Presidential Decree (Paragraph 2 of the Addendum to the Real Estate Registration Act (revised in 1978)). In accordance with the regulations on the application of the proviso (Presidential Decree No. 12527; 1988. 9. 30., enacted and enforced, 1988. 9. 30), the use of the deed of sale was abolished and it was changed to a certified contract. The certified contract was again changed to a sealed and stamped contract by the enactment and enforcement of the Act on Special Measures for Real Estate Registration in 1990. However, the cerified contract system was also not implemented as it was, and in 2004, the Housing Act was

Although such strong measures against real estate speculation were established and implemented, real estate speculation spreaded again due to the hosting of the 1988 Seoul Olympics. Thus, on August 10 of the same year, the so-called August 10 Measures were announced, declaring that acts on a public concept of land ownership would be enacted and enforced as a statutory act. Consequently as of result, the so-called public concept of land ownership was enacted and implemented. As the acts for implementation of public concept of land ownership, the three strongest acts were enacted in 1989 including the Land Excess Profits Tax Act, the Act on the Ceiling of the Ownership of Housing Sites,

amended and the housing transaction report certificate from the competent administrative agency was used as the source of registration in place of the sealed contract in the application for registration of ownership transfer due to the sale of a house in the housing transaction report area. In 2005, with the enactment and enforcement of the Act on Duties of Certified Real Estate Brokers and Real Estate Transaction Report in the case of real estate transactions involving land outside the housing transaction report area, transaction reports were made to the administrative agency, and the use of the sealed contract. In this case, it is no longer used. Therefore, in the case of an application for registration of transfer of ownership due to a sale, it is replaced by a transaction report, and a sealed contract is used only in the case of an application for registration of transfer of ownership due to a gift. And in 2014, in accordance with the enactment and enforcement of the Real Estate Transaction Report Act, the housing transaction report certificate and the real estate transaction report certificate were combined to form the real estate transaction report certificate, and this was used as the registration certificate. Also, in 2016, the Act on Real Estate Transaction Report was amended to the Act on Real Estate Transaction Report, etc. In the Act, the sealed contract under the Act on Special Measures for Real Estate Registration is required to be submitted in writing as the cause of registration (now referred to as information on the cause of registration). For more detailed information on this, see Sang Yong Kim, "A Study on Developments of Legal Theories, Judicial Judgements and Legal Institutions concerning the Real Estate Transactions in Korea," in: Changes and Prospects of the Korean Law in 70 Years and Prospects - Focusing on Private Law: A Collection of Papers on the 30th Anniversary of Death of the late Cheongheon, Professor Kim Jeung Han (Beobmunsa, 2018. 10.), pp. 270-271).

and the Act on the Return of Development Profits. And these acts were implemented in 1990. These are called the three major acts on the public concept of land ownership and all of them are acts that seek to return winfalls (betterment; development land value) to society, which are unearned income generated by the rise of land prices due to social development.

However, in order to revitalize the economy during the Asian financial crisis in 1997, there were changes in these three major acts. For example, the Land Excess Profits Tax Act was abolished in 1998 after the Constitutional decision on it was declared as being inconsistent with the Constitution by the Constitutional Court in 1994,[34] and the Act on the Ceiling(Upper Limit) of Housing Land Ownership was repealed in 1998, and the following year it was declared unconstitutional.[35] However, the Act on the Return of Development Profits has been preserved while lowering the rate of return of development profits.[36]

The most important policy implementation of the 8.10 Measures was the enactment of the Act on Special Measures for Real Estate Registration in 1990 to prevent anomalous transactions of real estate for the purpose of land speculation. As a result, the legislation of the obligatory application for registration,[37] the ban on intermediate

34) Decision of Constitutional Court on July 29, 1994. 92 Heon Ba 49, 52.

35) Decisions of Constitutional Court on April 29, 1999. 94 Heon Ba 56 and other 66 cases.

36) On details of acts related to the public concept of land ownership, see Jung Woo Hyung, Korean Land Speculation History: Institute for Law, the Bible and History, Volume 3 of the Study Series (PNC Media, 2018).

37) The obligation to apply for registration is a system that makes it mandatory to apply for the registration of transfer of ownership due to a transaction for the purpose of

omission registration and nominal title registration under a third party's name[38] which were used as anomalous real estate transaction methods could be regulated and controlled by the Act.[39]

Even after the legislation and implementation of the public concept of land ownership, speculation of real estate through anomalous transactions in real estate has become more of a social problem due to the high rise in real estate prices. With the development of innovative cities in the provinces and the relocation of public institutions to the provinces, the demand for land development had been increased and the land price has so highly risen. As a result, real estate speculation has become a chronic social problem in Korean society to this day.

For the purpose of privatization of development profits, which

transferring ownership and registration of ownership preservation in certain cases within the statutory period. In 1990, according to the Act on Special Measures for Real Estate Registration, the mandatory principle of application for registration was legislated as a system to prevent intermediate omission registration. According to the Act on Special Measures for Real Estate Registration, an application for registration of ownership transfer due to the contract for value must be filed within 60 days from the date of full payment of the remaining amount of transaction price and an application for registration of ownership transfer due to a gratuitous contract must be filed within 60 days from the effective date of the contract (Article 2 of the same Act).

38) Anomalous transactions of real estate by nominal title registration under a third party's name was a serious social problem. So that in 1995, the Act on the Registration of Real Estate under Actual Titlehholder's Name (shortened as the Real Name Real Estate Act) was enacted and legal measures were taken to nullify the nominal title trust agreement and transfer of real estate rights based on the nominal title trust agreement (Article 4 of the same Act).

39) Regarding the prohibition of intermediate omission registration (Article 8, Nr. 1 of the same Act), the effectiveness of intermediate omission registration was not influenced by ruling as a mere administrative enforcement regulation(Supreme Court Judgement on Jan. 26, 1993, 2 da 39112). As a result, it is still recognized.

are unearned income thanks to the rise in real estate prices following social development, speculative real estate transactions have been made with abnormal real estate transaction methods.

Abnormal and anomalous transactions of real estate have been mainly made by the method of nominal title trust,[40] intermediate

40) Nominal title registration under a third party's name is a registration method in which the title of ownership of real estate is registered in the name of another person. In order for a nominal title trust to be established, there must be a nominal title trust agreement between the nominal title trustor and the nominal title trustee. A nominal title trust between two parties is also performed as a kind of nominal title trust, but the most commonly used nominal title trust is a three-party nominal title trust, which is divided into a registered owner, i.e. the nominal title trustee and a real owner i.e. nominal title trustor. In a three-party registered nominal title trust, real estate transactions are carried out between the nominal transferor and the buyer, who is the nominal title trustee. It is a nominal title trust when there is a nominal title trust agreement between the buyer and the third party. Since such a registered nominal title trust is not registered in the name of the buyer, who is an intermediary, it also has the nature of intermediate omission registration. Therefore, such a registered nominal title trust is also referred to as the nominal title trust of an intermediate omission.
Another three-party nominal title trust is the contract nominal title trust, which is a nominal title trust that has been widely used to acquire land for non-business use by companies. In a contract of nominal title trust, a specific nominal title trustor and a nominal title trustee internally make a nominal title trust agreement, and for the seller of real estate, the nominal title trustee concludes a sales contract with the seller as a real buyer, and at this time, the sale contract is concluded without the seller's knowing that the buyer is the nominal trustee, and the registration of ownership transfer is normally carried out from the seller to the buyer. However, even if the transfer registration is completed in the buyer's name, the buyer is not the real owner, and the real owner becomes the nominal title trustor by the nominal title trust agreement with the nominal title trustee. For more details on the nominal title trusts, (see Kim Sang Yong, "A Study on Developments of Legal Theories, Judicial Judgements and Legal Institutions concerning the Real Estate Transactions in Korea," in: Changes and Prospects of the Korean Law in 70 Years and Prospects — Focusing on Private Law: A Collection of Papers on the 30th Anniversary of Death of the late Cheongheon, Professor Kim Jeung Han, Cheongheon (Beobmunsa, 2018. 10.), pp. 281-285).
Anomalous real estate transactions for the purpose of privatization of development profits have been mainly carried out by methods such as nominal title trust, intermediate omission registration, and false entry of the cause of registration. In recent years, it is known that parents and children set up a juristic person together and register

omission registration, and a combination of both. Such an anomalous transaction method was not based on the owner's investment, but the owner's intention to take the development profit, which is the increase in the price of real estate that occurs according to social development. As a method for privatization of such development profits, nominal title trust and intermediate omission registration were widely used. Among them, nominal title registration under a third party's name was mainly used.

Therefore, in anomalous real estate transaction methods, the regulation of nominal title trust was an important way to solve the real estate problem. It was judged and concluded that it would be effective to remove the temptation of real estate owners to privatize development profits by returning the unearned income of development profits[41] to society and returning the increase in real estate prices caused by social development to society. As a result, regarding nominal title trusts, the Act on Registration of Real Estate

the transfer of ownership of real estate owned by the parents to the juristic person as the regulations on them are strengthened. The establishment of such a juristic person and the registration of transfer of ownership to the juristic person are in fact the result of a gift or pre-inheritance by parents to their children. It is also known that there are administrative plans to regulate this.

41) The development profit is the increase in land price that is increased by social development, not by the investment of the land owner, which is also called development-incremented value. Depending on whether the development profit was converted into cash or whether it was generated on the land and not converted into cash, the former is called the realized development value and the latter is the accrued development value. or unrealized development value. The distinction between the two is different in the method of social return of development profits. For detailed development benefits, see Kim Sang Yong (original author), Jeong Woo Hyeong's supplement, Land Law (Beobwonsa, 2004), p. 260ff.

Owners was enacted in 1995, stipulating that the contract of nominal title trust and changes in real estate due to it were to be nullified (Article 4 of the same Act).[42]

42) However, there are loopholes in the same act. While future nominal title trusts are prohibited, nominal title trusts between husband and wife, nominal title trusts for religious associations and Confucian tempels and schools, and nominal title trust for associations consisted of families of the same clan the act permitted(Article 8 of the same Act(1995)). The existing nominal title trust should be converted from the registration of the nominal title trustee to the nominal title trustor(Article 11 of the same Act).
But the duty to convert existing registration of nominal title trust into registration of the real owner's name is excluded also in case of nominal title trust between husband and wife, nominal title trusts for religious associations and Confucian temples and schools, and nominal title trust for associations consisted of families of the same clan(Proviso of Article 11 Paragraph 1 of the same Act). Therefore, nominal title trust between husband and wife, nominal title trusts for religious associations and Confucian tempels and schools, and nominal title trust for associations consisted of families of the same clan are exceptionally permitted in the the future by the Act.
As a result, there are still many cases where a nominal title trust is still performed even if the nominal title trust is invalidated. Also, according to the precedent, if the registration of a nominal title trust in violation of the same Act is completed, the nominal title trust agreement is invalid according to Article 4 of the same Act. By ruling that a refund can be obtained for any other reason, the effectiveness of the Act is diminished. In addition, when the nominal title trustor is unable to receive the return of the original property from the nominal title trustee, it is said that the nominal title trustor may request the return of the purchase price, because the purchase price received by the nominal title trustee is an unfair advantage to the nominal title trustor (Supreme Court Judgement on September 17, 1999, 99 da 21738; Supreme Court Judgement on Jan. 28, 2005. 2002 Da 66922; Supreme Court Judgement on Feb. 14, 2008. 2007 Da 6918,69155). In addition, the precedent considers that nominal title trust real estate of nominal title trustee based on an invalid nominal title trust agreement is not an illegal cause benefit to the nominal title trustor (Supreme Court Judgement on Nov. 27, 2003. 2003 Da 41722; Supreme Court Judgement on July 10, 2014. 2013 Da 74769; Supreme Court Judgement(en banc) on June 20, 2019. 2013 Da 218156). As precedents operate that the nominal title trustor can request the return of the purchase price from the nominal title trustee on the ground of unjustified enrichment, the regulation of nominal title trust under the Real Name Real Estate Act is inevitably less effective.
Furthermore, the Supreme Court judged that the nominal title trustor can claim damage compensation to the nominal title trustee owing to the tort of the nominal title trustee, when the nominal title trustee would sell the real estate of the nominal title trust to a

Despite the regulations on such nominal title trust(myeong-ui-sin-tak), the case law recognizes that in a tripartite name trust involving registration (i.e., a three-party nominal title trust), the sales contract between the trustor (the party providing the funds) and the seller remains valid. However, the registration of ownership transfer from the seller to the nominal purchaser (the trustee) is invalid under the main clause of Article 4(2) of the Real Name Real Estate Act (1995), meaning that even if the title has been registered under the name of the trustee, ownership of the real estate is deemed to remain with the seller. Therefore, the trustor may exercise the creditor's right of subrogation to assert a real right-based claim for exclusion of interference, thereby requesting the cancellation of the title registered under the trustee and re-registering the title under the seller's name. Subsequently, the trustor can then claim ownership registration from the seller based on the original sales contract.[43] In addition, in such tripartite name trusts, where the trustee sells the entrusted real estate, the courts have held that this constitutes a tort against the trustor, and thus, the trustee is liable for damages arising

third party(Judgement of the Supreme Court on Jun. 9, 2022, 2020 Da 208997). But in the case that the nominal title trustee sold the real estate of the nominal title trust, the Supreme Court judged that such a selling the real estate of the nominal trust shall not constitute the criminal embezzlement of the nominal title trustee (Judgement of the Supreme Court(full bench) on May 19, 2016, 2014 Do 6992). Before this judgement, the Supreme Court had endorsed the criminal embezzlement of the nominal title trustee (Judgement of the Supreme Court on Nov. 27, 2001, 2000 Do 3463; Judgement of the Supreme Court on Mar. 24, 2005, 2004 Do 1789; Judgement of the Supreme Court on Jan. 28, 2010, 2009 Do 1884; Judgement of the Supreme Court on Sep. 30, 2010, 2010 Do 8556).

43) Supreme Court Judgement on Sept. 17, 1999, 99Da21738; Supreme Court Judgement on Mar. 15, 2002, 2001Da61654; Supreme Court Judgement on Jun. 25, 2004, 2004Da6764.

from the tort.[44]

The courts have also held that, where the title transfer between the seller and the trustee is invalid in a tripartite nominal title trust, and where the trustor retains possession of the property, the trustor's right to demand registration of ownership from the seller does not become extinguished by prescription.[45] This is because, under Korean law, the right of a purchaser in possession of real estate to demand registration of title is not subject to extinctive prescription.[46]

Before that the contract of nominal title trust was nullified by the legislation and the enactment of the Act on Registration of Real Estate Owners in 1995, the contract of the nominal title trust was legitimately endorsed broadly by the judgements of the Supreme Court.[47] The judgements of the Supreme Court endorsing the effectiveness of the contract of nominal title trust shall be criticized, because they encouraged people to use the contract of the nominal title trust as a legitimate method for the land speculations in Korea.

In addition, for the social restitution of development profits, the imposition of development charges under the Development Profit Repayment Act of 1989, the Comprehensive Real Estate Tax on land and housing for each land under the Comprehensive Real Estate Tax Act of 2005 (Article 11 of the same Act) and Comprehensive Real Estate

44) Supreme Court Judgement on Jun. 9, 2022, 2020 Da 208997.
45) Supreme Court Judgement on Dec. 12, 2013, 2013 Da 26647.
46) Supreme Court Judgement(en banc) on Nov. 6, 1976, 76 Da 148.
47) Supreme Court Judgement on February, 16, 1965, 644 Da 1576; Supreme Court Judgement on Jul. 5, 1966, 66 Da 909; Supreme Court Judgement on Nov. 10, 1987, 85 Daka 1644 et. al..

Tax (Article 7ff. of the same Act) are levied and collected. Furthermore, by the Act on Recovery of Excess Profits from Reconstruction in 2006 for the social restitution of unearned income from redevelopment of the house and the reconstruction (Article 3ff. of the same Act), the excess profits of housing reconstruction can be returned to society by way of rebuilding charge.

In addition, the actual transaction price of real estate should be registered and disclosed in the real estate register. In accordance with the revision of the Real Estate Registration Act in 2005, when applying for registration of transfer of ownership of real estate under the contract for value, the transaction value should be also reported and the transaction value should be recorded in the first section of the register (Article 57 of the former Real Estate Registration Act(2005), now Article 68 of the same Act). The purpose of this was to maintain the stability of real estate transactions by disclosing the actual transaction price in the register.

(ii) Implementation of Land Transaction Permission and Reporting System

A strong public law regulation to curb land speculation is regulation system for land transaction. The land transaction permit system was first enacted by the amendment of the Land Use Management Act in 1978 (Articles 21-2 and 21-3 of the same Act).

If a land transaction regulation zone would be designated for a period of not more than 5 years, and, within the regulated zone, land transaction contract for the purpose of transferring ownership of land over a certain stipulated area, establishing superficies and other land use profit right would be intended to be concluded between two parties, permission for the conclusion of the contract should be obtained from the competent administrative agency in advance of the conclusion of the contract(Articles 21−2 and 21−3 of the same Act). The permission should be obtained from the competent administrative agency for concluding the contract, while a transaction contract concluded without obtaining permission does not take effect. Even though it is stipulated in the Act that a land transaction contract should be concluded after obtaining permission, a land transaction contract is in fact concluded and then a disposition of permission is applied to the competent administrative agency. The competent administrative agency can issue permission or disapproval to the applied land transaction contract.

The constitutionality of the land transaction permit system, i.e. a strong anti−speculation measure was questioned. But the Constitutional Court decided that it shall be constitutional.[48)]

Until the permission to the applied land transaction contract would be issued, the land transaction contract shall be invalid. When the land transaction contract would be permitted, it shall be valid retroactively at the time of conclusion of contract. Concerning such a validity of the contract it has been argued in the juristic circles of Korea. I have contended to apply the theory of the fluid invalidity[49)]

48) Constitutional Court Decision on Dec. 22, 1989. 88 Hunga 13.

49) Sang Yong Kim, Textbook of General Part of Civil Law 4th Ed. (supplemented by

(schwebende Unwirksamkeit). According to to the fluid invalidity, the land transaction contract shall be retroactively valid at the time of conclusion of the contract, when it would be permitted, and definitively null and void at the time of conclusion of the contract, when it would be disapproved. Finally, the Supreme Court has accepted the theory of the fluid invalidity.[50)]

In the early stage of the implementation of the land transaction permit system, the transaction price and purpose of land use were the objects of permission review, but in the National Land Planning and Utilization Act of 2002, only the purpose of use was object to permission review, and the transaction price was not object to permission (Articles 117 to 119 of the same Act). From 2016, the land transaction permit system is provided and prescribed in the Act on Report on Real Estate Transaction et. al., not in the National Land Planning and Utilization Act.

In addition to the permit system, the Land Transaction Management Act of 1978 required that land transactions in areas other than the regulated areas shall be reported to the competent administrative office (Article 21-7 of the same Act). In accordance with the newly legislated the Act on the Works of Certified Real Estate Brokers and Report of the Real Estate Transactions in 2005, the report of real estate transactions is widely enlarged, fully institutionalized and enforced. Now it is governed

Kyeong un Cheon, Hwashan Media Co., 2018), p. 673; Sang Yong Kim, Textbook of Property Law, 4th Ed. (Hwashan Media Co., 2018), p. 80; Sang Yong Kim, "A Review of the Land Transaction Permission and Notification System," Minsa Beophak [Civil Law Studies], No. 8 (Korean Civil Law Association (Ed.), April 1990), pp. 184-215.

50) Supreme Court Judgement(en banc) Dec. 24, 1991, 90 Da 12243.

by the Act on Report of Real Estate Transactions et. al. of 2016. Diffently from the permission, the land transaction contract shall be valid, even though it would not be reported. But it shall be sanctioned by some administrative penalty surcharge.

(2) Responses of Special Civil Laws to Changes in Residential Environment

With the progress of industrialization and urbanization, a large influx of rural population into the city occurred. It was resulted in major changes in the residential environment. First of all, the housing type changed from a single-family house to a high-rise aggregate building consisting of a large number of partial or divisional buildings[51] that are recognized for their structural and use independence. An each separate building is physically a part of a single aggregate building, but legally it is an independent building.

As a result, there was a change in the registration method of the aggregate building. In 1984, the Act on Ownership and Management of Aggregate Buildings was enacted. Although the aggregate building is one real estate in one building, it is possible to register the divisional ownership of a building that uses a separate building that is recognized for structural and use independence as an independent real estate (Article 1 of the same Act). With respect to the site of a aggregate building, the land is shared by the owners of the

51) The ownership of a separate building is called the divisional ownership, and the divisional ownership is recognized only for the collective building, not for the land.

division. When the site right is registered, in accordance with the principle of unity[52] (Article 13 of the same Act) between the divisional ownership of the building and the common share of the site, the land is no longer registered. In a way in which the land right[53] is not registered, the registration of the land used as the site of the aggregate building is not to be registered anymore(Article 60 of Real Estate Registration Act). After the registration of the land right in this way, the registration of the divisional ownership of a building has the same effect on the land right even if there is no separate registration for the land. This is called the principle of unity of divisional ownership. Thus, in Korea, land and building are separate real estate, but in a aggregate building, the building and land are treated as one real estate. Therefore, according to the principle of unity, formally, the building and the land are separate and independent real estate, but in reality, the building is the principal thing and the land is treated as a accessory.[54]

In addition, due to the concentration of population in the city, the need to strongly protect the rental rights of houses for the stability of

52) The principle of unity for the land share of the divisional ownership is indicated in the registration book, and in the space of object description of the building register, the right, which is the land right, is indicated. In the land register, if the land right is ownership, it is registered in the A space of land register, and the land right that is not the ownership, it is indicated in the B space of land register.

53) The land on which the aggregate building is built is called the land i.e. building site. the right to use the land by the divisional owners is called the land use right, and the registered land use right among the land use rights is called the land right. If the divisional owner of the land has a lease right and does not register the lease right, the lease right is the right to use the land, but not the land right.

54) For more details on the principle of integrity and unity of divisional ownership, see Kim Sang Yong, Textbook of Property Law (4th Edition, Hwasan Media, 2018), pp. 332-333.

residential life of urban residents who cannot own their own houses has increased. Thus, the Housing Lease Protection Act was enacted in 1981 to stabilize the housing life of the lessee by way of recognizing the counter-power of the housing tenancy,[55] guaranteeing the shortest duration of the tenancy,[56] and recognizing the right to preferential repayment of the rental deposit.[57] In addition, from 2020, according to the Act on Reporting Real Estate Transactions, etc, the housing rental contract must be reported to the competent administrative agency.[58] (Article 6-2 of the same Act).

In addition, the restriction on a landlord's request for an increase in rents was previously stipulated in the Presidential Enforcement Decree of the Housing Lease Protection Act, but in 2020, this was upgraded to the Housing Lease Protection Act to

55) The power of housing tenancy rights against the transferee·arises when the lessee receives and occupies the leased house, the lessee moves the address to the leased house, and is given a fixed date in the lease agreement (Articles 3 and Artice 3-6 of the same Act).

56) The shortest term of the lease period was 1 year when the Act was enacted, but it was extended to 2 years in 2008. According to the amendment of the Housing Lease Protection Act in 2020, the tenant's right to apply for a renewal of the lease is recognized. As a result, the tenancy is guaranteed for four years (Article 6-3 of the same Act).

57) The right to preferential repayment of the rental deposit is a statutory security right, which is called a preferential privilege. Two types of priority privileges are recognized: the highest priority of a certain amount of the deposit (Article 8 of the same Act) and the priority privilege based on the created order of the total amount of the deposit (Article 3-2 of the same Act). For details of the lessee's guarantee right preference, see Kim Sang Yong, Textbook of Special Part of Law of Obligations (4th Edition, Hwasan Media, 2021), pp. 323-331.

58) The purpose of reporting a housing rental contract is to control deposits and rents. In addition, it is deemed to consider that a fixed date is given when the reporting procedure is completed (Article 6-5 Paragraph 3 of the same Act).

ensure the lessor's request for an increase in the rent or deposit cannot be made within one year after the lease contract or the agreed rent or deposit increase (Proviso of Article 7 Paragraph 1 of the same Act), and the request for an increase shall not exceed one twentieth of the agreed rents or deposit(the main text of Article 7, Paragraph 2 of the same Act).

In addition, the Commercial Building Lease Protection Act was enacted in 2002 to protect the livelihoods of small merchants who lease other people's commercial spaces. The protection of the commercial lease right of small merchants who make a living by renting a commercial space owned by another person is also enacted and operated by taking the legal principle of the protection of the tenancy right as an example of housing lease protection.[59] In relation to the rental of commercial buildings, uniquely in Korea, in addition to the deposit, the premium[60] (Kwonrikeum) is customarily payed by lessee to lessor or grantor of commercial building lease right, and then in principle, premium cannot be returned to the lessee (Articles 10-3 to 10-7 of the same Act). In addition, although

59) The counter-power of the commercial building lease arises from the delivery of the leased commercial space and the transfer of address and business registration (Article 3 of the same Act). In addition, although the shortest duration of a commercial building is one year, it can be extended up to 10 years at the request of the lessee for contract renewal (Articles 9 and 10 of the same Act). The lessee's highest deposit priority privilege recognizes the priority privilege for a certain amount of the deposit (Article 14 of the same Act) and the general priority privilege based on the order of the total amount of the deposit (Article 5 of the same Act), as in the case of housing rental.

60) The premium(Kwonrikeum) consists of the facility premium spent for the installation cost of the facility due to the interior of the lessee, the intangible premium due to the advantage of the location, and the goodwill premium, which is the value of the reputation from the business of the lessee.

the minimum lease term of a commercial building lease is one year (Article 9 Paragraph 1 of the same Act), it can be extended up to ten years by exercising the tenant's right to request renewal (Article 10 Paragraph 2 of the Act). The request for an increase of the deposit is the same as that of the Housing Lease Protection Act. However, the time limit for request for an increase is stipulated in this Act (Article 11, Paragraph 2 of the Act), and the upper limit of the request for an increase is stipulated in the Enforcement Decree (Article 4 of the Enforcement Decree of the Act).

Moreover, in order to settle disputes related to housing lease and commercial building lease more conviently, the housing lease dispute conciliation by the housing lease dispute conciliation committee was enacted in 2016, and commercial building lease dispute conciliation by the commercial building lease dispute conciliation committee was also newly established in 2018 (Article 14ff. of the Housing Lease Protection Act, Article 20ff. of the Commercial Building Lease Protection Act).

It is evaluated that the legal approach to the housing rental system regarding human housing rights is still dealing with the housing rental system on the ideological basis of understanding housing as a commodity in Korea. The author thinks that the ideological basis of the legal approach to the right to housing should be upgraded. Housing is the basis of a human life that upholds the inherent human dignity, and therefore the issue of housing should be treated as a matter of human rights.[61] As such, securing housing for a personal and human life is at the same level of natural right as the right to a good education, right of access to medical care for health care, and the right to work with appropriate working conditions and fair wages. It should be dealt with as a matter of human rights, the innate right of human beings to maintain human dignity as a human being and to live as human beings.[62] Based on such an idea, the right to housing should be treated legally. When housing is unstable, human dignity is threatened.[63] Therefore, housing should not be treated only as a mere a market commodity as a space for living with roof.[64]

Furthermore, the Supreme Court ruled on December 7, 2023, that when a landlord refuses a tenant's request to renew a residential lease, the landlord must prove a genuine reason for personal residence.[65] On April 15, 2025, the Supreme Court also held that a tenant who moved out from a leased residence before registering the leasehold(Im-Cha-Kweon-Deong-Gi) loses the power to oppose third parties, and that power only takes effect again from the time the leasehold is officially registered.[66] Therefore, tenants must register their leasehold rights before moving out to ensure uninterrupted protection.

Moreover, in the decision on December 1, 2022, the Supreme Court recognized that even if the buyer of a rental apartment has

61) Paula A, Franzese and Angela C. Camella, "Housing and Hope: Private Property and Catholic Social Teaching", in: Christianity and Private Law (ed. by Robert F. Cochran Jr and Michael P. Moreland (New York, Routeledge, 2021), p.127, 129.
62) Ibid,, p. 129.
63) Ibid,, p. 136.
64) Ibid,, p. 132.
65) Supreme Court Judgement on December 7, 2023, 2022 Da 279795.
66) Supreme Court Judgement on April 15, 2025, 2024 Da 326398.

not yet completed the ownership transfer registration, the buyer may still lawfully refuse lease renewal if he/she intend to reside in the property.[67] This is because the buyer succeeds the status of the lessor and, with a genuine intention to live in the purchased apartment, has valid grounds to reject lease renewal.

(3) Changes in the Farmland Law System

The Farmland Reform Act was enacted in 1949 to resolve the unrest in the peasant society due to the prevalence of the premodern tenancy system in farmland, and the farmland reform was carried out, which included the principle of the land to the tillers(Articles 11 and 17 of the same Act) for the creation of independent farmer to own his own farmland, and for setting the upper limit (ceiling) of acreage to own the farmland (Article 12 of the same Act). As a legal system to realize the purpose of farmland reform, the certificate system of the farmland–sale (Article 19, No. 3 of the same Act) was legislated and implemented.

However, with the progress of industrialization and urbanization, the generation of idle farmland developed into a social problem due to the conversion of farmers to urban workers. So, in 1986, the Farmland Lease Management Act was enacted to allow the lease of farmland under strict conditions. After that, as more farmers moved into the city, which developed into a phenomenon of hollowing out rural areas, the Agricultural Land Act was enacted in 1994[68] to

67) Supreme Court Judgement on December 1, 2022, 2021 Da 266631.
68) Implementation began in 1996.

recognize the elimination of the upper limit on farmland ownership of farmers (Article 7 of the same Act), to allow the establishment of agricultural cooperatives and agricultural corporations, to recognize the ownership of farmland by corporations, to recognize ownership of farmland up to the limited acreage in a certain area even for non-farmers, and to allow lease (Article 22ff. of the same Act), consignment management of farmland (Article 9 of the same Act) and proxy farming (Article 19 of the same Act).

However, for the purpose of allowing farmers, whether individuals or corporations, to own farmland (Article 122 of the Constitution, Article 6 of the same Act), the qualification certificate for acquistion of farmland (Article 8 of the same Act) is being implemented. In fact, the certificate is being operated as only a document for the application for registration of transfer of ownership of farmland.[69]

Therefore, in order to preserve a clean environment and prevent the illegal use of farmland and haphazard development, the effectiveness of the farmland acquisition qualification certificate system must be strengthened. The requirements for issuing the farmland acquisition qualification certificate should be reinforced to ensure a substantive review of whether the applicant qualifies for farmland acquisition. Furthermore, in cases where ownership registration of farmland has been completed based on a false farmland acquisition qualification certificate, it is necessary to

69) Supreme Court Judgement on Feb. 27, 1998. 97 Da 49251; Supreme Court Judgement on Jan. 27, 2006. 2005 Da 59871; Supreme Court Judgement on March 27, 2008. 3. 27. 2007 Do 7393.

establish a legal theory and enact legislation to invalidate such registration.

(4) Special Civil Laws' Responses to Environmental Infringement

Industrialization and urbanization naturally caused environmental degradation. Environmental infringement, which started with water and soil pollution, has spreaded to air pollution, and today, the degree of environmental damage has deepened even into climate change, threatening human survival. The civil law has dealt with these environmental violations with the legal principle of torts.

In the early stages of industrialization and urbanization, environmental infringement was mainly addressed through public law regulations, while civil law responded based on the principle of fault–based liability.

Then, in 1977, the Environmental Conservation Act was enacted and the liability for damages caused by environmental damage was stipulated as no–fault liability for personal damage (Article 60 of the same Act), but the liability for property damage was still negligent, but the burden of proof was alleviated. Furthermore, environmental violations have been dealt with through precedents that shifted responsibility of providing burden of proof to the perpetrators as relief of burden of proof.[70] However, the principle of dual legal

70) Supreme Court Judgement on June 12, 1984. 81 Da 558; on July 23, 1991. 89 Daka 12755; Supreme Court Judgement on Oct. 11, 2013. 2012 Da 11661.

application could not adequately regulate environmental violations. Thus, in 1990, the Framework Act on Environmental Policy was enacted and impremented as a no-fault liability (Article 31 of the same Act (1990), now Article 44 of the same Act), whether for personal or property damage caused by environmental infringement.71) In order to lower the burden of proof on the causation of the environmental infringed, the Act on Liability for Environmental Damage and Relief thereof was enacted in 2014, by which environmental damage shall be presumed to have occurred from the facility, where it is highly probable to believe that a facility has caused environmental damage exists(Article 9 Paragraph 1 of the same Act). The Supreme Court endorsed the legalized theory of reasonable probability through the judgement.72)

In addition, legislation on the carbon trading system to cope with climate change was enacted, and the Act on Allocation and Trading of Greenhouse Gas Emission Rights was enacted in 2012 and has been implemented since 2015.

In addition, the liability for no-fault damages due to environmental infringement can be compensated for damages through court proceedings. In 1997, the Environmental Dispute

71) As a law for environmental protection, the Environmental Conservation Act stipulated all cases of environmental infringement, but with the enactment of the Framework Act on Environmental Policy in 1990, the Air Environment Conservation Act, the Water Quality Environment Conservation Act, and the Noise and Vibration Control Act were enacted in 1994 according to the subject of environmental infringement. The Natural Environment Conservation Act was enacted in 1995, the Soil Environment Conservation Act in 1995, and the Water Environment Conservation Act in 2017 as separate and independent act.

72) Supreme Court Judgement on Dec. 28, 2023, 2019 Da 300866.

Mediation Act was enacted, enabling the Environmental Dispute Mediation Committee to make a claim for maintenance of environmental violations as well as compensation for damage caused by environmental violations through simple methods such as mediation to allow not only the compensation of damages caused by the accident, but also to make request for maintenance of environmental infringing acts.

The Supreme Court, in 2023, ruled that in cases seeking compensation for environmental pollution damages against facility operators, the causation between the facility and the damage can be presumed if the victim proves, through various indirect facts, that there is a significant probability that pollutants discharged in connection with the installation and operation of the facility caused harm to another person's life, body, or property.[73] It is not necessary to directly prove that pollutants from the facility reached the victim or their property and caused damage. Therefore, in cases of compensation for damages caused by environmental harm, the burden of proving causation has been relaxed. It is sufficient to demonstrate a reasonable probability of causation, rather than requiring strict proof.

73) Supreme Court Judgement on Dec. 28, 2023, 2019 Da 300866.

2. Responses of Special Civil Laws to Social Changes into Globalization and Internationalization

(1) Progress of Globalization

Korea has participated in the era of globalization and internationalization, in which the domestic economy has developed with the progress of industrialization and urbanization and then transformed into a global free market economy. With the successful hosting of the 1988 Seoul Olympic Games, Korea faced a great turning point of incorporating into the world socially and economically. The first sign of Korea's participation in the global trend of globalization was its membership to the World Trade Organization (WTO) as a founding member in 1995. In 1996, the following year, it joined the Organization for Economic Cooperation and Development (OECD).

Although Korea participated in the trend of globalization in this way, it did so without being fully prepared to meet the international standard (global standard) that caters to the trend of globalization. Due to lack of preparation for participation in globalization, an economic crisis due to a lack of foreign currency immediately occurred in 1997, and the country started to receive economic operation guidance necessary for foreign currency borrowing and globalization from the International Monetary Fund (IMF). Due to the foreign exchange crisis, new legal systems were enacted one after another to liberalize foreign exchange transactions and to securitize insolvent assets into cash.

In addition, Korea signed a Free Trade Agreement (FTA) with Chile in 2003 and signed free trade agreements with several other countries, thereby further stepping forward on the path of globalization as an FTA powerhouse. However, in 2008, the world economy suffered due to the financial crisis in the United States. However, the economy has been recoverd and has spurred on the path of globalization. However, in 2020, the economy has been experiencing difficulties due to the global spread of COVID–19, but there is no change in its journey of globalization.

As such, the path of globalization brought benefits to Korea, but also brought difficulties and pain. However, it is true that the country has been benefiting more from the path of globalization by appropriately responding to the global economic crisis.

Recently, the global economy has been moving in a direction that runs counter to globalization.[74] However, I believe that preserving globalization and fostering greater cooperation among nations is the path to humanity's happiness and peace of world. I also believe that this is the path toward making the world a global community bound by love.

(2) Responses of Special Civil Laws

Along with globalization, most of the acts to practice it are commercial law, international trade law, and intellectual property

74) For concerns regarding the current trends in the global economic order that run counter to the progress of globalization, see Choi Jun–Young, 'The End of Globalization — Korea Forced to Adopt New Survival Strategies,' ChosunIlbo, July 30, 2025, p. A30.

law, but important acts have been enacted and implemented in the field of civil law as well. For the free international circulation of foreign exchange, the foreign exchange concentration system was effectively abolished in 1993 through the revision of the Foreign Exchange Management Act. In order to overcome the 1997 foreign exchange crisis, in the civil law field, the Interest Limitation Act was abolished in 1998 to promote the free inflow of foreign currency. Then, in 2007, it was enacted again.[75)]

To overcome the foreign exchange crisis, with the recommendation of IBRD, the Asset Securitization Act and the Housing Mortgage Securitization Company Act were enacted in 1999 in order to securitize or convert insolvent assets into cash, and the Korea Housing Finance Corporation Act was enacted in 2003,[76)] allowing to securitize non-performing assets and mortgages, thereby facilitating corporate financing by preparing a system that can cash out from bad assets or mortgage receivables that are due in the future.

75) The Interest Limitation Act was abolished to promote foreign currency inflow, but the Interest Limitation Act was enacted again in 2007 because it was necessary to limit the contracted interest that was too high. At that time, the highest interest rate was set at 30% per annum, but it has been gradually reduced and is now maintained at 24% per annum (Regulations on the Maximum Interest Rate in Article 2, Paragraph 1 of the Interest Limitation Act (2017)). The maximum interest rate was lowered to 20% per annum in the regulation on the maximum interest rate in Article 2 Paragraph 1 of the Amended Interest Limitation Act, promulgated at the end of March 2021 and implemented in the second half of the year.

76) After the Korea Housing Finance Corporation was established and operated, the securitization of mortgage-backed bonds was gradually taken over by the Korea Housing Finance Corporation by way of merging with the Korea Housing Finance Corporation or transferring its business. Thus, in 2015, the mortgage-backed bond securitization company act was abolished.

The circulation of assets is carried out by way of issuing assets—backed security (ABS) or assets—backed bond (ABB) as well as mortgage—backed security (MBS) or mortgage—backed bond (MBB), and selling them to investors.[77] Thus, the secondary mortgage market was formed in Korea as well. The Korea Housing Finance Corporation operates the cirulation of the assets mainly with ABB and MBB.

Recently, there has been a growing movement to securitize the claims for the return of lease deposits(Cheonse and leasehold) held by residential and commercial tenants.[78]

The United Nations Convention on Contracts for the International Sale of Goods (CISG), which was signed as a multilateral treaty in 1980, is the representative unification treaty on contracts for international sales of globalization.[79] Korea joined this treaty in 2004, and it took effect in 2005 in Korea. The CISG is a worldwide unified transaction law that consists of the mutual concessions of the Continental contract law, the Anglo—American contract law, and the Socialistic contract law, and the main legal system of the CISG is quite different from the current legal system of the Korean Civil Code.

77) For details on the securitization of assets and mortgages, see Kim Sang Yong, Textbook of Property Law(4th ed.), pp. 754—764; See, Financial Revolution ABS (compiled by Asset Securitization Practice Research Society, published by Korea Economic Daily Newspaper, 1999).

78) In this regard, see Jihaeng Heo, "A Study on Securitization and the Principle of Accessoriness - Focused on the Securitization of Lease Claims," Autonomy of Private Law and Paternalistic Intervention of Civil Law: 2025 Summer Conference Proceedings of the Korean Civil Law Association (hosted by the Korean Civil Law Association, co—sponsored by Jeju National University Law & Policy Research Institute and the Ministry of Justice, June 21, 2025), pp. 140—156.

79) This is also called the Vienna (Wien) Convention as treaty.

Representatively, in the Convention, the types of default are not classified into delayed performance, inability to perform, or incomplete performance, nor does it distinguish between warranty liability for defects and primitive incapacity, all of which are integrated into breach of contract which is divided into essential breach of contract and non–essential breach of contract, in order to define the effect differently.

In addition, the liability for breach of contract was recognized with no negligence. Further, rescission of the contract is permitted only when there is an essential breach of contract. In case of other breach of contract, only the right to claim compensation is recognized. In addition, the liability for damages due to breach of contract does not require the debtor's negligence, and in case of breach of contract due to force majeure, the liability for damages is exempted. Also, in the calculation of the amount of damages, it is not based on the theory of proximate causal relation but is based on the theory of foreseeability. As such, there are many contents of the CISG that are based on the legal principles, which are different from those of the sales contract of the Korean Civil Code.[80)]

After the 2008 global financial crisis, Korea enacted the Act on Security over Movable Property, Claims, etc. in 2010 as one of the trends of globalization, creating new real rights for security rights for

80) Regarding the contents of the CISG, refer to the Textbook of Special Part of Law of Obligations (4th edition, by Kim Sang Yong), pp. 247–248. Regarding the comparison with the sales contract in the Korean Civil Code, see Kim Hwa, Die Nacherfüllung als Rechtsbehelf des Käufers nach CISG, deutschem und koreanischem Recht, Studien zum ausländischen und internationalen Privatrecht, Nr. 310 (Mohr Siebeck, 2014).

movable property and claims. According to the Act, the security right for movable property and the security right for claims were able to be established by registration rather than by transfer of possession. The security right for movables can be both current movables as well as movables to be acquired in the future, and one security right can be established not only for one movable property but also for several movables (Article 2–2 of the same Act). However, the security right over movable property cannot be established by everyone. Only the corporation and the person who has registered the trade name in accordance with the Commercial Registration Act can establish the security right (Article 2, Paragraph 5 of the same Act). The registration is done by electronic information storage device, and registration is a prerequisite for establishing a security right to movable property (Article 7, Paragraph 1 of the same Act). These movable property security registrations do not take the principle of property filing(Realfolium), but rather the principle of personal filing(Personalfolium) (Article 2, No. 8, Article 47, Paragraph 1 of the same Act). Moreover, the registration of security right to movables may not exceed 5 years due to the limitation on the duration (the main text of Article 49 of the same Act). Of course, it can be renewed for a period not exceeding 5 years (Provisio of Article 49 Paragraph 1 of the same Act).

In the security registration of movables, the voluntary sale of the secured movables by the secured creditor is permitted due to the specificity of its execution (Article 23, Paragraph 1 of the same Act). Further, a contract for foreclosure is also allowed to enable the secured creditor to obtain the ownership of the secured movables (the main text of Article 31, Paragraph 1 of the same Act).

Claim security rights has the purpose of a nominative claim by integrating the pfledge of claim (Forderungspfandrecht) and the security right by means of assignment of a claim (Forderungssicherungsübereignung) (Article 34 of the same Act). The current nominative claims as well as future nominative claims can be used for that purpose. A single security right may be established for the purpose of a single nominative claim or several nominative bonds. The security right is registered in the claim security right register, and the registration is not a requirement for establishment but a requirement for claiming the registered claim security right to the third party (Article 35 (1) of the same Act). The effective period of the claim security right registration is also 5 years and can be renewed. Execution may be done by the court collection order, assignment order, or other method of exchange of the claims subject to security. Furthermore, the right to claim direct repayment against the debtor is also recognized (Article 36 of the same Act).

In addition, intellectual property rights can also be secured. It is named as security right to intellectual property right registration can be made in each intellectual property register already prepared for the disclosure of intellectual property rights to establish a security right to intellectual property rights. However, it is possible to establish a security right to intellectual property rights only in the case of two or more intellectual property rights. Therefore, it is not possible to establish a security right to one intellectual property right (Article 58ff. of the same Act). In that case, only a pledge of right can be established.

3. Development into Mass Production and Mass Consumption Society, and Special Civil Laws' Responses

(1) Development into Mass Production and Mass Consumption Society and Increasing Need for Consumer Protection

With the progress of industrialization and urbanization, mass production of the commodities necessary for daily life is made, and the society develops into a mass consumption society according to the increase of the income of the people which in turn generate various methods of promoting mass consumption further. Consequently, consumer damage occurred, and it was necessary to prepare a remedy system for relieving consumer damage.

As a method to promote mass consumption, sales contracts based on standard transaction terms and conditions are generalized, the use of credit cards is also generalized, while various credit cards are issued and used. Thus, even if a person does not have cash, trading by providing credit from business operators has become universally practiced. In addition, the types of commodity sales that promote consumption have also become very diversified. With the development of electronic technology, electronic transactions through electronic devices have also become active.

In addition, with the progress of globalization, foreign products can be easily purchased, diversifying and increasing the quality of products, further promoting consumption. With the liberalization of foreign exchange and the generalization of the use of credit cards, the payment of goods purchased abroad became easier, accelerating the development of a society of mass consumption. In addition, as travel was liberalized, domestic travel as well as overseas travel became popular, raising the issue of traveler protection as a social issue.

In terms of economic policy, the implementation of the national policy to promote economic development through the increase of consumption further increased consumption and led to diversification of consumption patterns. The development of mass consumption society by mass production has strongly demanded the need to strengthen remedies against damages to consumers' lives, body, health, and property caused by defective products, and the consumer protection act has developed into a special law independent from the civil code.

In this mass consumption society, the products to be protected are mainly movable property and service. As a result, consumer protection and consumer damage relief are concentrated on transactions in the field of product sales of movable property and service provision.

(2) Special Civil Laws' Responses for Consumer Protection

(i) Creation and Emergence of New Types of Contract for Mass Consumption

Transaction methods that promote mass consumption through mass production are created in various ways in practice, and the need to protect consumers by legal regulation according to these various consumption promotion transaction methods has increased. In the transaction form of consumption promotion, a new type of transaction method that cannot be properly regulated by the contents of the sales contract under the Korean Civil Code, such as installment sales, door–to–door sales, mail order sales, and multi–level sales by franchise method etc. has been created in practice. In response to such various consumption promotion transaction methods, Korean Government enacted respective regulatory acts according to each transaction method and took legal measures to protect consumers.

As for the specific law, the Installment Transaction Act was enacted in 1991 to properly regulate installment sales, in which the sale price is paid in installments, and installment sales contracts must be drawn up in writing (Article 6 of the same Act). The buyer's right to voluntarily withdraw from the installment sale contract was recognized within 7 days[81] from the date on which the contracted goods was delivered to the buyer, or if the contracted goods was not delivered, the buyer's right to withdraw from the installment sale contract was recognized within 7 days from the date on which the buyer received the goods etc. (Article 8 of the same Act). In addition, regulations were placed on the loss of the buyer's benefit of time in case of delay in the payment of installments (Article 13 of the same Act), and regulations were placed on the seller's right to cancel and claim damages in the event of delay in the buyer's installment payment[82] (Article 12 of the same Act)

81) This is called cooling–off period.

82) The seller has set a period of 14 days and made a request, and the contract can be

and the right to defend the buyer's refusal of installment payment was extended and recognized (Article 16 of the same Act).

In 1991, the Door-to-Door Sales Act was enacted, which as in the case of installment transactions, prescribed the creation of a contract in writing (Article 7 of the same Act), recognition of the right of voluntary withdrawal of subscription to the buyer (Article 8 of the same Act), and prohibition of coercion to conclude a contract that misleads consumers, withdrawal of subscription, and prohibition of acts that make it difficult to rescind the contract (Article 11 of the same Act). In addition, telephone solicitation sales (Article 5ff. of the same Act) and multi-level marketing (Article 13ff. of the same Act) are also regulated by this Act.

As the payment of sales proceeds due to the expansion of installment transactions and door-to-door sales by credit card, the Specialized Credit Finance Business Act was enacted in 1997. It regulates the sales concluded through the provision of goods and services by specialized credit finance companies, such as credit loans, collateralized loans, etc,. Therefore, it was designed to protect consumers by regulating the acquisition, management, and collection of sale claims of the credit finance business company.

In 2002, the Act on Consumer Protection in Electronic Commerce, etc. was enacted to regulate electronic commerce and mail-order sales, recognition of the buyer's right to withdraw voluntarily (Articles 17 and 18 of the same Act), limitation of the right to

canceled only when the seller does not perform within the maximum period (Article 11, Paragraph 1 of the same Act).

claim damages (Article 19 of the same Act), the prohibition of contracts that are unfavorable to the buyer (Article 21 of the same Act), thereby providing legal regulations to protect consumers.

(ii) Establishment of Consumer Protection Agency and Implementation of Consumer Dispute Mediation System and Consumer Action by Association (Verbandsklage) System

The provision of a special system for consumer protection started when the Consumer Protection Act was enacted in 1980 and implemented in 1982. Prior to that, it responded with legal principles concerning sales contracts, loan contract for consumption, and torts etc. of the Korean Civil Code. However, since there is a limit to consumer protection in response to the legal principles of the Korean Civil Code, the Consumer Protection Committee was established in 1982 as one of the administrative agency to deliberate on matters for consumer protection (Article 21ff. of the same Act (1980)). After that, the Consumer Protection Committee was abolished with the establishment of the Korea Consumer Agency as an independent corporation according to the amendment of the Consumer Protection Act in 1987, and the Basic Consumer Act enacted in 2006 was enforced in 2007 from which the Korea Consumer Protection Agency has been renamed the Korea Consumer Agency and is in charge of a wide range of consumer protection activities.

Important tasks of the Korea Consumer Agency for consumer protection are research and suggestion of systems and policies related to consumer rights and interests, as well as relief from consumer damage through consumer damage dispute conciliation. Consumers can apply to the Korea Consumer Agency for relief from damage caused by the use of goods and services (Article 55 Consumer Basic Act), and can receive relief through conciliation of the Consumer Dispute Settlement Committee within the Korea Consumer Agency (Article 60 of the same Act), and since 2016, a collective dispute settlement system has been prepared and implemented in which multiple consumers can apply for reconciliation as a group.[83) (Article 68 of the same Act). In addition, from 2007, consumer groups can file a consumer group lawsuit, which is a Verbandsklage(action by association), to the court for consumer damage relief (Article 70ff. of the same Act). However, through a consumer group litigation, only a sustaining right of claim such as prohibition or injunction of the infringement of consumer rights and interests, can be requested, but no claim for damages (Article 70 of the same Act) is recognized.

(iii) Regulation on Standard Contract Terms and Conditions

One of the most representative methods among the systems that promote mass consumption is the conclusion of a contract based on the standard contract terms and conditions. Standard contract terms

83) Prior to 2016, only the state, local governments, Korea Consumer Agency, consumer groups, and business operators were allowed to apply for collective dispute mediation, but since 2016, a large number of consumers have also been allowed to apply for collective dispute mediation. The collective dispute mediation system for consumer protection is understood as a special consumer dispute mediation system that has both the characteristics of a action by association (Verbandsklage) and a group lawsuit.

and conditions (allgemeine Geschäftsbedingungen) is a contract in which the business operator, who is a party to the contract, unilaterally determines the contents of the contract before the conclusion of the contract and prints it in fixed characters. In the conclusion of a contract according to the standard terms and conditions, the consumer, i. e. the counterparty to the contract, cannot decide the contract by negotiation, but only accepts the contents of the contract unilaterally set by the business operator. There is a possibility that ordinary transaction terms and conditions decided unilaterally by a business operator are unfair terms that are favorable to the business operator who wrote the agreement and unfavorable to the consumer who is the other party. Therefore, it was necessary to regulate the ordinary transaction terms and conditions, which are such unfair terms and conditions. The concept of contractual justice (Vertragsgerechtigkeit) is established in order to maintain the fairness of the contract contents in the conclusion of a contract according to the ordinary terms and conditions, and the regulation of unfair terms in order to protect consumers based on the contractual definitions, has developed into administrative and legislative regulations.

In Korea, prior to legal regulation by the enactment and enforcement of the Act on the Regulations of Terms and Conditions Act in 1986, the standard contract terms and conditions were regulated by the method of interpreting the terms and conditions called example sentence interpretation, which invalidates the unfair terms and conditions.[84] In addition, the unfair terms and conditions were partially corrected by having them undergo review by the competent administrative agency on the ordinary terms and conditions.

In the Act on the Regulation of Terms and Conditions of 1986, in order to protect the counter-party who is a consumer, when a business operator intends to conclude a contract according to the ordinary terms and conditions, the business operator is obliged to explain the contents of the contract to the counter-party who is a consumer (Article 3 of the same Act). As a special interpretation principle of the standard contract terms, unfair terms and conditions are controlled by the principle of priority of individual agreements (Vorrang der Individualabrede, Article 4 of the same law), the principle of objective interpretation (Article 5, Paragraph 1 of the same law), the principle of interpretation of the disadvantage to the creator for unclear terms and conditions (Article 5 (2) of the same Act), the principle of narrow interpretation of terms that are unfavorable to customers and exempt business operators

In addition, there is a control regulation that nullifies the unfair ordinary transaction terms and conditions. Thus, if the contents of the terms and conditions are against the principle of good faith due to the severe degree of unfairness, the unfair terms and conditions are absolutely invalid (Article 6 of the same Act). In addition, if it is recognized that there is no significant reasons in the content of the

84) Supreme Court Judgement on June 12, 1984. 83 Daka 159. Regulations on standard terms and conditions by example sentence interpretation was used for a while after the Act on the Regulation of the Terms and Conditions Regulation was enacted and enforced (Supreme Court Judgement on June 26, 1990, 89 Daka 26915; Supreme Court Judgement on Nov. 25, 1994. 25 Da 8969).

terms and conditions stipulated on the contracting party's responsibility in the Act, there is a provision to make it relatively invalid (Article 7 of the same Act).

Regarding the procedure for controlling unfair terms and conditions, it does not take the method of concrete normative control that examines unfair terms only when the unfair terms become a premise for a trial. There is a stipulation on abstract normative control that can be controlled even when the unfair terms are not a premise for a specific trial case (Article 19 of the same Act). The methods of controlling unfair terms and conditions take the form of correction order, correction recommendation, non−use recommendation etc (Article 17 and 17−2 of te same Act). The aforementioned methods shall be selected and taken by the Fair Trade Commission ex officio or upon request from interested party (Article 17−2 and 19 of the same Act). Furthermore, they would be also possible through mediation by the Terms and Conditions Dispute Mediation Council, which is established within the Korea Fair Trade Mediation Agency of the Korea Fair Trade Commission[85] (Article 24, 27 and 27−2 of the same Act).

85) At the time when the Regulations on Terms and Conditions Act was enacted, the review and corrective action on whether the ordinary transaction conditions were unfair was deliberated and decided by the Terms and Conditions Review Committee, and then the Minister of the Economic Planning Board took corrective actions (Articles 17 and Article 24 of the same Act(1986)). The Terms and Conditions Review Committee was abolished in 1992, and the Fair Trade Commission reviewed and decided, and took corrective actions (Articles 17 and Article 17−2 of the same Act). In 2012, the Fair Trade Commission reviewed and in addition was able to take corrective measures. Concurrently, the Terms and Conditions Dispute Mediation Council was established within the Korea Fair Trade Conciliation Agency established in accordance with Article 72 (1) by the Monopoly Regulation and Fair Trade Act to review and take corrective actions through mediation of the council(Articles 24, Article 27 and Article 27−2 of the same Act). Therefore, at present,

Requests for review of unfair terms and conditions may also be filed by persons who have legal interests in relation to the provisions of the terms and conditions, consumer groups, Korea Consumer Agency, and business groups (Article 19 of the same Act).

(iv) Expansion of Legal System to Protect Financial Consumers

Financial transactions are mainly made through public finance rather than private finance, and public financial transactions are conducted through financial institutions.

Since 1993, under the real-name financial system,[86] financial transactions through financial institutions are made under the name of the real-name owner of money. Therefore, when a bank deposit is made in the name of another person, the money in the bank account is considered to be owned by the depositor, and the bank cannot pay the deposit to the actual money owner, but shall be paid to the depositor. The above-mentioned legal principle has been created and supported by precedents.[87] In preparation for bankruptcy of financial institutions, the Depositor Protection Act was enacted in 1995 and

a request for examination of terms and conditions can be filed to the Terms and Conditions Dispute Mediation Council under the Fair Trade Commission. The basis for the establishment of the Terms and Conditions Dispute Mediation Council is Article 24 of the Act on the Regulation of Terms and Conditions.

86) The real-name financial system was implemented by the Presidential Decree for the Emergency Financial and Economic Order on Real-Name Financial Transactions and Confidentiality in 1993, and the Presidential Decree for the Emergency Financial and Economic Order on Real-Name Financial Transactions and Confidentiality was abolished with the enactment of the Act on Real-Name Financial Transactions and Confidentiality in 1997.

87) Supreme Court Judgement (en banc) on March 19, 2009 2008 Da 45828

measures to protect deposits up to a certain limit[88] have been taken and continued to this day.[89]

In addition, to protect financial consumers, the collateral system has been continuously improved. In financial transactions, the collateral law has developed in such a way that the economically strong creditor has a superior position over the economically weak debtor and charge grantors. Therefore, if there is no regulation on collateral, the collateral law naturally develops in a direction that is beneficial to the creditor, which disadvantages the debtor and the charge grantor. Accordingly, financial consumer protection has been achieved through the revision of the security law in the direction of protecting debtors and charge grantors.

First, the Act on Provisional Registered Security, etc. was enacted in 1983 to regulate the anomalous collateral security by way of the transfer registration of real estate ownership, provisional real estate registration, and sale for security purpose, which are anomalous security systems that have been customarily used by creditors to obtain excess profits. In the same Act, these anomalous collaterals were legislated as security rights with special mortgage properties, and

88) Until now, deposits have been protected up to 50 million Korean won per financial institution, but starting from September 1, 2025, the coverage will be increased to 100 million Korean won per financial institution.

89) Under the real–name financial system and the real–name title system, when the depositor disposes of his or her own name of deposit the depositor's disposition is recognized as a crime of embezzlement (Supreme Court Judgement, on Aug. 18, 2000, 2000 Do 1856). However, the establishment of the crime of embezzlement shall not be recognized with respect to the disposition of the title trust real estate by the trustee in the title of real estate (Supreme Court Judgement (en banc) on May 19, 2016, 2014 Do 6992).

a system was prepared to prevent the anomalous secured creditor from acquiring excess profits. Above all, as a method of executing the anomalous security right, it recognizes the private execution by which the creditor, i.e. the secured creditor, can acquire the ownership of the anomalous collateral object along with the public execution by auction. Only after notification of execution to the grantor, the expiration of the two-month grace period, and payment of the liquidation amount[90] to the grantor of the anomalous secured creditor, the anomalous secured creditor can acquire the ownership of the anomalous security object (Articles 3 and 3 of the same Act).

In the case of collateral by mortgages and guaranties, almost all of them have been set up with the floating sum mortgage or the floating suretyship. In addition, almost all floating suretyship also used joint surety.

Regarding the floating sum mortgage, there are provisions in Article 357 of the Korean Civil Code, but only one provision has been legislated. In collateral affairs, comprehensive collateral security,[91]

90) The liquidation amount is the difference between the value of the anomalous collateral object and the amount of the claim, and is evaluated by the creditor by himself or herself (Article 4, Paragraph 1 of the same Act)

91) Unlike ordinary mortgages, the floating sum mortgage is used for an unspecified claim whose collateral claim fluctuates up or down. It is a collateral mortgage secured up to a certain maximum amount during a certain settlement period. The contract of continuous transaction (basic contract) between the debtor and the creditor shall be followed. These rights to collateral security are also divided into specific collateral security right, limited collateral security right, and comprehensive collateral security right according to the type of basic contract. All debts arising from financial transactions or credit transactions other than the individual basic contract with the relevant financial institution, as well as all debts arising from the transaction comprehensive collateral mortgage used in collateral affairs to ensure that the maximum amount is secured; There is also an extreme

especially transaction comprehensive collateral security have been used in accordance with the general terms and conditions for the transaction comprehensive collateral security. Also, in terms of floating sum security, comprehensive joint floating sum security which is combination of comprehensive collateral security and joint surety has been mainly used. Unlike the right to collateral floating sum mortgage, the Korean Civil Code did not stipulate any provisions regarding continual guaranty at the time of enactment of KCC in 1958. In 2005 a provision on the floating sum sueretyship was inserted(Article 428-3 KCC).

Due to this general use of floating security, for the protection of the debtor and the chargor, the method of public regulation restricting the use of floating security was taken rather than protection by modification of the floating security system. Until the end of 1983, the establishment of an extreme and unlimited

comprehensive collateral security that guarantees up to a certain maximum amount for claims. However, among the theories on the right to collateral security, there is a theory to recognize not only collateral security rights instead of ordinary mortgages for specific claims used in financial institutions, but also specific mortgages, limited collateral security, and comprehensive collateral mortgages used in financial institutions. A view that even recognizes the validity of the so-called extreme and unlimited comprehensive collateral mortgage, which promises to secure all debts between a specific creditor and a specific debtor even if there is no transaction with a financial institution such as a transaction or credit transaction(Kim Jae Hyeong, A Study of Collateral Mortgage (Bakyeongsa Publishing Co., 2000), p. 118). This view aims to lead to the recognition of the independence and abstraction of the collateral security rights by completely excluding the non-compliance with the basic contract of the collateral security rights in the end by recognizing the extreme comprehensive collateral security. Such extreme comprehensive collateral security can be abused as a way of receiving preferential payment of the entire amount of the debt by purchasing the non-secured insolvent claims at a low price from the creditors who have a non-performing loans against the same debtor of the extreme comprehensive collateral security.

comprehensive collateral security was permitted.[92] From 1984, extreme rights to collateral security were classified according to the resolution of the National Banking Association, and in 1986, the standard form of the right to collateral security was adopted and the use of extreme comprehensive collateral security was prohibited. In 2010, the Banking Act was amended to prohibit the act of unreasonably requesting collateral mortgage or collateral guaranty from borrowers, etc. in relation to credit transactions in Article 52-2 of the same Act as an unfair business practice that harms fair financial transaction order, and limited the use of comprehensive collateral security rights and comprehensive collateral security. In 2012, in accordance with the Banking Supervision Regulations of the Financial Services Commission, financial institutions took measures to completely ban the establishment of comprehensive collateral security for individuals. In this way, financial institutions cannot require individuals to set up a comprehensive collateral security in their collateral duties, and regulations are applied only to corporations to use them only under strict conditions.[93]

In addition, the need for guarantor protection was strongly demanded, and in 2008, a special act was enacted to protect guarantors, requiring the guarantor to indicate in writing (Article 3 of the Special Act

92) Kim Seong Eun, "A Review on the Regulation of Comprehensive Collateral Security Rights," Dong-A Law No. 70 (Dong-A University, Law Research Institute, 2016), p. 393.

93) See, regarding the extreme restrictions on the use of comprehensive collateral mortgages, Kim Sang Yong, "A view on the legislative direction of collateral security rights: Focusing on the prohibition of comprehensive collateral security", Real Estate Focus Vol., 104 (Korea Appraisal Service (KAB), Real Estate Research Institute, 2017. 1. 25), pp. 47-70.

for Guarantee Protection) and specifying the maximum amount of guarantee obligation (Article 4 of the same Act). The guaranty period was limited to 3 years (Article 7 of the same Act), and the obligee should notify the guarantor the financial hardness of the debtor in case of delay in performance of the debtor (Article 5 of the same Act). Legal measures were taken, such as acknowledging only the comprehensive collateral security for transactions and not accepting the extreme comprehensive collateral security (Article 6 of the same Act).[94)]

Although there are no restrictions in the Act on the use of joint guaranty, the Financial Services Commission continues to regulate the use of joint guaranties. After enacting and enforcing the Special Act for Guarantee Protection, the Korean Civil Code was amended in 2015 to stipulate the contents of the Special Act for Guarantor Protection into the Korean Civil Code to protect guarantors. In terms of collateral security, it was stipulated that collateral security shoud be allowed even for extreme comprehensive collateral security (Article 428−3 of the Korean Civil Code). Such a aforementioned enactment is backward legislation from the Special Act for the Guarantee protection in the system of guaranties for financial consumer protection. The establishment of extreme comprehensive collateral security made it possible to establish extreme comprehensive collateral security rights and comprehensive claim collateral security rights even in the Act on Collateral for Movable Property and Claims enacted in 2010 (Articles 5 and 37 of the same Act). This is considered

94) For details on guarantee obligations, see Kim Sang Yong, Textbook of General Part of Law of Obligations (3rd Edition, Hwasan Media, 2016), pp. 303ff..

an act that neglects the protection of financial consumers. For the purpose of real estate for the protection of financial consumers, the amendment or supplementation of collateral security rights under the Korean Civil Code has not been made at all.

In order to protect debtors and guarantors from illegal debt collection activities of creditors, the Fair Collection of Claims Act was enacted in 2009 to prohibit such illegal collection activities. In addition, in 2004, the Individual Debtor Rehabilitation Act was enacted to provide a special individual rehabilitation system that allows financial consumers to reduce their debts and receive exemptions. However, with the enactment of the Debtor Rehabilitation and Bankruptcy Act in 2005, the Individual Debtor Rehabilitation Act was abolished by absorbing and stipulating the individual rehabilitation system in the same Act.

In addition, in the case of loans from credit institutions, financial consumers are protected through the maximum limit of contracted interest in accordance with the Act[95] on Registration of Loan Business and Protection of Financial Users in 2002[96] (Article 8 of the

95) In 2009, the name of the Act was changed to the Act on the Registration of Loan Business, etc. and the Protection of Financial Users.

96) In the case of loans from credit institutions, the agreed maximum interest rate was 66% per annum in 2002, 49% per annum in 2007, 39% per annum in 2010, 34.9% per annum in 2014, and 27.9% per annum in 2017. It had been lowered to 24% and has been maintained at 24% per annum until 2020. Now, it is at the same level as the contracted maximum interest rate under the Interest Limit Act. From the second half of 2021, the rate has been reduced to 20% per annum. For reference, the delayed interest rate based on the Act on Special Cases concerning Expedition, etc. of Legal Proceedings was 20% per annum in 2003, 15% per annum in 2015, and in 2019 due to the amendment of the provisions on the statutory interest rate in the main sentence of Article 3, Paragraph 1 of the Act on Special Cases concerning Expedition of Legal Proceedings, it was reduced to 12%.

Act and Article 5 of the Enforcement Decree of the Act). In 1998, the Wage Receivable Guarantee Act was enacted and legal measures were taken to guarantee the payment of wages to workers. In 2006, the Electronic Financial Transactions Act was enacted to promote safety and trust in electronic financial transactions.

After experiencing various large−scale financial accidents in the meantime, the Financial Consumer Protection Act was enacted in 2020 for stronger protection of financial consumers, and implemented from 2021. Financial products subject to financial consumer protection under the Act include deposits and loans under the Banking Act, financial investment products under the Capital Markets and Financial Investment Business Act, insurance products under the Insurance Business Act, deposits and loans under the Mutual Savings Banks Act, credit cards in accordance with the Specialized Credit Finance Business Act, facility rental, deferred payment sales, installment finance, etc. (Article 2, No. 1 of the same Act). For the protection of financial consumers, the obligation of financial product sellers in good faith (Article 14 of the same Act) and the prohibition of discrimination against financial consumers (Article 15 of the same Act) are specifically stipulated to let the Financial Services Commission set up a financial education policy and financial education programme, and establish institutions and organizations related to financial education (Article 30 of the same Act).

In 2025, the Act on Registration of Credit Business and Protection of Finance Users was amended to limit the maximum interest rate for loans by private lenders to individuals and small businesses to an annual rate of 27.9% (Article 8, Paragraph 1 of the Act). Furthermore, if a private lender enters into a loan contract with an annual interest rate exceeding 60%, such a contract is deemed an act contrary to public order and morals, and is therefore void (Article 8-2, Paragraph 1, Subparagraph 4). In such cases, the borrower is not required to repay both the interest and the principal.[97] However, for loan contracts with annual interest rates exceeding 27.9% but not exceeding 60%, the agreement on interest exceeding the legal limit is considered void, and the excess interest already paid by the borrower shall be applied toward the repayment of the principal (Article 8, Paragraph 5 of the Act).

(v) Development of Legal Theory and Legislation for Medical Consumer Protection

In the past, medical treatment was understood as a kind of favor done by a doctor to a patient, but now it is understood as an equal contractual relationship in which treatment is performed under a contract between the doctor and the patient, and the price is paid. However, now, with the expansion of the social security system in the medical field, the people are receiving a wide range of medical benefits.[98] In addition, the people are recognized as medical consumers in the medical field, and from the standpoint of protecting medical consumers, now it is evolved into the era of

97) The invalidation of loan contracts with interest rates exceeding 60% took effect on July 22, 2025.

98) In Korea, national medical insurance began to be implemented for workers at workplaces in 1977, and national health insurance was implemented from 1989.

preparing a relief system to provide a legal protection for medical accidents caused by medical malpractices.

The field of law that ensures that all citizens receive medical benefits through the implementation of national medical insurance for all citizens falls on the social security law, which is excluded from the field of civil law. In the field of medical civil law, it intends to deal only with the field of medical law, where it is easy to obtain relief from damage caused by medical accidents. Medical practice is a field that requires professionalism, and the people are in the socially underprivileged position against medical personnel in charge of medical practice. Therefore, in the case of a medical accident, the legal theory and legal system of the civil medical act have been prepared for the relief of damage to the people as consumers who have suffered damages. Looking forward as well, the development of the civil medical act is also required in the future.

Because medical practices are extremely diverse in type and content, it is difficult to define the concept of a medical contract, and since the medical benefits of a medical contract are provided by a doctor, medical contracts are generally called doctor's contract (Arztvertrag). However, the medical contract between the doctor and the patient is still not stipulated in a positive law, and in legal theory, the medical contract is understood as belonging to the category of a delegation contract.[99)]

In the meantime, important civil law theories and legal systems have been established for the protection of medical consumers. First,

99) Kim Sang Yong, Textbook of Special Part of Law of Obligations(4th ed., Hwasan Media Publishing Co., 2021), p. 495.

the doctor's treatment and therapy of patients, the imposition of the duty to explain foreseeable observations in the future, and the doctor's negligence in the case of nonfulfillment of the duty to explain were considered for the establishment and application of the legal theory of imposing the duty to compensate for damages. In addition, there were formulation and application of legal theory that the doctor's treatment is legal, when the doctor's treatment would be only based on the patient's informed consent (informierte Einwilligigung) and based on a prior explanation to the patient. Otherwise, it is an illegal act and constitutes an illegal act as well as default.[100] In the case of damages due to violation of the duty of explanation, compensation for damage to the patient's property as well as compensation for mental damage in certain cases is recognized.[101] If it is gradually proved that a patient has no health defect that could cause the damage between the doctor's medical treatment and the patient's damage, it is assumed that there is a causal relationship between the doctor's negligence and the patient's damage, protecting the medical consumers.[102]

In this way, the civil law protection of medical consumers is achieved according to legal theory and precedent, and a broader protection system for medical consumers such as telemedicine is not

100) Ibid, p. 500, Supreme Court Judgement on April 28, 1987, 86 Daka 1136; Supreme Court Judgement on April 15, 1994, 92 Da 25885; Supreme Court Judgement on Feb. 10, 1995, 93 Da 52402

101) Supreme Court Judgement on April 15, 1994, 93 Da 60953; Supreme Court Judgement on Feb. 10, 1995, 93 Da 52402

102) Supreme Court Judgement on Mar. 10, 1995, 94 Da 39567; Supreme Court Judgement on Feb. 27, 1998, 97 Da 38442

nationwide implemented. Against these developments in the protection laws and precedents of medical consumers, rather than doctors' relying on a judge's legal judgment based on the court's litigation procedure to determine their liability for damages to infringed patient a legal system was established to determine whether or not legal liabilities can be judged by doctors themselves through reconciliation, mediation, arbitration, etc.. That is the Act on Medical Accident Relief and Medical Dispute Mediation, etc., enacted in 2011, which established the Korea Medical Dispute Mediation and Arbitration Agency, allowing the institution to settle disputes caused by medical accidents through reconciliation, mediation or arbitration.[103)]

The Supreme Court ruled that a nurse's act of bone marrow collection does not constitute unlicensed medical practice.[104)] The Court held that a bone marrow examination and collection is not necessarily a medical procedure that only a physician can perform. Unless there are special circumstances, such as a high level of risk based on the patient's individual condition, the procedure may be regarded as a medical practice that can be carried out by a qualified and skilled nurse as an assisting act under general supervision and guidance of a physician, without the need for the physician to be physically present during the procedure.

---

103) For more detailed information on this, see Kim Sang Yong, The abovementioned Textbook of Special Part of Law of Obligations, p. 811.

104) Supreme Court Judgement on Dec. 12, 2024, 2024 Do 7642.

(vi) Legislation of Product Liability Act

When a consumer suffers damage to life, body or property due to a defect (Fehler) of a product distributed in the market, more and more cases have gradually appeared that the current legal system of incomplete performance and defect liability as a method in which the consumer, who is the user, can directly receive compensation for damages from the manufacturer of the defective product has certain limitation. Therefore, the Product Liability Act of no−fault liability was enacted in 2000 to enable users of defective products to be directly compensated for damages from the manufacturer of defective products.

In this Act, the object of product liability is limited to manufactured or processed movable property (Article 2, Paragraph 1 of the same Act), and product liability is recognized as a no−fault strict liability (Article 3 of the same Act), and producers, designers, importers and those who fail to properly mark the product belong to this category of manufacturers (Article 2, Paragraph 3 of the same Act). In the case of damage caused by a development defect (Entwicklungsfehler) that cannot be judged by the level of science and technology at the time of manufacturing whether the product is defective at the time of manufacture, this was stipulated as a reason for immunity (Article 4−2 of the same Act)

At the time of legislation of the Product Liability Act, there were no special provisions regarding the burden of proving a causal relationship between a defect in a product and the occurrence of damage, but precedents indicate that when three indirect facts that an accident occurred while the victim was using the product normally, the accident occurred in an area under the exclusive control of the manufacturer, and that the accident does not normally occur without the fault of a certain person, the causal relationship between the defect and the damage can be presumed[105] (Article 3-2 of the same Act). Then, in 2017, the causality presumption principle of precedents was stipulated in the same act as it is, and the causal relationship was presumed legislatively (Article 3-2 of the same Act). In addition, in the same year, a manufacturer who incurs serious personal damage to life or body as a result of his or her knowingly failure to take necessary measures for the defect shall be subject to punitive damages to the extent of not exceeding three times the actual damage suffered to the victim, other than actual damage. By allowing them to receive punitive damages (Article 3, Paragraph 2 of the same Act), it is possible to dramatically protect consumers who are damaged by the use of defective products.

(vii) Legislation of Travel Contract

With the increase of people's income, travel has developed as one of the essential elements of people's lives. During the COVID-19 widespread period, overseas travel was almost blocked, but domestic travel was very active. Currently, the overseas travel has been recovered. Today, travel has become an essential element

105) Supreme Court Judgement on Feb. 25, 2000, 98 Da 15934; Supreme Court Judgement on Mar. 12 2004, 2003 Da 16771

of life in order to have a leisurely life due to the densely populated city life. Thus, in travel, time has come to protect the people specially as travel consumers.

Looking at the historical process of travel liberalization in Korea, in the late 1980s, Korea's economic growth and people's living standards improved, and after democratization in 1987, the rigid atmosphere in society was alleviated and the society became liberalized. As a result of the successful hosting of the Seoul Olympics in 1988, the demand for overseas travel increased with confidence and internationalization through the Olympics, which resulted in international travel liberalization in 1989. However, although this travel liberalization was made, the travel contract was concluded according to the ordinary transaction terms and conditions, so even if the public suffered damage due to the unfair travel terms and conditions, there was no choice but to control the unfair travel terms and conditions according to the general contract law principles of the Korean Civil Code and the Terms and Conditions Regulation Act.[106] Therefore, legislative supplementation was necessary for the protection of travel consumers.

As a result, in 2015, the Korean Civil Code was amended to legislate the travel contract (Article 674-2 of the same Act). The Korean

106) In 1986, the Tourism Promotion Act was enacted to allow travel organizers to arbitrarily purchase insurance or subscribe to cooperative for compensation for damage suffered by travelers during travel (Article 14 of the same Act(1986)). From 2008 onwards, insurance or cooperative mutual aid and deposit of security money for business were made mandatory (Article 9 of the same Act (2008)), which is still maintained today.

Civil Code stipulates a travel contract as a kind of contract for work for the purpose of consumer protection.[107] According to the Korean Civil Code stipulating the travel contract, the travel organizer must fulfill the full travel benefits for travelers. In principle, it is not possible to change the travel conditions in carrying out the trip, and only in the case of an unavoidable change of circumstances, the travel conditions and itinerary can be changed (Article 674–4 KCC). In addition, in order to protect travelers who are travel consumers, the travel organizer's responsibility for guarantees for travel defects[108] has been strengthened (Articles 674–6 to 674–8 KCC).

In recent years, with the increase in air travel by tourists and the accumulation of mileage points offered by airlines, more and more travelers are able to take flights without incurring additional airfare by using their accrued mileage points. This trend reflects a growing understanding of accumulated airline mileage as a new type of property right, and legal theories are increasingly being developed in that direction.[109]

107) See above, Kim, Sang Yong, The Textbook of Special Part of Law of Obligations(4th ed. Hwasan Media Publishing Co., 2021), pp. 383–384

108) The warranty travel liability of the travel organizer to the traveler includes a claim for correction, reduction in price, contract termination, and compensation for damages.

109) Regarding this issue, see: Kim Hwa, "Legal Issues Concerning the Expiration of Airline Mileage under the Terms and Conditions Act – Supreme Court Decision 20121Da 308030, rendered on November 28, 2024", in: Collection of Papers of the 2nd Case Law Study Symposium of the Korean Civil Law Association (co–hosted by the Korean Civil Law Association and the Center for Legal and Policy Studies at Jeju National University), June 20, 2025, pp. 81–99.

(viii) Consumer Protection with Advent of Platform Economy

The society is gradually developing into a knowledge information society called the 4th industrial revolution.[110] Communication, computer, and information are combined to boost contactless transactions which do not need to be made by looking at products directly, but rather non–face–to–face transactions are becoming active through computers. A large amount of information[111] is also accumulated, and goods and services are traded non–face–to–face through domestic as well as global distribution networks. These giant companies have created such a huge distribution network and operated a platform that allows transactions to take place globally. Such a platform operator exists above the state and acts as a trading business organization, connecting producers and consumers of the world, so that consumption occurs vigorously across the globe.

110) The characteristics of the 4th industrial revolution can be summarized as super–intelligence, where information and intelligence based on super–convergence, hyper–connectivity, big data, and artificial intelligence become the basis of new competition (New Social Conflicts and Response Directions, in: National Land, Vol. 463 (KRIHS Monthly Magazine, Korea Research Institute for Human Settlements, May 2020), p. 55). The term of the 4th Industrial Revolution was first written by Klaus Schwab in his article in 2015, and was also first used at the Davos Forum hosted by the World Economic Forum (WEF) in 2016.

111) Whether information should be viewed as a thing is being actively debated, and information ownership or data ownership (Dateneigentum) for the purpose of information is sometimes argued, and claims to protect information as intellectual property rights has been proposed, but no consensus has yet been reached. Regarding the relationship between information and data, there are views that both are the same, but there are also views that they are different (Jeong Jin Myeong, "Use of Date, and Private Legal Protection and Remedies for Data", in: Data and Private Law: Material Collection for Summer Conference of the Korean Civil Law Association (June 12, 2020), p. 152).

Although these giant platform operators are private companies, they are demonstrating global economic power as a private organization above the state. Here, this author intends briefly to state only the special legal phenomena in the civil law aspect of transactions through the platform.

The economic phenomena of this knowledge and information society are called sharing economy, data economy, and platform economy. In this economic phenomenon, there are arguments that the form and type of transaction, and the contents of the transaction law will appear different from the present. First, until now, "ownership" of goods has been the main focus and "use" has been treated as secondary. However, especially in the sharing economy, it is said that "use" becomes important while "ownership" becomes meaningless, and the legal form of transactions changes from sales-oriented to rental-oriented. It is also argued that the contract will change to a continuing contract requiring sales service, in which transaction, which is temporary contract, requires after-sales management (A/S: after-sales service)[112] It is also said that the bilateral contractuality of the sales contract will be lost,[113] and the concept of defects in the seller's warranty for defects will change from material defects to functional defects.[114] It is also said that as

112) Privatrecht 2050: Blick in die digitale Zukunft (hrsg. von der Gesellschaft Junge Zivilrechtswissenschaft e.V., Nomos, 2020), S.11ff., 15ff.). Therefore, there is also an argument that there will be a change in the function of the judicial system, in which the use contract is stipulated first and the sale contract is placed later in the composition of the contract law.

113) A. a. O., S. 22ff.

114) A. a. O., S. 14ff.

the sale is changed to a continuing contract, the classical doctines like risk transfer will lose its importance.[115]

In addition, discussions are taking place on whether the platform operator should be viewed as a simple intermediary between the parties to the transaction, as an agent of both parties or as an independent operator. Though they create and use a standard contract in order to avoid legal liability arising from the transaction, the argument that platform operators should be recognized as an independent business operator and take responsibility for the transaction in the virtual space, is gaining persuasiveness in order to protect consumers.[116] It is also said that, as a criterion for acknowledgment of negligence, in judging whether or not the duty of care is violated, it will change from the standard average person to the phenomenon of individualization based on individual people.[117]

Because mass transactions are currently conducted through platforms, it is argued that, with the advancement of big data and artificial intelligence, transactional relationships will evolve from bilateral relationships (Bilateralität) to multilateral ones (Multilarität). It is also anticipated that algorithms may lead to the emergence of personalized transaction laws[118] (personalized law: Personalisierung des Rechts), whereby discretionary legal rules governing transactions are

115) A. a. O., S. 15.

116) Johnnes Warter, "Vertragsrechtliche Fragen Plattform-Basierter Wirtschaft", in: Privatrecht 2050, SS. 143, 149.

117) Philip Maximilian Bender, "Grenzen der Personalisierung des Dispositiven Rechts", in: Privatrecht 2050, S. 35ff.

118) See Bender, a. a. O., S. 33ff., regarding the individualization of arbitrary laws in the transaction law in an intelligent information-oriented society.

individualized and applied differently to each specific transaction depending on its content and the parties involved. In particular, in the case of a large number of individual transactions, the so-called pricing rule of one-goods-one-price in the economy does not apply because the ordinary transaction terms and conditions[119] do not control the price, and the free pricing decision in which the transaction price is different for each transaction party even for the same product. There are also claims[120] that predict that such a phenomenon will occur. Conversely, the emergence of platform operators, which are giant mega-corporations, will reject the free market due to market concentration by platform operators, raising questions about whether the parties' freedom of price determination can be maintained.[121]

In Korea, for transactions through these platforms in the civil law, e-commerce and mail-order (telemarketing) sales are governed by the Consumer Protection Act in Electronic Commerce, etc.. It is evaluated that consumers are indirectly protected by the method of public regulation by the Fair Trade Commission on platform operators who have grown into giant corporations.[122]

---

119) In the intelligent information society, standard terms and conditions appear in the form of applications.

120) Privatrecht 2050: Blick in die digitale Zukunft, S. 25ff.

121) A. a. O., S. 27ff.

122) Paradoxically, in the knowledge information society, it is evaluated that the state's control over private legal relations will become more severe (A. a. O., S. 60ff.). On the other hand, we should not forget the opinion that individual freedom, self-determination, and self-responsibility, which are the vital forces of the private law system, should be maintained in the future (Ludwig Raiser, Die Zukunft des Privatrechts (De Gruyter, 1971), S.36)

Recently, with the development of artificial intelligence(AI), not only real assets, but also various forms of virtual assets[123] have emerged. These assets are generally and comprehensively referred to as digital assets. In the context of legal regulation, the term virtual asset is commonly used, while crypto asset is typically used to describe virtual assets based on cryptographic technology. Crypto assets are now being created and actively traded. As virtual asset transactions have become widespread, legal disputes have also arisen in the process. In response, legislation has been enacted and enforced to regulate these transactions and to protect users.[124][125] Furthermore, legal theory is evolving toward treating information in virtual spaces as objects i.e., property that can be legally recognized and protected.

123) The digital asset is used as the most general and comprehensive term. In the context of legal regulation, it is commonly referred to as a "virtual asset", while assets specifically based on encryption are typically referred to as "crypto assets".

124) One such law is the Act on the Protection of Virtual Asset Users (short title: Virtual Asset User Protection Act), enacted in 2023 and implemented in 2024.

125) For legal regulations regarding virtual assets and their transactions, see the following: Lee Jun-min, "An Assessment of Regulatory Restrictions by Financial Authorities on Virtual Asset Transactions by Corporations and Institutions," in Private Autonomy and the Paternalistic Role of Civil Law: Proceedings of the 2025 Summer Conference of the Korean Civil Law Association (hosted by the Korean Civil Law Association, Jeju National University Center for Law and Policy, sponsored by the Ministry of Justice, June 21, 2025), pp. 163-185; Jeong Sin-dong, "The Game Industry and Private Autonomy: With Reference to the European Game Rating System," ibid., pp. 187-200; Seo Jong-hee, "Crypto Assets and Prescription Period of Withdrawal Claims: With Consideration of the Legal Nature of Crypto Assets," Supplementary Proceedings of the 2025 Summer Conference of the Korean Civil Law Association (same hosts and sponsors as above), pp. 5-35.

4. Individualism, Early Maturity of Children, Entry into an Aging Society, and Responses of Special Civil Laws

(1) Compilation of Individual Family Relation Register

With the development of the economy, Korean society is gradually becoming more individualistic and the spirit of community is weakening. In addition, the women's movement has become stronger, divorce has increased, and a social phenomenon in which young people do not marry, is progressing. In addition, the birth rate has decreased significantly.

The most representative legal system in the progress toward individualism appeared in the registration system of birth, marriage, and death. In 2007, the patriarchal family system was abolished, and the family register which was used to register family members together mainly led by householder, was also repealed. The family relationship registration system, which registered each family member individually was enforced in 2008 in accordance with Act on the Registration, etc. of Family Relationships enacted in 2007.

(2) Early Maturity of, and Enhanced Protection for Children

With the improvement of diet along with economic development, children have become precocious. Thus, the improvement of the health of the adolescents also improved the cognitive ability of social change mentally. As a result, a social consensus was formed on the need to lower the legal majority age. Therefore, the legal majority age was reduced from the previous 20 to 19 by the revision of the Korea Civil Code in 2011.[126] (Article 6 of the Korea Civil Code).

With the early maturity of children and adolescents, a new social problem arises in cases of sexual violence against children. Thus, it is needed to prepare a civil law system that can protect children and adolescents from sexual violence. The start of the extinctive prescription of the right to claim compensation shall be counted from the time when a minor who is a victim of sexual violation, child or juvenile becomes an adult[127] (Article 766-3 of the Korean Civil Code).

For the protection of children involved in adoption, the amended Special Act on Domestic Adoption (abbreviated as the "Domestic Adoption Act") and the amended Act on Intercountry Adoption (abbreviated as the "Intercountry Adoption Act") came into effect in 2025.[128]

With respect to the adoption of children eligible for protection, domestic adoption is given priority (Article 7 of the Domestic Adoption Act), and once an adoption is finalized, a full adoptive (legal parent-child) relationship is established (Article 25 of the same Act).

126) Although the legal majority age was lowered to 19 in the Civil Code, the age of eligible voters went down from the previous 19 to 18 by the revision of the Public Official Election Act in 2020 (Article 15, Paragraph 1 of the same Act), so an awkward phenomenon has occurred that minors can vote in the public office election. In my opinion, it is desirable to reduce the lawful majority age under the Korea Civil Code to 18. In 2022, the age of electorial eligibile candidate was also lowered from 25 to 18.

127) In establishing the Article 766 Paragraph 3 of KCC, the Constitutional Court's decision of the partial unconstitutionality (Constitutional Court Decision on August 30, 2018, 2014 Heonba 148) to the Articles 166 (1) and 766 (2) of the Korean Civil Code in the trial case relating to the Article 2 (1), 3, and 4 of the Basic Act on the Reconciliation of Past Cases for Truth and Reconciliation was also taken into consideration, stating that the applied article of KCC violates the Constitution.

128) These two amended adoption-related laws became effective on July 19, 2025.

In the case of intercountry adoption of a child eligible for protection, prospective adoptive parents shall first obtain an adoption permit from the Family Court (Article 12 of the Intercountry Adoption Act). Subsequently, the Family Court will issue an adjudication of adoption, and only upon the finalization of this adjudication does the intercountry adoption become legally effective (Article 14 of the same Act).

A child adopted through intercountry adoption acquires the same legal status as a full adoptive child (Article 13 of the same Act).

(3) Responses of Special Laws to Progress into an Aging Society

With the improvement of living standards and the implementation of the national health insurance system, Korean society has rapidly developed into an aging society.[129] The livelihood protection of the elderly is mainly dealt with in the Social Security Act, but as a response in the field of civil law, the elderly population who cannot mentally decide on their own affairs and cannot physically move by their own efforts increases, the Korean Civil Code was amended in 2011 to legislate the adult guardianship system in order to protect the elderly who cannot move by their own efforts physically as well as mentally. 4 kinds of adult guardianship, namely, adult guardianship (Code Article 9 et seq., Article 929, Article 936 et seq. KCC), limited

129) Korea has entered an aged society since 2000, and it is expected that a super-aged society will arrive before 2030 (Ko Sang Ryong, "General Rules of Civil Law" in: Trends and Issues of Academic Research (Korea Academy of Sciences, Republic of Korea, 2018), p. 338).

guardianship(Article 12 et seq., Article 959-2 et seq. KCC), and specific guardianship(Article 14-2, Article 959-8 et seq. KCC) and voluntary guardianship(Article 959-14 et seq. KCC) were enacted to protect those who are mentally and physically unable to manage their own lives.

As an important response of the civil law in accordance with the development of an aging society, the working age of urban daily workers was increased from age of 60 to the age of 65 in the calculation of lost income among damages due to torts according to precedents.[130)]

5. Special Laws' Responses to Increase of North Korean Defectors, Foreign Workers and Refugees

In Korea, due to the division of North and South Korea and the Korean War, there was a tragedy that the family was separated into North and South Korea, and was impossible to live together as a family. In order to open the way for remarriage and inheritance to the surviving spouse and family in South Korea, the Act on Special Measures for Absenteeship was enacted in 1967 and the remaining persons in the North-Korea were declared and considered dead through the court's declaration of absence. They are deemed as dead only in marriage and inheritance.

After that, a large number of North Koreans fled to South Korea due to the famine problem in North Korea. Among North Korean defectors, there were some who needed legal measures to resolve the

130) Supreme Court Judgement(en banc) on Feb. 21, 2019. 2018 Da 248909

issue of bigamy in order for North Korean defectors who had come to South Korea with a spouse in North Korea to marry and start a new family in South Korea. In addition, in the case of a person who died in South Korea and his or her heirs remain in North Korea, the necessity of changing the temporary transfer of the entire inherited property to North Korea was recognized as an occasional partial transfer. Thus, in 2012, the Act on Special Cases concerning Family Relations and Inheritance between North and South Koreans was enacted, allowing for bigamy in South Korea for North Koreans who came to South Korea with their spouses left in North Korea (Article 6 of the same Act), and recognizing special cases for requesting restoration of inheritance by North Koreans who have not inherited from the decedent who was a South Korean resident (Article 11 of the same Act). Moreover, inherited property is managed through a property manager, and with permission from the Minister of Justice, the inherited property can be remitted to the inheritor remaining in North Korea up to the amount of living expenses of the heirs in North Korea divisionally and regularly (Article 3 et seq. of the same Act).

At the same time, as a large number of foreign workers work in Korea and the number of refugees increases, enactment of an anti-discrimination law[131] has been requested from the viewpoint of global human rights protection, but the legislation has not yet been accomplished.

131) Rather than negative legal name of title, which is anti-discrimination law, it seems reasonable to call it equal treatment law for positive meaning (AGG: Allgemeines Gleichbehandlungsgesetz) as in Germany. The contents of the Anti-Discrimination Act are intended to contain not only the prohibition of discrimination against foreigners, but also the general prohibition of discrimination against Koreans as well.

6. Responses of Special Civil Laws for Deepening of Knowledge and Information Society and Protection of Personal Information and Personal Rights

In the knowledge information society, expression of intention which is a component of legal action, is not made verbally or in writing, but is expressed through electronic and mechanical devices using computers. Such expression of intention is called electronic expression of intention. Therefore, in the expression of intention in the knowledge information society, it is common that legal acts are performed by such electronic expression of intention. As a result, electronic expression of intention is also considered a valid expression of intention under the law (Article 4 of the Framework Act on Electronic Documents and Electronic Transactions). Civil law theories are based on the premise that expression of intention is made verbally or in writing.

In this electronic expression of intention, there is not lacking in argument to understand the nature of the expression as to what the essence of the expression is to be understood. However, since electronic expression of intention is ultimately made by human decision-making, it should be understood that the true intention of the heart is the essence of electronic expression of intention and it is appropriate that the theory of legal acts premised on verbal or written expression of intention is applied to legal actions made by electronic expression of intention as it is.[132]

132) Kim Sang Yong, supplemented by Chun Kyeong Woon, aforementioned, Textbook of General Part of Civil Law, p. 368.

In addition, since the transmission and arrival of the electronic expression of intention are made through the information processing mechanism, a problem arises in particular regarding the effective timing of the electronic expression of intention. In this regard, the Framework Act on Electronic Transactions was enacted in 1999 to ensure that an electronic expression of intent is deemed to have been transmitted and received[133] when it is entered into an information processing system that can be received by the recipient (Article 6 of the same Act (1999)), maintaining the principle of arrival. In 2012, the Framework Act on Electronic Documents and Electronic Transactions[134] also adopts the principle of arrival (Article 6 of the same Act (2012)).

Additionally, the validity of the electronic signature is also recognized. When the Digital Signature Act was enacted in 1999, only digital signatures that had been accredited by an accredited certification institution were to be regarded as signatures or seals stipulated by the Act (Article 3 of the same Act). From 2020, even electronic signatures that have not been accredited by certification institution can be validated as signatures, seals and signing or sealing (Article 3 of the same Act).

In the knowledge information society, most public recording books are stored electronically, and a lot of information are collected, stored and then distributed not only in public institutions

133) Therefore, the electronic expression of intention is deemed to have reached the recipient's electronic information system as soon as it is sent.

134) With the enactment and enforcement of this Act, the Framework Act on Electronic Transactions Act was abolished.

but also in private companies. The number of cases in which personal rights are infringed due to leakage and distribution has increased rapidly, so it is necessary to prepare a system to protect personal information. Thus, in 1994, the Act on the Protection of Personal Information of Public Institutions was enacted to provide a legal basis for protecting personal information collected and stored by public institutions. In 2011, the Personal Information Protection Act was enacted to providc a legal basis for wide protection of personal information collected and stored by private companies as well as public institutions. On the other hand, in 1996, the Act on Information Disclosure of Public Institutions was enacted, which made it a principle to disclose information held by public institutions, unless the information is subject to nondisclosure when there is a public request for information disclosure (Article 3 of the same Act)

As such, personal information is the content of the person's right of privacy, and an individual who has suffered damage due to the illegal leakage of personal information can claim compensation for damage caused by the violation of right of personality, and, if necessary, may also request restoration to protect the right of personality (Articles 750, 751 and 764 of the Korean Civil Code). However, according to the Constitutional Court's decision of partial unconstitutionality on Article 764 of the Korean Civil Code, ordering an apology advertisement to the perpetrator as a method of restoration is a violation of freedom of conscience. Therefore, that is not legally recognized.[135] In the knowledge information society, personal information is big-data, and numerous victims may occur from it. In order to further strengthen personal information protection, relief from damages through mediation by the Personal Information Dispute Mediation Committee not by court has been sought since 2011. Not only to each infringed person (under Article 40 of the Personal Information Protection Act), but also to personal information group, mediation are recognized and allowed (Article 51 et seq. of the same Act). In addition, from 2015, when personal information is infringed intentionally or by gross negligence of the perpetrator, punitive damages up to three times the actual amount of damage can be imposed (Article 39 (3) of the same Act).

In addition, as a method of redressing damages for violations of personality rights for media reporting in newspapers, magazines, and broadcasting, the Act on Media Arbitration and Damage Relief[136]was enacted in 2005 to recognize the right to claim a counterargument and the right to request correction report in addition to compensation for damages (Articles 14 to 16 of the same Act). Mediation or arbitration by the Media Arbitration Committee (Article 1et seq. of the same Act) is the method of remedies (Article 7 et seq. of the same Act).

---

135) Constitutional Court Decision on April 1, 1991, 89 Hun Ma 160

136) Before this Act was enacted and enforced, victims' right to request corrections was recognized under the Periodicals Registration, etc. Act in 1987, and in cases of requests for corrections, damage relief could be obtained through arbitration by the Media Arbitration Committee in the same Act(Article 16 et seq. of the same Act). In addition, the principle of pre–arbitration was adopted, which made it impossible to apply for a judgment on a request for correction of information to the court without arbitration (Article 19 of the same Act). In the case of infringement of personality rights due to broadcasting, relief can be obtained through arbitration by request for correction of information under the Broadcasting Act of 1987, and the pre–arbitration principle was also taken (Articles 41 and 42 of the same Act (1987)).

7. The Advent of the Artificial Intelligence Era and Civil Law's Response

The era of artificial intelligence(AI) has arrived in Korea in earnest. With the help of AI, citizens' everyday lives have become more convenient and expansive. Civil transactions conducted through AI are now taking place on a massive and widespread scale. However, this drastic expansion of AI-based civil transactions is also accompanied by risks inherent in such transactions. To date, the prevention and regulation of these risks have been primarily addressed through special civil statutes, while the Civil Code, which serves as the fundamental civil law, has scarcely regulated such matters.

In terms of AI-related legislation, the "Act on the Promotion and Support of Commercialization of Autonomous Vehicles" (commonly referred to as the Autonomous Vehicles Act) was enacted in 2024 and came into force in 2025. Additionally, the "Framework Act on the Advancement of Artificial Intelligence and Establishment of a Trust-based Environment" was enacted in 2025 and is scheduled to come into effect in 2026. These laws are designed to open and support the AI era but are not civil laws responding directly to the challenges AI brings to civil legal relations.

Among civil laws responding to the AI era is the "Framework Act on Electronic Documents and Electronic Transactions", enacted in 2012 (commonly referred to as the Electronic Documents Act), which absorbed the previous "Framework Act on Electronic Transactions" enacted in 1999. This law recognizes: the legal effect of electronic documents as equivalent to traditional documents (Article 4), electronic signatures as legally valid signatures (Article 4–2), and provides that transmission is deemed complete either when the electronic document is sent to an information processing system capable of receiving it or when it is input into a system managed by the recipient (Article 6).[137][138]

In the context of AI–driven autonomous driving, it is also necessary to restructure the allocation of liability between the operator and the manufacturer of autonomous vehicles in the event of accidents. The "Act on the Safe Operation and Management of Autonomous Vehicles", enacted and enforced in 2020, aims to promote autonomous driving. However, liability for personal damages resulting from accidents involving autonomous vehicles is still primarily assigned to the vehicle operator, according to Article 3 of the Automobile Accident Compensation Guarantee Act. That said, insurance companies that compensate victims may seek recourse from the manufacturers of autonomous vehicles (Article 29–2 of the same Act).

As a significant development in civil law adapting to the AI era, the Civil Code attempted to legislate digital contracts in 2022. A draft

137) Although an electronic document is considered to be received as at the moment of transmission from a technical standpoint, this does not constitute receipt under the Civil Code. Under Civil Code, receipt is understood to occur when the other party is in a position to become aware of the message. Therefore, the principle of receipt still governs the determination of when an electronic declaration of intent has reached the recipient.

138) In the area of electronic commerce, certain so–called "dark patterns", such as converting a free trial to a paid subscription without prior notice, concealing or distorting price information, coercing repeated choices that the consumer does not want, and disclosing hidden information only at the payment stage, should be specifically regulated under the "Act on Consumer Protection in Electronic Commerce".

amendment was proposed and publicly announced but has not yet been enacted. The proposed amendment was modeled after the EU Directive 2019/770 on certain aspects concerning contracts for the supply of digital content and digital services, which was adopted by the European Union in May 2019. The purpose of the amendment was to strengthen user protection by adding the unique features of contracts for digital content and services, distinct from general sales contracts, into the Civil Code as a type of standard contract. The proposed Article 733-2 of the Civil Code would define a digital product contract as an agreement in which one party provides digital content or digital services, including the creation, processing, storage, access, or distribution of digital content, in exchange for compensation from the other party. The amendment bill also introduced a specific provision on warranty liability for defects in digital products (proposed Article 733-4), granting users the right to demand remedies for defects. It extended the statutory period for warranty liability from the current maximum of one year under the Civil Code to two years for digital products. If a defect is found, the user may request its correction. If the provider unjustifiably refuses, if correction is unreasonably expensive, or if the defect is otherwise irremediable, the user may request a price reduction or terminate the contract. However, if the defect is minor, the user may only claim a price reduction. Additional provisions included: rules governing legal relationships between the parties upon termination of the contract (proposed Article 733-5), and the provider's right to modify the digital product in ongoing contracts (proposed Article 733-6).

Ⅳ. Responses of Precedents

The Supreme Court precedent and the Constitutional Court's decision to be unconstitutional and inconsistent with the Constitution also contributed greatly to the civil law's responses to social change. The representative judgments in response to the Supreme Court precedent were the case of fluid invalidity over the effectiveness of land transaction permission,[139] and the increase in the working age of urban daily workers according to the progress of an aging society from the age of 60 years to the age of 65 years.[140] In addition, although the Constitutional Court's decision to be unconstitutional or inconsistent with the Constitution is concentrated on the family law, in the field of property law, there were the decision on the limited unconstitutionality of Article 764 of the Korean Civil Code stating that an apology advertisement cannot be advertised as a remedy for damage caused by defamation,[141] the decision on the unconstitutionality of Article 651 (1) of the Korean Civil Code, which prohibits the maximum lease period from exceeding 20 years.[142] The division to recognize qualification of woman as a family member of the same clan[143] and the decision to deny the division of the church and to accept the withdrawal or change of the denomination by a resolution of two–thirds or more of the members with voting rights, in

139) Supreme Court Decision(en banc) Dec. 24, 1991, 90 Da 12243.
140) Supreme Court Decision(en banc) Feb. 21, 2019, 2018 Da 248909.
141) Constitutional Court Decision April 1, 1991, 89 Hun Ma 160.
142) Constitutional Court Decision Dec. 26, 2013, 2011 Hunba 234.
143) Supreme Court Decision(en banc) July. 21, 2005, 2002 Da1 1178.

which it was decided that all the property of the former church belonged to the members withdrawn from the former church.[144)]

According to such case law, if a two–thirds majority faction comes to possess all of the existing collective church's property, the one–third minority faction is deprived of its collective ownership rights in the property of the original church. This raises the question: can the rights of the minority be taken away by the decision of the majority? Earlier precedents did not fully resolve the issue of property attribution in the event of a church split, but they did acknowledge and protect the rights of the minority faction. However, under the revised case law, while the question of who owns the collective church property upon a split may be resolved, a new problem arises, namely, the deprivation of the minority faction's collective ownership rights. In my view, it is not justifiable for the majority to deprive the minority of their rights. It is therefore reasonable to recognize and protect the minority faction's rights of collective ownership by analogously applying the legal principles governing the dissolution of a legal entity, thereby allowing the minority faction to also share in the collective church property.

There are many precedents in which the Supreme Court's precedents were not considered to have always functioned only positively for social change through the interpretation of civil law. There were judgements of the Supreme Court which played a role in reducing the effectiveness of the law for normal real estate

144) Supreme Court Decision(en banc) on April. 20, 2006, 2004 Da 37775.

transactions including decision of the enforcement on regulations on the prohibition of intermediate omission registration, which was used as a method of abnormal real estate transaction and became a legal means of real estate speculation.[145) Futhermore, there are the precedents, which allowed for nominal title trustor to get back the real estate of nominal title trust in money from the nominal title trustee instead of the original real estate of nominal title trust on the ground of unjust enrichment, even though the return of the nominal original trust property of the nominal trustee shall not be allowed to the nominal title trustor.[146)]

In the case of the nominal title trust of an intermediate omission, the Supreme Court judged that the nominal title trustor could receive the nominal title trust object(real property) from the seller, after cancellation of the ownership registration of the nominal title trustee through the exercise of the obligee's right of subrogation to obligor, because the transfer registration of ownership of the nominal title trust object from the seller to the nominal title trustee should be null and void according to the basis of Article 4 Paragraph 2 of the Act on the Registration of Real Estate under Actual Titleholder's Name, and the nominal title trustor could request the seller the transfer registration of the nominal title trust object to him(the nominal title trustor), because the contract of sale of the nominal title trust object between the seller

145) Supreme Court Judgement, 1993, Jan. 26, 92 Da 39112.

146) Supreme Court Judgement, Jan. 28, 2005, 2002 Da 66922; Supreme Court Judgement, 2008. Feb. 14, 2008, 2007 Da 6918; Supreme Court Judgement(En Banc) on Sept. 9, 2021, 2018 Da 284233

and the nominal title trustor should be valid and effective.[147)]

Besides the judgement of the Supreme Court to endorse the monetary return by way of the unjust enrichment, the Supreme Court allows the damage compensation to the nominal trustor on the basis of tort of trustee, who sold his real property of nominal trust to a third party,[148)] The Court held that nominal real property is held by the nominal trustee under a nominal title trust agreement, which is null and void, shall not be considered an unjust enrichment (illegal cause benefit) with respect to the nominal trustor.[149)]

In a case involving a three-party nominal trust through registration (sam-ja-gan-deung-gi-myeong-ui-sin-tak), the Supreme Court ruled that the sale of the nominally entrusted real estate by the nominal trustee constitutes a tort against the nominal trustor, and that the nominal trustee must compensate the nominal trustor for damages arising from such tortious conduct. In another case, the Court held that in a three-party registration-based nominal trust, the nominal trustor, by exercising the creditor's right of subrogation, may succeed to the seller's position and request the cancellation of the ownership transfer registration made in the name of the third party as a real right-based claim for removal of interference. Furthermore, the nominal trustor may assert the right to claim ownership registration against the seller based on the sale, and thereby register the property under the

147) Supreme Court Judgement, 1999. Sep. 17, 99 Da 21738; Supreme Court Judgement on Mar. 15, 2002, 2001 Da 61654; Supreme Court Judgement on Jun. 25, 2004, 2004 Da 6764.
148) Supreme Court Judgement on Jun. 9. 2022, 2020 Da 208997
149) Supreme Court Judgement(En Banc) on Jun. 20, 2019, 2013 Da 218156.

trustor's name to recover the nominally entrusted real estate. In a case where the ownership transfer registration between the seller and the nominal trustee is invalid under a three-party nominal trust, the Court held that if the nominal trustor is in possession of the entrusted real estate, then the trustor's claim for ownership registration against the seller is not subject to extinctive prescription.[150] Additionally, the recognition of a claim for ownership transfer registration based on the restoration of true title[151] and similar decisions have been assessed as undermining the effectiveness of laws designed to ensure the normal operation of real estate transactions. Likewise, case law that maintains the theory that even after a maximum mortgage (geun-jeo-dang-gwon) is finalized, it does not convert into a regular mortgage[152] is also considered as problematic.

There was also the extensive recognition of the validity of nominal title trust prior to the enactment of the nominal title trust prohibition regulation and the judgement to allow the right to request the registration of transfer of ownership of real estate with the restoration of the true title as the cause of registration, etc..

It is considered that such court decisions have undermined the effectiveness of the law intended to ensure normal real estate transactions.

150) Supreme Court Judgement on Dec. 12, 2013, 2013 Da 26647.

151) Supreme Court Judgement(en banc) on Nov. 27, 1990, 89 DaKa 12398; Supreme Court Judgement on Jul. 9, 2009, 2008 Da 56109, 56026.

152) Supreme Court Judgement on Apr. 20, 1965, 64 Da 1617; Supreme Court Judgement on Nov. 10, 1981, 80 Da 2712; Supreme Court Judgement on Oct. 12, 2001, 2000 Da 59081 etc..

I think the same is the case with precedents that hold the theory that even if the collateral security right is confirmed and fixed, it will not be converted into a normal mortgage.

Recently in 2022, the Supreme Court declared that the customary superficies shall be effective as usual in the past.[153] Furthermore, the Supreme Court judged that the agreement of penalty shall not be reduced on the basis of the analogy of the article 398 paragraph 2 of KCC,[154] which allows the court the reduction of the amount of damages determined in advance,[155] if it would be unduly excessive.

Also, a ruling has been made that the collective agreement stipulating the special employment of the survivors of workers who have died from industrial accidents[156] is not against good morals or social order, but its justification is questioned.

The Supreme Court ruled that a company's regular bonuses and similar payments must be included in the calculation of ordinary wages.[157] Furthermore, the Supreme Court(en banc) held that conditional regular bonuses, such as those paid only when certain attendance requirements are met, also qualify as ordinary wages.[158]

153) Supreme Court Judgment(en banc) on Jul. 21. 2022, 2017 Da 236749.

154) Supreme Court Judgment(en banc) on Jul. 21. 2022, 2018 Da 248855 (principal lawsuit), 2018 Da 248862(counter lawsuit).

155) Supreme Court Judgment on Mar. 23, 1993, 92 Da 46905; Supreme Court Judgment on Dec. 10, 2015, 2014 Da 14511; Supreme Court Judgment on Jan. 28, 2016, 2015 Da 239324.

156) Supreme Court Judgement(en banc) on Aug. 27. 2020, 2016 Da 248998.

157) Supreme Court Judgement on Dec. 16, 2021, 2016 Da 10544.

158) Supreme Court Judgement(En Banc) on Dec. 19, 2024, 2023 Da 302838.

Further, the Supreme Court ruled that, with regard to extended working hours, the 52-hour workweek should be calculated based on weekly total working hours, not on daily overtime. Thus, even if night shifts are concentrated on certain days, the work arrangement is legal as long as the total weekly working hours do not exceed 52 hours. Furthermore, the Court held that working more than 8 hours per day is lawful, even if the total daily working hours exceed 12 hours, as long as it complies with weekly limits.[159)][160)] In another decision, the Supreme Court revised the monthly number of workable days for urban daily workers from the previous 22 days to 20 days.[161)] This change was primarily based on the reduction of actual monthly working days, considering the introduction of the five-day workweek in 2003 and the expansion of substitute and temporary holidays. This ruling is expected to have a significant impact on the calculation of lost income, particularly in cases involving damages, insurance claims, and insurance subrogation, claim of insurer.

In my opinion, there are many precedents that acknowledge the effectiveness of evasion of the statutory act using the flaws, although it is necessary to supplement the deficiencies in consideration of the legislative purpose. There are many such precedents, especially in

159) Supreme Court Judgement on Dec. 7, 2023, 2020 Do 15393.

160) Under the Labor Standards Act, Article 50(1) stipulates that weekly working hours, excluding break times, must not exceed 40 hours. Article 50(2) provides that daily working hours shall not exceed 8 hours, also excluding breaks. However, Article 53(1) allows an extension of working hours by up to 12 hours per week beyond the limits set in Article 50, if agreed upon by both employer and employee.

161) Supreme Court Judgement on Apr. 25, 2024, 2020 Da 271650.

relation to anomalous transactions in real estate. I think the nominal title registration under a third party's name is a typical example.

Furthermore, in the field of the property law, the regular bonus of employee is continuously endorsed as ordinary wage by the judgements of the Supreme Court.[162] The wage peak system shall be null and void according the Article 4—4 Paragraph 1 of the Act on Prohibition of Age Discrimination in Employment and Elderly Employment Promotion in 2022.[163] Therefore, the Supreme Court has interpreted the Article 4—4, Paragraph 1 as a validity clause. Further, in the case of joint tort liability owing to the labor strike, the Supreme Court has judged that the injured company should claim damage compensations to each participated strike employee, not total damage compensation to each participated strike employee.[164] Therefore, it is very hard and difficult for the injured company to recover the damages from the strike participators. I think that each strike participated employee shall compensate the injured company the total damages, and then the compensated employee shall claim his reimbursement internally to the other strike participated employee on the basis of the negligence of each strike participated employee.

The Supreme Court ruled that attorney's fees include both the retaining fee and the success fee.[165]

In 2024, the Supreme Court ruled that individuals in a same—sex

162) Supreme Court Judgement on Dec. 16. 2021, 2016 Da 10544; Supreme Court Judgement Dec. 16 2021, 2016 Da 7975 et. al.
163) Supreme Court Judgement on May. 26. 2022, 2017 Da 292343.
164) Supreme Court Judgement on Jun. 15. 2023, 2019 Da 38543.
165) Supreme Court Judgement on May. 7, 2025, 2024 Da 324736.

partnership (same-sex marriage) must also be recognized as dependent beneficiaries under the National Health Insurance System.[166] The Court reasoned that while dependent beneficiary status is granted to persons in a de facto marital relationship, denying such status to same-sex partners constitutes discrimination against those in marital relationships and violates the constitutional principle of equality. This judgement did not endorse the de facto same sex partnership as a legitimate legal family.

In the field of family law, there are precedents that disallow the attributable spouse to file for divorce, but under exceptionally strict conditions, the attributable spouse's divorce request is recognized.[167] Particularly in 2022, a progressive judgement of the Supreme Court was declared that the marriage could be divorced by the initiative of the responsible and attributable spouse, if the nonresponsible and non-attributable spouse would not try to recover his/her distorted marriage relationship.[168]

In addition, as there was change in the judgment of paternity from a biological relationship to a sociological relationship, a judgment[169] was also made to protect those who were born by presuming that a person born through artificial insemination using sperm provided by a third party is a child of the father of a married couple.

166) Seoul High Court Judgement on Feb. 21, 2023, 2022 Nu 32797; Supreme Court Judgement(En Banc) on Jul. 18, 2024, 2023 Du 36800.

167) Supreme Court Judgement on Apr. 14. 1987. 86 Meu 28; Supreme Court Judgement on Dec. 24. 2009, 2009 Meu 2130; Supreme Court Judgement (en banc) on Sep. 15. 2015, 2013 Meu 568.

168) Supreme Court Judgement on Jun. 16. 2022, 2021 Meu 14258.

169) Supreme Court Judgement (en banc) on Oct. 23. 2019, 2016 Meu 2510.

Recently, the Supreme Court judged that grandfather/grandmother could adopt his/her grandson/granddaughter as his or her son/daughter.[170] Such a judgement was based on the welfare and the protection of child.

Furthermore, also for the purpose of the protection of the child, the Supreme Court declared that only the living spouse of deceased person should be the sole inheritor, even though sons and daughters of deceased person would have waived their inheritances, and grandsons/granddaughters or lineal ascendants of the deceased person would be living.[171] Due to this judgement, the lineal descendent and the lineal ascendents of the deceased person shall be not an inheritor, when the spouse of the deceased person would be living. But they shall be inheritors, when all of sons and daughters of the deceased person would waived their inheritances and the spouse of the deceased person would not be living. This judgement has theoretically constructed to prohibit the bequeathment of the debt of the deceased person to his/her grandsons/granddaughters.

In 2022, a person who follows his/her family name of his/her mother, becomes a member of the same family clan of his/her mother.[172] Furthermore, the Supreme Court declared that the decision of the representative assembly of family clan could be acknowledged as the decision of the assembly of whole family clan members[173] In addition, the Constitutional Court of Korea has declared

170) Supreme Court Decision(en banc) on Dec. 23. 2021, 2018 Seu 5.
171) Supreme Court Judgement(en banc) on Mar. 23. 2023, 2020 Keu 42.
172) Supreme Court Judgement on May. 26, 2022, 2017 Da 260940.
173) Supreme Court Judgement on Aug. 25. 2022, 2018 Da 261605.

the legitime portion (forced heirship) system unconstitutional.[174]

In 2023, the Supreme Court judged that the oldest linear descendent of the deceased person should be the holder and performer of the ancestor−worship service, when there would be no agreement among the family members of the deceased person.[175] Until then, the ancestor−worship service had been customarily held and performed by the first son of the deceased person. When the deceased person would have no son, the first daughter of the deceased person had held and performed it.[176]

Very progressively did the Supreme Court judge in 2022, that a person could transform his/her sex, namely gender, even though he/she would have his/her children.[177] In this decision, the Supreme Court ruled that even the person who has transformed his/her sex shall keep his/her sexual identity and can enjoy his/her pursuit of happiness

In 2022, the Constitutional Court declared that the Article 809 Paragraph 2 of the KCC to stipulate the prohibition of the consanguineous marriage between the near blood relatives should be non−consistent with the Constitution. Because it stipulates that all marriages between relatives by affinity shall be null and void uniformly without exemptions. Article 809 Paragraph 2 of the KCC stipulates that a marriage may not be allowed between the parties who are or were such relatives by affinity as the spouses of blood

174) Constitutional Court Decision on Apr. 25, 2024, 2020 HunGa 4 and 2020 HunGa 14 (consolidated).
175) Supreme Court Judgement (en banc) on May. 11. 2023, 2018 Da 248626.
176) Supreme Court Judgement (en banc) on Nov. 20. 2008, 2007 Da 27670.
177) Supreme Court Decision(en banc) on Nov. 24. 2022, 2020 Seu 616.

relatives within the sixth degree of relationship, the blood relatives of the spouse within the sixth degree of relationship, and the spouses of blood relatives of the spouse within the fourth degree of relationship. However, the Constitutional Court has ruled Article 809 Paragraph 1 as constitutional,[178] which stipulates the limit of nullification of marriage between blood relatives. Article 809 Paragraph 1 stipulates that a marriage may not be allowed between blood relatives (including the blood relatives of an adoptee before full adoption) within the eighth degree of relationship.

Most recently, in July 2025, the Supreme Court, sitting en banc, overturned its previous rulings,[179] which had held that when a debtor acknowledges a debt after the statute of limitations has expired, it is presumed that the debtor was aware of the expiration and intended to waive the benefit thereof. The Court held that even if the debtor acknowledges the debt after the statute of limitations has run, this does not give rise to a presumption that the debtor knew of the expiration and intended to waive the benefit of prescription. Such a presumption is not supported by empirical rules or even runs contrary to them, fails to adequately distinguish between acknowledgment of debt and waiver of the benefit of prescription, and does not align with the general principle that waivers of rights or benefits must be interpreted strictly. Moreover, it unfairly burdens the debtor with the task of rebutting the

178) Constitutional Court Decision on Oct. 27. 2022, 2018 Heon Ba 115.

179) Supreme Court Judgement on Feb. 7, 1967, 66 Da 2173;Supreme Court Judgement on May. 22, 1992, 92 Da 4796; Supreme Court Judgement on May. 23, 2013, 2013 Da 12464; and Supreme Court Judgement on May. 12, 2022, 2021 Da 244, 251.

presumption, thereby placing the debtor in a disadvantageous position. Accordingly, the Court held that whether a debtor, with knowledge of the expiration of the statute of limitations, expressed an intent to waive the benefit must be determined through a comprehensive and rational assessment of all relevant circumstances of the individual case.[180]

V. Responses of Legal Theory of Civil Law

In the process of responding to social change in civil law, prediction of social change and actual changes occur first, and there is a response by the theories of civil law scholars to such social changes, and based on that doctrine, precedents are newly formed,[181] and when a general legal principle is formed through the formation of such precedents, through legislation precedents become enacted into an act. The abovementioned procedure is the normal development process of civil law. Therefore, the doctrine of civil law scholars is the source of making the civil law a living law in the face of social change. Thus, a legal maxim was created that civil law scholars are judges sitting above judges.[182]

180) Supreme Court Judgement(en banc) on July 24, 2025, 2023 Da 240299.

181) The legal principle of fluid invalidity applied the theory of fluid invalidity recognized in German civil law to the legal structure of the land transaction permit system (Kim Sang Yong, previous treaties, i.e. "Review of the Land Transaction Permit Reporting System", pp. 184–215, and the precedent accommodated that theory of fluid invalidity was to make the land transaction permit system function properly and rationally.

182) Civil law is ultimately developed by civil law scholars (Vgl., Alan Watson, The Evolution of Western Private Law (expanded Edition, The Johns Hopkins University Press, 1985), p. 7); Zimmermann, a. a. O., Rn 20).

Even though the current Korean Civil Code has changed, from the old Civil Code's attitude that was regarded as a requirement for claiming the transfer of the property right to the third party, to the attitude that the method of the registration or delivery is regarded as a requirement for the transfer of the property right itself, the civil law theory has kept the old Civil Code's attitude continuously without its modification. As the result, the theory that had been able to function and properly only in the old Civil Code's attitude has been followed and further deepened even under the current Civil Code. Therefore, it would be evaluated that the theory of civil law would have been estimated and judged to be an obstacle to the faithful realization of the principle of the requirement for title transfer.

The representative case is considered to be registration without intermediate omission registration and the validity recognition theory over nominal title trust. A law theory has been developed that recognizes the validity of a nominal title trust and at the same time separates the ownership into internal ownership and external ownership, which recognizes the validity of the ownership of related rights as well as the validity of the nominal title trust that the property belongs to the nominal title trustor internally and to the nominal title trustee externally. However, ownership uniformly exists internally and externally by the nature of unity (Einheitlichkeit), and it is contrary to the essence of ownership that ownership is separately owned internally and externally.[183] Nevertheless, there are still

183) Kim, Sang Yong, "Overcoming Relational Ownership," Real Estate Focus, Vol.114 (Korea Appraisal Board, KAB Real Estate Research Institute, 2018. 11), pp. 02–33.

theories developing a theory of law that recognizes the validity of such relational ownership.[184] In cases where collective church property is nominally transferred in name to a maintenance foundation, the real estate of a local church that is so entrusted is, internally, jointly owned in the form of collective ownership (chong-yu) by the local church members as owners, whereas externally, the maintenance foundation exercises ownership rights as the sole owner. But can it be logically and legally consistent that church-owned collective property nominally entrusted to a foundation is collectively owned by the congregation internally, while being regarded as the sole property of the foundation externally? Such a separation of ownership into internal and external aspects is incompatible with the absoluteness and unity of ownership as defined under the current concept of ownership in the Korean Civil Code (Article 211). Thus, the phenomenon in which the property is regarded as collectively owned internally and solely owned externally cannot be legally accepted. This contradiction arises from the legal recognition of nominal title trusts with respect to collective church property.

In my opinion, the emergence of such contradictions in property law is an illegitimate result of recognizing the validity of nominal title trusts over church-owned collective real estate. Nominal title trusts must not be recognized, and should never be permitted. Even in Japan, where the theory of relational ownership was once accepted, the recognition of ownership transfer in the form of security (transfer for

184) Lee Young Joon, Textbook of Property Law (Bak Young Sa Publishing Co., 1990), p. 882 et seq.

security purposes) was soon modified to acknowledge that full ownership is transferred to the security holder. In contrast, Korean precents have has continued to accept nominal title trust and has even expanded their scope.

Nominal title trusts are not justifiable in legal theory and its validity must be denied. A theoretical and jurisprudential foundation must be established to repudiate their legal effect.

If the principle of change in real rights was changed, there should have been a fundamental examination to see if the legal principle that was valid in the the old Civil Code's principle about the transfer of the real rights can be valid also in the current Korean Civil Code principle. Recently, there has also been a legal theory that acknowledges the validity of the registration of transfer of ownership based on the restoration of true title as the cause of registration, opening the way for registration that is different from the substantive truth of the register.

In addition, the collateral security right is not accessory to the individual collateral secured claims but to the basic contract. But, the legal theory is argued that recognizes the validity of the comprehensive collateral security right that does not conform to the basic contract, even though the comprehensive collateral security right is a mortgage or a suretyship in which it is recognized as an adjunct to the basic contract in which the secured claim arises. Because it is clearly known that the comprehensive collateral security right is a right that has the potential to be abused by the rightholder, I think that it is an abuse or misuse of legal logic to acknowledge its validity.

I believe that jurisprudence is not only a science of logic, but also a science of values. Further, I think that the value to be achieved by the law is ultimately the practice of justice and love in society.185) Civil law theory should not be built on the base of simple logic, but should be built on the base of values pursued by human society as ideal. I think that love is the source of all things, and justice is the order or way that love must be practiced.

In my personal opinion, the theory of civil law should be developed into a valuable civil law that can be practiced with justice and love as the fundamental values. With the establishment and development of a theory of law based on justice and love, the theory of law must be established into a law that fits the rationale of things and well settled down as a legal consciousness in the daily legal life of the people, so that civil law can be naturally practiced in daily life.

In particular, with regard to civil law applicable to matters between North and South Koreans in inter–Korean relations, it is required that the legal theory should be elaborated and sophisticated so that those matters can be dealt with. However, the legal theory on the civil law relationship between North and South Korea is not fully established, so the precedents are very passive, and they tend to solve the problem only through the enactment of a special civil act. In addition, the attitude of approaching North Koreans has been upgraded so that North Koreans can be understood not only as

185) For this, see Kim Sang Yong, Justice and Love as a Direction of Legal Policy: Study Volume 5 of Law, the Bible and History Research Institute (PNC Media, 2019).

compatriots based on nationalism, but also as universal personalities in the world, that is, as global world citizens, based on cosmopolitanism to make sure that they raise their awareness and character on their own.

In Korea, there is a growing trend of expanding punitive damages through the enactment of special civil acts. However, it appears that the academic community in the field of civil law has been insufficient in its theoretical review and response to this trend. First of all, it is questionable whether the legislative expansion of the punitive damages system represents a desirable direction for the development of law. Punitive damages, as a form of private sanction, are inconsistent with the domain of civil law, where the principles of commutative justice or corrective justice prevail. Punitive damages do not align with these types of justice, nor can they be also said to conform to the principle of distributive justice.

Currently, the calculation of damages in Korean civil law is based on the theory of adequate causation, which is considered faithful to the principle of commutative justice. On the other hand, the theory of foreseeability, which considers the intentional or grossly negligent conduct of the tortfeasor in calculating damages, has been adopted in many countries such as Germany and the United States. However, in Korea, there has been no effort to incorporate such considerations of intent or gross negligence into the calculation of damages.

Rather than expanding the recognition of punitive damages through piecemeal legislation, it is necessary to first thoroughly examine whether such a system is compatible with the foundational principles of our existing damages system. Within the European Union, no country recognizes punitive damages, and even in the United States, punitive damages are not awarded for intentional or grossly negligent breach of contract. Moreover, even in tort cases, punitive damages are not granted in every instance of intentional or gross negligence.

In Korea, it cannot be said that the problems associated with the expansion of punitive damages have been sufficiently recognized or discussed within the academic community. There is a need for an analysis and evaluation that considers whether a transition from the theory of adequate causation, which does not distinguish between intent and negligence to the theory of foreseeability, which allows for such a distinction, would constitute a more appropriate system of damages. The civil law community must develop a deeper understanding of the problems with punitive damages and provide theoretical foundations for a damages system that reflects the intent or gross negligence of the tortfeasor.

VI. Diversification of Remedy for Private Rights

In Korea, the civil litigation system and the civil conciliation system are selectively available as a civil rights remedy system. In addition, the special civil conciliation system is widely stipulated and made available in various special civil acts, the use of the arbitration system is also stipulated, and class actions and group lawsuits are recognized. Special civil conciliation system includes consumer dispute conciliation system, contractual terms and conditions dispute conciliation system, environmental infringement dispute mediation system, medical dispute mediation system, housing lease dispute mediation system, commercial building rental dispute mediation system, financial dispute conciliation system,[186] personal information dispute conciliation system, press arbirtration system, and human rights violation dispute conciliation system have been legislated and operated. As for the arbitration system, media dispute arbitration system and medical dispute arbitration system are prepared, used and operated. In addition, the right to report counterarguments and requests for corrections under the Media Arbitration Act, trial of small claims according to the Small Claims Trial Act (1973), and compensation order system ex officio by the court under Article 22 of the Act on Special Cases concerning Expedition, etc. of Legal Proceedings(1981) have also been established and operated.

In addition, class mediation and class action systems are partially in place for civil damage remedies. As for the remedy for collective mediation, Article 68 of the Framework Act on Consumers stipulates a consumer group dispute mediation system in which not only consumer groups but also consumer organization can receive collective relief from 2006, and from 2011, Article 49 of the Personal Information Protection Act stipulated of course the personal

186) The grounding law is the Act on the Establishment of the Financial Services Commission, etc. (2008).

information dispute group mediation system. Therefore, the personal information protection organizations as well as the each infringed person can claim relief from damages by way of the the personal information dispute group mediation.[187]

In addition, as a class action system, a securities class action lawsuit is operated according to the Securities-related Class Action Act (2004).[188] As for the collective action system, consumer association litigation(Verbandsklage) has been regulated and operated under Article 70 of the Consumer Basic Act since 2006, and personal information association litigation has been also recognized and operated under Article 51 of the Personal Information Protection Act since 2011.[189] Article 51 et seq. recognizes and operates association lawsuits for personal information. In addition, the government is trying to generalize class actions such as securities class actions by enacting the class action act.[190]

Further, right relief can be obtained through the bankruptcy procedure and reorganization procedure according to the Debtor

187) In collective dispute mediation, not only compensation for damages but also injunction can be claimed.

188) In a securities class action, a class action lawsuit may be filed to the court after 50 or more securities victims obtain class action permission from the court (Article 12 et seq. of the same Act). By the class action, a claim for damages may be filed (Article 34 of the same Act).

189) According to a Verbandsklage(action by association), a consumer organization may request the court to ban the sale of the product or to correct the unfair terms and conditions (Article 70 of the Framework Act on Consumers), or a consumer organization or personal information protection organization may request the court to prohibit or suspend the infringement. However, claims for damages are not recognized by the Verbandsklage (Article 51 of the Personal Information Protection Act).

190) Refer to Newspaper of Korean Bar Association, Oct. 12, 2020, p. 1.

Rehabilitation and Bankruptcy Act (2005), and the individual rehabilitation system based on the individual debtor rehabilitation procedure.

In the case of compensation for damages in Korea, punitive damages are partially recognized within the range of three times the actual damage, if the tort is caused by the perpetrator's intentional or gross negligence. Specifically, punitive damages can be imposed in the case of product liability (Article 3-2 of the Product Liability Act), the contractor's responsibility for unfair subcontract transactions (Article 35 Paragraph 2 of the Fair Subcontract Transactions Act), the personal information controller's liability for damages to the data subject (Article 39 (3) of Personal Information Protection Act), and the liability of information and communications service providers to information users (Article 32 (2) of the Act on Promotion of Information and Communications Network Utilization and Information Protection, etc.).

The government also intends to legislate, under the Commercial Act, punitive damages of up to five times the actual damages.[191]

VII. Evaluation

1. Property Law in Civil Code Recognized only in Book and Family Law in Civil Code Working Actually

Since the enactment and enforcement of the current Korean Civil Code, Korean society has also changed rapidly in a compressed

191) Ibid., p. 1.

way, and it can be evaluated that the civil law has responded relatively well in a flexible way to the changing society as a whole. The family law part of the Korea Civil Code has been developed into a law in action. However, it can be evaluated that the property law part of the Korean Civil Code remains only as a law in book, and changes in society were responded through numerous special civil property acts. The family law was the result of many efforts including the establishment of progressive legal theories by positive family law scholars, the active women's movement, and the progressive decision of the Constitutional Court to be unconstitutional or inconstent with the Constitution.

However, despite the newly established principles of civil law, the property law in the Korean Civil Code failed to realize the changed principle of the civil law by maintaining or further supporting the legal theory that was valid only in the principle of the old Civil Code. As a result, the effectiveness of illegal methods evading or circumventing law were widely recognized by the legal theories and precedents. Therefore, the Korean Civil Code and the special acts related to real estate could not respond to anomalous transactions in real estate, which emerged as a serious social problem. Thus, numerous special civil acts related to real estate were enacted and revised, in an effort to cope with irregular transactions in real estate that emerged as a social problem due to the rapid social development. The special civil acts related with real estate were thus enacted with many flaws, and illegal habitual transactions that abused or misused such flaws were committed while legal theory and precedent failed to correct and to adjust the flaws of the acts.

Among the property laws, the mortgage law is considered to be insufficient and neglected to amend and supplement the security law in the Korean Civil Code, despite the fact that it is the law for everyday life of the people. Thus, the property law in the Korean Civil Code becomes dead law. Although the special civil acts were enacted and the Korean Civil Code was partially amended, it is evaluated that it reached a state of law that did not harmonize with each other.

2. Operation of Civil Law not Faithful to the Principle: Unrealization of Awareness of Civil Law in Daily Legal Life of People

The current Korean Civil Code changed the principle of real rights from the old Civil Code's attitude that registration or delivery as a method of public notice of the transfer shall be regarded as a requirement for claiming the transfer to the third party, to the attitude that the method shall be regarded as a requirement for the transfer itself. The great principle of Civil Code has been changed. Then, there should have been a fundamental review on whether legal theories and precedents, which were valid under the the old Civil Code's attitude about the transfer of real rights, can be maintained effectively even under the the current Korean Civil Code's attitude about the transfer of real rights. Such a review and a scrutiny have not been carried out, even after the enforcement of the current Korean

Civil Code. The validity of intermediate omission registration and nominal title trust, which were valid in the old Civil Code's attitude, was maintained under the current Korean Civil Code's attitude.

In accordance with the transition from the old Civil Code's attitude to the current Korean Civil Code's attitude, there were provisions in the Civil Code to make the registration of real estate ownership be consistent with the actual owner, but it did not proceed as it should be. So far several times, acts with expiration date as special civil laws were enacted and enforced for according the registered owner with the actual owner. Therefore, it can be evaluated that it has instilled in the people that ownership transfer registration can be done easily if a special act would be enacted even after trading normally.

In order to secure the authenticity of real estate registration, it is ideal to write the registration cause certificate as a notarial deed. However, it can be criticized for not preparing a fundamental system for securing the integrity of real estate registration, even though the anomalous real estate transactions are made through real estate registration, as well as not training full-time notaries in Korea. I think this is the current operation of legal theory, precedents and laws which is not faithful to the principles.

In the operation of civil law, it must be faithful to the principles, and trust in those principles must be built up and established into the people's legal consciousness. However, it is evaluated that the rule of law in daily life is not being achieved because the principles of Civil Code have not been established in the people's sense of law due to too frequent legislation of the temporary law and the enactments of retroactive acts. Furthermore, it is evaluated that the Civil Code has been managed and operated in such a way that the Civil Code functions only as a judgment rule, despite the fact that it should be a standard of conduct for the people's daily legal life.

3. Inadequate Progress in Modernization of Civil Law

Among the civil laws, two attempts were made to amend the property law in the Korean Civil Code, but the results did not lead to the revision of the Korean Civil Code. Revision of the Korean Civil Code is to achieve modernization of civil law. Modernization of Civil Code refers to the process of amending and supplementing the Korean Civil Code to be conformed to the principles and contents of advanced foreign and international civil laws in line with the changing globalization, and amending and incorporating the Korean traditional law and new legal theories and precedents into the Korean Civil Code. Germany has already achieved the modernization of its law of obligations in 2001 and implemented from 2002 through the revision of the German Civil Code. And in 2017, Japan achieved the modernization of the Japanese Civil Code, centering on the revision of the law of obligations among the Japanese Civil Code and implemented from 2020. However, it is evaluated that we did not properly modernize the property law in the Korean Civil Code. Although the trend of globalization was somewhat accepted through the study of worldwide unified civil law, accession to the United

Nations Convention on Contracts for the International Sale of Goods (CISG), the enactment of the Personal Property Security Act, and the Asset Securitization Act, etc., it is evaluated that there is no harmonization between the Korean Civil Code and the special acts because it failed to review the contents of inconsistency and to revise the Korean Civil Code. The modernization of traditional law has not been achieved at all, and there has been no coordination between the opposing theories of law. Further, it is considered that the legislation of precedents is hardly made.

As such, in the field of property law, a special act has been used to respond to social changes in an ad−hoc manner. It is evaluated that the operation of the civil law lacks consistency due to hasty legislations, too frequent revisions, and deep involvement of public law regulations.

4. Increase of Regulations by Public Law on Private Law Relations

It is evaluated that the aspect of resolving civil law relations through public law regulation was stronger rather than the development of civil law based on the Korean Civil Code's principles based on civil law theory in responding to changes in Korean society. There are too many public regulations over civil law relations between individuals via methods of imposition of taxes, contributions, charges, and punishment including implementation of the land transaction permit and report system, the obligatory registration application, strong public regulation on land ownership, use and profit based on the public concept of land ownership, strong public regulation against unfair collection of claims under the regulation of the Fair Collection of Claims Act, public regulations on the use of collateral security rights and joint surety, the imposition of penalties in the nominal title trust of real estate, the imposition of penalties such as compulsory performance money, and the unreasonable social restitution of development profits[192] as representative cases.

I believe that rule of law in life should be practiced naturally in everyday legal life by faithfully obeying the rules of law. It is evaluated that the perspective and effort to be put into practice in daily life through the provisions of a legal system faithful to such legal principles and the awareness of the law were insufficient. Perhaps the question arises as to whether civil law relation's legislation would be made, considering the entire people as criminals. On the other hand, private sanctions also appear in the field of civil law. Typically, the system of punitive damages is judged to have a strong character of private sanctions. In the era of knowledge and information society and risk society, which are expected to come in the future, public regulation on civil law relations is expected to become more severe. It is thought that the regulation of risk should be limited to the minimum regulation based on the principle of proportionality.

192) In particular, although the contents of the law of realty are stipulated as free real rights, in reality, it is difficult to find free real rights due to the deepening of public regulation. It would not be unreasonable to say that the textbooks on the law of realty would even explain the contents of the law of realty that do not exist in reality.

However, there are concerns that those who exercise the state power to enact and enforce civil laws will be more inclined to exercise public regulation through easy public power in civil law relations. It should not be forgotten that, if public regulations are strengthened in civil relations, illegal acts, circumventing laws will be carried out more secretly. In that regard, it is necessary to create a legal system that is faithful to the principles[193)] and to enforce the law faithfully to the principles. Especially, I sincerely hope that the source of real estate registration shall be written by notary public. If the notarization of sheet of registration cause (notarielle Beurkundung) would be legislated and implemented, there would be no need for public regulations in the course of the real estate transactions.

In addition, the social tendency to resolve civil disputes through complaint or indictment is also thought to be the cause of the failure to enact legislation and precedents faithful to the principles.

Because of the wide spread of the COVID−19, public regulations on the civil lives of people have been continued for a long time and have been accepted normal in everyday lives of the people. The public regulations on the civil lives shall be exercised according to the principle of proportionality. The income loss of business due to the public regulation shall be compensated to the suffered. In the

193) In particular, there are many public regulations to prevent poor registration in real estate transactions, but the best principle to guarantee the truth of real estate transactions is to prepare and submit a written notarial deed (notarielle Urkunde) as the source of real estate registration. If such a registration principle is enacted and implemented, there will be no need for public regulation, but such a principled method has not been pursued.

case of the death accident owing to the injection of the vaccine against the COVID-19, much more deep legal consideration shall be deliberated, whether the proof burden of causal relation between the injection and the death shall be treated as same in the case of civil law liability, whether the defect of the vaccine shall be treated as the development defect, and whether the compensation liability for income loss shall be allowed on the basis of the negligent liability or the strict liability.

Chapter 4

Prospects for Changes in Korean Society and Future Tasks for Korean Civil Law

Chapter 4

Prospects for Changes in Korean Society and Future Tasks for Korean Civil Law

Ⅰ. Prospects of Social Change in Korea

1. Images of Future Society and Human Being

As for how Korean society will change, I think it will change to the general social aspect that thinkers predict. German social thinker Wolfgang Kersting (1946–) said that the current capitalistic society based on liberalism and individualism will change into a cooperative society (Kooperationsgemeinschaft) or a solidarity society (Solidaritäts–gemeinschaft), and the human being should be also maturing from rational and selfish to being a rational and moral human being.[1] In this way, it is thought that cooperative society and solidarity society presented a desirable future social image as an interdependent

1) Wolfgang Kersting, Theorien der sozialen Gerechtigkeit(Stuttgart, Weimar, Metzler Verlag, 2000), SS. 22ff.

society in all aspects.

Until now, capitalistic society has been a society that has achieved economic wealth based on liberalism and individualism. In particular, individualism developed into extreme egoism, which deepened the social contradictions of polarization. Of course, peoples tried to achieve practical equality by limiting individual freedom to correct and to rectify the social contradiction of polarization caused by social development towards liberalism and individualism, but the basic ideology of today's society is still based on liberalism and individualism. The human figure in this capitalistic society has been modeled on the selfish and calculating human figure.

However, while recognizing the basic idea of a modern liberal individualistic society developed and based on the basic ideology of protecting the character and property of the people, a solidarity society, cooperative society, and communitarian society where everyone lives together is what we need to move towards. At the same time, the human figure should be developed in the direction of emphasizing the moral figure of a human being who cooperates with each other and bears the duty in good faith to the community (Loyalitätspflicht zur Gemeinschaft), turning away from the selfish and highly calculating human image.

God created human being in the His own image.[2] But the human being lost the image of God owing to his fall from the

2) Genesis 1:26–27

Heaven by original sin. Human being can restore his lost image of God with the grace of Jesus Christ. Human being shall restore the image of God. In the future, human being shall try to live morally, unselfishly and with restored image of God.

God who is the Creator of the world has loved man very extremely, and He sent His Son, Jesus Christ to the earth for His salvation of His loving man.[3] The God is the living personal combination of fulness of energies and powers.[4] He has created the world with His love, that is, His agapic love. Further, He has created man in the image of God. The image of God encompasses His true knowledge, righteousness and holiness.[5] Man has lost the image of God by the fall due to the original sin. However, man can recover the image of God with grace of Jesus Christ not fully but to a certain grade. Therefore, man would be able to live in the mind of true knowledge, righteousness and holiness which the God would give man as His grace.

Since the modern times in the history of civilization, man has become individualistic and tended to stay distantly from the God, because man has thought that man would be able to live independently only with reason of man and just without the grace of God. I think that the reason of man has been given by God and the reason of man has its own limitation not exceeding the revelation of

3) Gunnlaugur A. Jónsson, The Image of God: Genesis 1:26–28 in a Century of Old Testament Research (Sweden, Lund, Coiectanea Biblica, 1988), pp. 28–29.

4) Ibid., p. 37.

5) L. Berkhof, Manual of Christian Doctrine (Michigan, Grand Rapids, WM. B. Eerdmans Publishing Company, 1965), P. 129.

God. Therefore, man shall not believe the absolute perfectness of man's reason, not praise himself too highly and be modest to the grace of God, especially the revelation of God. In the future, man should recover the image of God with grace of God. Man shall be also a moral person who keeps his mind of true knowledge, righteousness, holiness and love, which the God has given to man as His grace.

2. Advent of Risky and Unstable Society

It is thought that the future society will develop into a risky society and an unstable society rather than a safe society. In an unstable society where safety is not guaranteed due to climate change, the rapid spread of infectious diseases, and the emergence of overcrowded cities etc.. Although technology for safety will be developed with the development of science and technology, it never guarantees social safety that is fundamentally certain. If individualism develops into extreme selfishness along with the development of science and technology, social anxiety due to social polarization may intensify. With the development of biomedical science, it is predicted that polarization of wealth as well as polarization of life expectancy will become reality.

Beause of the wide spread of the COVID-19, the domestic and the international society become more and more dangerous. Even though the vaccines against corona virus have been invented, side effects of the new vaccine have not been fully solved until now.

Due to the spread of the COVID−19, the society is being plunged into the more dangerous and risky society. Against the advent of the would−be dangerous and risky society, the world citizens shall defend and protect the society to be safe. It is anticipated that the present society would be changed into the risky and anxious society in the future.

Even though man would be reasonable and intelligent, man could not keep man's original human characteristics only with reason of man. It is strongly requested that man shall keep the man's original humanity by recovering the image of God in the would−be dangerous and risky society in the future. Man shall not lose the innate warm humanity, that God has given.

In order to overcome such a dangerous society and an unstable society, it must be developed into a society that cooperates, solidifies, and considers the community. The development of science and technology is not omnipotent, and the wealth resulting from the development of science and technology cannot be omnipotent either. I think that cooperation and solidarity should be made to achieve a safe society together. Therefore, it is thought that the guiding ideology of the future society should be justice and love. We must develop into a society that loves each other and a society of order and justice in which love works properly. In addition, the future society should become a trusting society so that Korean society can settle into a safe society.

The development of big data science inherently risks becoming a useful tool for realizing a surveillance state or a surveillance society in the future.[6] If the clear ideology, which big data is used to achieve a society of justice and love in the intelligent information society, would not be strongly and widely conscious, the future society may develop into a society of anxiety and risk.

The safe and peaceful society would not be able to be built up by the public regulations and controls aiming to eliminate the danger and risk. Fundamentally, such a safe and peaceful society would be able to be established by the recovery of the man's lost image of God.

However, despite these concerns, I believe that the history of Korean society will make hopeful development.

3. Harmony of Free Market Economic Order and Public Regulations

If society develops into an unstable society or a risky society, as Hobbes said, there is a possibility that society will develop into a society where everyone fights against everyone. If an individualistic society develops to an extreme, it develops into a phenomenon of social polarization and, as Karl Marx said, the possibility of developing into a class conflict between classes cannot be excluded. Of course, it goes without saying that social ideology and proactive measures must be taken to overcome the possibility of such a society. In my opinion, a cooperative solidary and communitarian

6) Yang Cheon Su, Big Data and Human Rights (Yeongnam University Press, 2016), p. 66.

society is an ideology that can prevent human social conflict through this polarization, but if the polarization becomes severe, it will develop into a phenomenon in which the state power intervenes and regulates the free market economy. The market is formed normally only when it is free. Regulating the market causes the market to develop abnormally. Humans, as rational beings born freely, should be able to procure the resources necessary for normal life through the market. If the state power intervenes too strongly in the market, the market is distorted and resources cannot be allocated naturally. The general principle should be set that the operation of the economy of the future society is centered on the market, and that adjustment by the state should be made within the purpose and scope of allowing the market to perform its original function. In a highly intelligent information society, there is a possibility that large information companies monopolize the market, and the state will try to regulate it publicly rather than entrusting it to civil law. In particular, in the civil law relationship after COVID−19 pandemic, the possibility of regulating civil law life with public authority is anticipated to increase. However, I think it is necessary to create a social condition that can reduce public regulation with the communitarianistic spirit that people must live together.

Some scholars agree that the capitalistic free economic development will be able to be achieved by enhancing the communitarian spirit. They also consent that the human dignity could be realized and protected only by the mutual cooperations of community members. Even though the capitalism would be developed on the basis of the individualism and the liberalism, the capitalism should accept and receive the communitarianistic elements. The other some scholars suggest that the basic income shall be equally guaranteed and distributed to every national people as a way for the enhancement of human dignity. Such a opinion was strongly criticized for regarding the national people only as a consumer.[7] It is my opinion that, in the future, the communitarianism shall be added to the capitalism, and the capitalism shall be supplemented with the communitarianism.

In order to maintain such a free market economic order, the best way is to continuously find the most appropriate way to harmonize freedom and regulation through rational discussion according to the method of discourse(Diskussionstheorie) mentioned by Habermas and through people's endeavor to restore image of God.[8]

Ⅱ. Korean Civil Law's Future Tasks

1. Modernization of Civil Law

Among the civil laws, the property law in the Korean Civil Code has many provisions that have become dead laws. I think that the most important task of civil law is to modernize[9] the civil law by largely

7) The English economic schalor, Paul Collier has criticized the idea of the basic income in his book, Future of Capitalism: Facing the New Anxieties (New York, Harper Collins Publishers, 2018). See, The daily Newspaper Cho Sun Il Bo, pp. B7–B8 on Dec. 24, 2021.

8) Marieta Auer, Der privatrechtliche Diskurs der Moderne (Mohr Siebeck, 2014), S. 51.

9) Today, the revision of the civil law according to the progress of globalization is able to

amending the Korean Civil Code. Modernization of the property law requires not only modernization of Korea's traditional law, but also it is a matter of reconstituting the property law in the Korean Civil Code by accommodating the legal principles of the global unified civil law that reflects the global standard created in the current of globalization. Today it is the global era where the world is united with the development of transportation and communication, and now it is developed into an era in which peoples of all countries are conscious of being citizens of their own countries as well as citizens of the world. In addition, I believe that the ideological basis that has led to such globalization is cosmopolitanism.

I believe that a major revision of the property law in the Korean Civil Code should be made to accommodate these changes in the times. The materials for the globalization of property law are sufficiently collected and prepared. With the development of jurisprudence, I think that the civil law of each country has surpassed the character of the local law(Landesrecht) in the world and is now in an era when it should be developed into a universal civil law in the world. The unification of civil law is taking place regionally, and the unification of civil law worldwide is also established as a treaty or restatement. Along with this backdrop, the property law in the Korean Civil Code should also participate in this flow. That is the modernization of property law in Korea.

be called the new modernization of the civil law, and the enactment of the current civil law can be called the old modernization of the civil law. The modernization of civil law is centered on the law of obligations.

2. Addition of Communitarianism

Today, civil laws in capitalistic countries are enacted and implemented on the basis of modern liberalism, individualism, guarantee of private property rights, and free market economic order. As this social ideology has developed, individualism has developed into extreme egoism, which has resulted in a gap between the rich and the poor, sustaining conflicts between classes. Nowadays, the polarization of society has developed into a serious social problem. In particular, today's market domination is taking place in which giant knowledge and information companies monopolize the global market. In the future, as the society progresses to a more advanced knowledge and information society, the free market order cannot rule out the possibility that market concentration by giant knowledge information companies will further deepen.

I think that the future society should move forward toward a cooperative society and a solidarity society, and the human being should also change from a selfish human to a rational and moral human being. In order to change society and to transform egoistic human being into a moral human being, it is thought that extreme individualism should be avoided and the idea of communitarianism should be added. Liberalism and individualism shall be basically recognized, but it is necessary to add the idea of communitarianism to liberalism so that society does not develop into extreme libertarianism. Thus, although individualism is fundamentally recognized based on liberalism, individualism should not develop into selfishness. It is necessary to add communitarianism to the ideological basis of this civil law and gradually to modify it into a civil law that can realize the duty of loyalty of community members to the community (Loyalitätspflicht), which is considered a virtue of communitarianism. It is thought that the current individualistic civil law should be developed into a civil law that contains more elements of social law that can embody the idea of communitarianism. Individualism cannot solve social problems caused by individualism.[10)]

First of all, it is thought that addition of the communitarianism should not be allowed for individuals to take unearned income, but it should be amended to a civil law that allows them only the profits earned by sweating.[11)] It is thought that the property law needs to be amended in the direction that the development profits generated by the efforts and the developments of the social community are not the content of ownership.

It is judged that such communitarianism or communal thought is already appearing in the revised family law. In early 2021, the government made a notice of amendments to the inheritance law in the Korean Civil Code for the establishment of a system for loss of inheritance rights. The amendment bill to the family law stipulates

10) A. a. O., SS.6–7.

11) At the same time, the amendment of statute of limitation by shortening the period of extinctive prescription and by regulating the extinctive prescription law into non–mandatory provisions shall be considered to be an amendment that goes against the moral and responsible human form of a future society to fulfill one's obligations to the end.

that the bereaved family of the decedent can claim the loss of inheritance rights in the family court in case that the heir violates the heir's duty to support the decedent, commits serious criminal acts, and exercises abuse or unfair treatment. However, it is also stipulated that if the decedent forgives an invalid heir through a will before death, the right to inherit is recognized.[12] This legislative notice of the loss of inheritance right system is evaluated as a reflection of the demands of the times for legal practice in the civil law of communitarian thought. But such an amendment notice has not been accomplished to legislation until now.

It should also be recognized that there should be responsibility for the common good of the community over private property. Although libertarians claim the right to private property as a sacred and inviolable right, the right to private property is not an absolute or inviolable right. Privately owned property bears social obligations for the common good of the community that should contribute to the dignity of all members of society as human beings. As a result, society has a social mortgage on private property.[13] The recognition and burden of social responsibility for the community of private property is a legal expression of the private owners' love for their neighbors. As such, the burden of social responsibility for the common good of private property is the practice of the communitarianistic idea of

12) Chosun Ilbo, Jan. 7, 2021.p A1.

13) Paula A Franzese, and Angela C. Carnella, "Housing and Hope: Private Property and Catholic Social Teaching", in: Christianity and Private Law (ed. by Robert F. Cochran Jr and Michael P. Moreland, New York, Routeledge, 2021), p. 128.

respecting the dignity and human rights of neighbors and solidarity with neighbors.[14] It must not be forgotten that a person can become a dignified person in and through a community.[15]

3. Operation of Civil Law Faithful to Principles

Civil law is the basic law of the people's daily legal life. The civil law which is the basic law, is a law that stipulates the principles of civil law life. Such civil law should be amended faithfully to the principles, and the development of legal theory and precedents should be formed to ensure that the operation of the civil law is also faithful to the principles.

The principle of civil law, which is the basic law of civil law life, falls on a legal field that needs to be consciously practiced so that it can be practiced naturally in the daily legal life of the people. However, in the operation of the property law, there is a phenomenon that the special civil act becomes a general law and the property law in the Korean Civil Code becomes dead law. It is judged that there was not enough time and mental space for legal consciousness to be settled down, since there have been too many revisions in the special civil acts. Therefore, it is considered that the basic principles of the Korean Civil Code do not settle down as legal consciousness of people and so many evasions of acts occur, and irregular acts against the civil law take place, which leads to

14) Ibid., p. 142.
15) Ibid., p. 142.

abnormal operation of the law that has caused the people to take a risk of violating laws and get away with them. In addition, it is thought that the special civil acts has provided too wide possibilities for public law regulation to private legal relations.

The civil law related to the daily legal life of the people should be faithfully operated according to the principles, and the civil law should be enacted, revised and operated so that the civil law becomes legal consciousness of people and the principles of civil law are naturally practiced in daily life.

4. Development of Civil Law as Natural Law

(1) Natural Law-based Civil Law

Regarding the theory the law, there is also legal positivism (Rechtspositivismus), which states that a law has compulsory force only if it is enacted by the state power. However, there is a theory of natural law(Naturrechtslehre) that recognizes the existence of a natural law that leads the enactment by understanding that legislated positive act has coercive force only when it conforms to the natural law and justice of nature. In the theory of natural law, natural law is not codified like positive law, but it is understood that the legislated statutory law can have coercive force when it conforms to these natural law, which is existed as forms of the law of nature, the words of God, and the order of human reason etc..

In particular, as for the civil law, its content should have elements of natural law and contains principles of natural law, and only then civil law can become legal consciousness of the people and practical in human legal life. The author thinks that legal theory and precedent should be structured to implement these natural laws, so that the deficiencies of positive laws can be supplemented and can contribute to the legal consciousness of peoples in daily civil legal life.

In case of the contradiction of the contents of act, it is demanded that the contradictory contents of act shall be reconstructed and adjusted by way of the harmonious interpretation of act on the basis of the natural law. For example, article 758 section 1 of KCC on liability of possessor, owner of structure, etc. stipulates that the person in possession of the structure shall be liable for such damages, if any damages has been caused to another person by reason of any defect in the construction or maintenance of a structure: Provided, that if the person in possession has exercised due care in order to prevent the occurrence of such damages, compensation for the damage shall be made by the owner. The article 758 section 1 of KCC stipulates that the possessor shall bear his liability on the basis of the his negligence. but the same section stipulates that the owner shall bear his liability on the basis of the strict no—fault liability. Therefore, the liability of the possessor and that of the owner are contradictory. It would be true in case that the possessor and the owner would be different each other. If the possessor and the owner would be same person, he as the possessor shall not bear his liability because of no—negligence, but he as the owner shall bear his liability owing to the strict liability. Such results are contradictory. In case that the possessor and the owner would be same person, and the possessor would be not responsible for the damages on the basis of the no-negligence, it should be interpreted that the owner also should not bear his strict liability. Such a harmonious interpretation of contradictory contents of acts shall be possible and reasonable according to the interpretation method of the theory of natural law.

It is thought that the civil law should not only focus on the logical structure of the law, but should be enacted and operated to ensure the content of the civil law, which shall be the most universal and natural law. Only then can the effectiveness of civil law be improved. Natural law gives justification and legitimacy to positive law, and when positive law does not have justification and legitimacy, it is a natural law that has the function of regulating and guiding positive law.[16] It is necessary to study the legal ethics (Rechtsethik) in depth so that the actual civil law can develop into a natural civil law.

The theory of the natural law pursues the natural law as the law of reason (Vernunftrecht) on the basis of the human reason. This theory of the natural law is called as the anthropocentric theory of natural law. This anthropocentric theory of natural law is generally acknowledged and accepted as a main trend of natural law since the modern times in legal history. But I pursue some other theory of the natural law. All men have been created in the image of God. Further, the God has given His law to mankind. His law is called as

16) Erik Wolf, Das Problem der Naturrechtslehre, 2. Aufl. (Karlsruhe, Verlag C.F.Müller, 1959), S. 156.

the divine law. The divine law shall be the basic root of the human law. The anthropocentric theory of natural law does not acknowledge the divine law. Therefore, the law of the highest level of human law according the anthropocentric theory of natural law shall be the natural law by human reason. I think that the divine law shall be the highest law beyond the human law. Further, the natural law encompasses both the divine law and the law of human reason.[17)] Such a theory of the natural law is called as the theocentric theory of natural law. The core elements of divine law shall be justice and love, especially agapic love. In the future, the natural law shall be the law of justice and love. Furthermore, all governmental statutes and laws shall be legislated and interpreted on the basis of the new theory of the natural law, i.e. the theocentric theory of the natural law, of which the highest and the ultimate value is love.[18)]

The theory of natural law functions to insert value into the law. Especially, the theory of natural law transforms the values outside the law into those of the law. The rule of law means that law shall have its own values, and governmental activities shall be administered and carried out according to the inner−values of law. In other words, the

17) I believe it is appropriate to refer to this natural law as the theory of Christianistic natural law. The ideological foundation of this Christianistic natural law lies in the belief that human nature is grounded in the image of God, and that natural law is the law that seeks to restore human nature to the image of God. The restoration of the image of God is expressed as natural law in the realm of law, but it should also serve as a foundational policy direction in the fields of politics and economics.

18) See, Sang Yong Kim, Natural Law: Book series Nr. 6 of the Law, the Bible and History (The Institute for Law, the Bible and History, Hwasan Media Publishing Co., 2023). pp. 87−100.

rule of law means the realization of the inner-values of law. The rule of law is said as rule of priority of law. The rule of priority of law means the priority of the inner-values of law. The theory of natural law functions to transform the outer-values from law into the inner-values of law. The theory of the natural law is so closely connected with the rule of law in the transformation of the outer-value from the law into the inner-value of law.

(2) Relation between Natural Law and Rule of Law

Natural law is an ideal law that aspires to become positive law, and it guides the legislation, interpretation, and application of positive law through the medium of the rule of law. In examining the relationship between natural law and legal values with a focus on the rule of law, we begin by acknowledging classical legal maxims such as "Ubi societas, ibi ius" (Where there is society, there is law) and "Ubi homo, ibi ius" (Where there is man, there is law). These principles emphasize the intrinsic bond between law, humanity, and society. From the origins of civilization, law has naturally arisen to protect individuals, preserve social order, and enable the structured functioning of communities. This foundational interplay of society and law is embodied in the concept of law-based governance, or the rule of law.

Natural law is an ideal law that guides positive law, but it does so through the rule of law, serving as a guiding principle in the legislation, interpretation, and application of positive law. The rule of law(Rechtsstaat) signifies more than the mere existence of laws; it entails that all state power is exercised in accordance with laws that are just, rational, and grounded in universally acknowledged moral values. It stands in contrast to rule by law, where legal norms may serve as mere tools of authoritarian control. Genuine rule of law insists that laws must not only be formally enacted but also substantively fair and aligned with the moral order.

Natural law theory is central to understanding this requirement. While legal positivism(Rechtspositivismus), and more narrowly statutory positivism(Gesetzespositivismus), treats law as valid merely by its procedural enactment, natural law theory(Naturrechtslehre) asserts that the legitimacy of law also depends on its content. Under this theory, a distinction is made between just laws(lex bona) that uphold public good and unjust laws(lex mala) that reflect arbitrary power.

A Christian natural law perspective holds that humans, created in the image of God(imago Dei), possess inherent dignity. Law's role, then, is to help restore this divine image by embodying the principles of justice and love. Justice ensures fairness and the maintenance of rights; love fosters compassion, solidarity, and the recognition of every individual's worth. These values serve as the ethical bedrock upon which sound legislation, judicial decisions, and public administration must rest.

True rule of law incorporates these natural law ideals. It requires that laws enacted by the state conform not only to procedural standards but also to higher constitutional and universal human values, known as legal values(Rechtswerte), those are enshrined in a nation's constitution(Verfassungswerte). In the context of South Korea, these include the dignity of the individual, freedoms and equality, the protection of civil and social rights, separation of powers, judicial independence, democratic governance, market economy principles, and peaceful unification. The rule of law thus serves as the highest legal principle guiding all state actions in harmony with these constitutional values.

The modern era has demonstrated that legality in form alone does not constitute genuine rule of law. The colonial laws of imperial regimes, the legislation of totalitarian states such as Nazi Germany, and emergency decrees under authoritarian governments all maintained legal form yet lacked moral legitimacy. These regimes exemplified rule by law or personal rule(rule of whim), rather than true rule of law. This illustrates that, for law to be legitimate, it must pursue substantive justice and universal human dignity.

Historically, natural law has served as a bridge between moral or religious values and codified legal norms. In the Christian tradition, it has transformed principles such as justice and love into legal norms, providing a divine framework for human law. However, not all religious doctrines qualify; only those consistent with universal human dignity may rightly be incorporated into a just legal order. Similarly, scientific and technological developments, such as artificial intelligence, can produce outcomes that conflict with moral principles. In such cases, natural law plays a crucial role in safeguarding ethical integrity, preventing the erosion of human values by utilitarian or dehumanizing practices.

Ultimately, natural law remains an enduring moral foundation. Even as society evolves, natural law preserves the core values, especially justice and love, that anchor law to its highest purpose for the protection and flourishing of humanity.

5. Development of Civil Law with the Ideal of Justice and Love

The future society is expected to be both a cooperative society and a risky society at the same time. How should the contents of civil law be structured for social development such as the increase in divorce, protection from abuse of children, support and protection of the elderly in an aging society, and the development of an extreme individualistic society? What virtues are required to a moral man? In addition, how can we solve the market concentration phenomenon in which giant intelligent information companies dominate the market in the intelligent information society? The social phenomenon in which too many civil lawsuits are filed cannot be evaluated only positively.

It is thought that the reason why many lawsuits are filed is that the pre−law social norms of morality, ethics, and religion do not work well enough. How should we accept the judicial litigation phenomenon that an appeal is made up to the Supreme Court in order to resolve one's anger or resentment even though it is clear that he or she will lose? This negative social phenomenon, which would have been caused by the lack of love and the failure of justice, shall be corrected and changed into the positive bright society by way of love and justice. It is unlikely that these negative social phenomena would be able to be resolved by the existing paradigm of solving civil law, and of expanding and strengthening public regulations.

It is thought that new values and ideals in law are required in the future and those values are love and justice. Love is the source of all things and justice is the order or way that allows love to spread properly. Love and justice are the content of natural law. The emergence of civil law with such love and justice as its ideal, goal and value is desired and expected. Therefore, it is thought that future civil law should be developed with justice and love as its ideology. Natural law with such love and justice as its ideology should be the basis of the civil law.

Justice is a secular virtue, but love is fundamentally a religious virtue. In the future, love for neighbor, a virtue in religion, especially in Christianity, must be realized in the civil law through the natural law of love.[19] Also, in the highly intelligent information society of future, it is thought that justice and love will be more strongly demanded in everyday legal life before being forced by positive law.

19) For the opinion that justice and love should be developed as the ideal values of civil law, see Kim Sang Yong, Justice and Love as a Direction for Legal Policy; Jeroen Kortmann, Altruism in Private Law (Oxford University Press, 2009).

Chapter 5

Conclusion

Chapter 5

Conclusion

In the past of more longer than 60 years, Korean society has developed rapidly and in a compressed way from an agricultural society to a highly intelligent information society. It is positively evaluated that the Korean civil law has flexibly responded to these social changes and achieved such economic development and civilized society. However, in responses of the civil law, the family law in the Korean Civil Code has responded appropriately to changes. Therefore, the family law in the Korean Civil Code is evaluated as a living civil law. It is however considered that a lot of dead laws were generated in the property law in the Korean Civil Code, because the property law has responded to the social changes by the making of special acts rather than the revision of the property law itself. The failure to modernize the property law was perhaps assumed to be the weakest point of the civil law.

The future society should develop into a cooperative society, solidary society, and communitarian society. In the future society, extreme individualism and liberalism should be somewhat suppressed, and the egoistic personality of individuals should be developed with communitarianistic minds. It is thought that the human image should change from a selfish person to a communitarianistic moral person in the future society. The civil law of this new future society will not be able to achieve an ideal society with the existing paradigm.

Based on liberalism, overcoming extreme individualism, and establishing a legal theory that the civil law is natural law in which love and justice are regarded as its ideal and content, the Korean civil law shall be developed continuously in the future. Moreover, the natural law of love should be realized into a positive civil law. The origin of all things is love, and the current civil law should be amended, supplemented, and developed as a civil law that ensures that all progress is made with love. Therefore, it is the task of the Korean civil law that we develop the current civil law into a natural civil law.

It is thought that the civil law of justice and love can be created only when research is conducted in parallel with studies in various social science fields such as understanding human beings, politics, economy, society, religion, etc.. Moreover, in order to pursue the development of civil law, it is strongly required to carry out interdisciplinary research in parallel with the academic fields of law and social development. It is believed that jurisprudence can never pursue its development only within the realm of law.

Index

[D]

[I]

[J]

[K]

[L]

[Q]

[R]

[S]

[저자 약력]

金 相 容

서울대학교 법과대학 법학과 졸업 (법학사)
단국대학교 대학원 법학과 졸업 (법학석사)
서울대학교 대학원 법학과 졸업 (법학박사)
충북대학교 사회과학대학 법학과 조교수
한양대학교 법과대학 법학과 교수
연세대학교 법과대학 법학과 교수
연세대학교 법학전문대학원 교수
한국민사법학회 회장
한독법률학회 회장
한국토지법학회 회장
미국, School of Law(Boalt Hall), University of California Berkeley에서 영미 사법 연구
독일, Hamburg 소재, 막스 플랑크 外國私法 및 國際私法 硏究所(Max-Planck-Institut für Ausländisches und Internationales Privatrecht)에서 민법 및 比較私法 연구
독일, Frankfurt am Main 소재, 막스 플랑크 유럽 法史硏究所(Max-Planck-Institut für Europäische Rechtsgeschichte)에서 법사학 연구
일본, 早稲田 대학 및 同志社 대학에서 담보법 및 정의와 사랑 연구
중국, 山東大學 法學院에서 민법 기초 강의 및 중국 민법 연구
독일, 훔볼트학술상(Humboldt-Forschungspreis) 수상
옥조근정훈장 수훈

현, 대한민국학술원 회원
연세대학교 명예교수

[주요 저서]

민법총칙 제4판, 김상용 저, 전경운 增補, 화산미디어, 2018.
물권법, 제4판, 화산미디어, 2018.
채권총론, 제3판, 화산미디어, 2016.
채권각론, 제4판, 화산미디어, 2021.
민법사상사, 법과 성서와 역사 연구소, 연구서 제1권, 피앤씨미디어, 2016.
西洋法史와 法政策, 피엔씨미디어, 2014.
韓國法史와 法政策, 피엔씨미디어, 2014
自然法論과 法政策, 피앤씨미디어, 2015.
(법정책 방향으로서의) 정의와 사랑: 법과 성서와 역사 연구소, 연구시리즈 제5권, 피앤씨미디어, 2019.
土地所有權 法思想: 大宇學術叢書.人文社會科學 87, 民音社, 1995.
비교동산담보법, 법원사, 2011.
근저당권비교연구, 화산미디어, 2013.
미국부동산법론, 삼지원, 1986.
비교계약법, 법영사, 2002.
불법행위법, 법문사, 1997.
民事判例評釋(1), 법원사, 1995; 民事法硏究(2), 1997; 민사법연구(3), 2000; 민사법연구(4), 2000; 민사법연구(5), 2004; 민사법연구(6), 2007; 민사법연구(7), 2010; 민사법연구(8), 2013; 민사법연구(9), 피앤씨미디어, 2015; 민사법연구(10), 화산미디어, 2017; 민사법연구(11); 自然法的 民法을 위한 提言, 화산미디어, 2022.

자연법: 법과 성서와 역사 연구소, 연구시리즈 제6권, 화산미디어, 2023.
참회와 속죄: 법과 성서와 역사 연구소, 연구시리즈 제7권, 피앤씨미디어, 2023.
삶 속에서의 신앙고백: 법과 성서와 역사 연구소, 연구시리즈 제8권, 피앤씨미디어, 2024.

[Profile of the Author]

Prof. Dr. Kim Sang Yong

Member of the National Academy of Sciences,
Republic of Korea(NAS),
Prof. emeritus of Yonsei University.

Bachelor of Law, College of Law, Seoul National University,
Master of Law, Graduate School, Dankuk University,
Ph.D in Law, Graduate School, Seoul National University

Visiting Scholar, School of Law(Boalt Hall), U.C. Berkeley, San Francisco, California. U.S.A.
Visiting Scholar, the Max－Planck－Institut für Ausländisches und Internationales Privatrecht, Hamburg, Germany
Visiting Scholar, the Max－Planck－Institut für Europäische Rechtsgeschichte, Frankfurt/Main, Germany
Visiting Scholar, Ludwig－Maximilians－Universität München, München, Germany
Visiting Scholar, Universität Trier, Trier, Germany
Visiting Scholar, Waseda University, Tokyo and Doshisha University, Kyoto, Japan
Teaching, Shandong University, Jinan, China

Humboldt Research Awardee, from the Alexander von Humboldt－Foundation, Germany.
Chairman of the Korea Civil Law Association.
President of the Korean－German Law Association.
Chairman, Korea Land Law Association.
Recipient of the Okjo Medal of the Order of Service Merit.

American Law of Title Insurance, Samjiweon Publishing Co., 1986,
Comparative Law of Contracts, Beopyeong Publishing Co., 2002.
Comparative Security Law of Movables, Beopweon Publishing Co., 2011.
Comparative Law of Revolving Mortgages, Hwasan Media, 2013.
European Legal History and Legal Policy, PNC Media, 2014.
Korean Legal History and Legal Policy, PNC Media, 2014.
Theory of Natural Law and Legal Policy, PNC Media, 2015.
Textbook of General Part of Civil Law, 4th Ed., Hwasan Media, 2018.
Textbook of Property Law, 4th Ed., Hwasan Media, 2018.
Textbook of General Part of Law of Obligations, 3rd Ed., Hwasan Media, 2016.
Textbook of Special Part of Law of Obligations, 4th Ed., Hwasan Media, 2021.
Civil Law Studies Series, Vols. 1－11, 1995－2022.
Justice and Love, PNC Media, 2019.
Natural Law, Hwasan Media, 2023
Confession and Atonement, PNC Media, 2023.
Confession of Faith in Daily Life, PNC Media, 2024.

한국민사법의 발전적 변화(1960-2025)

Historical Development of Korean Civil Law (1960-2025)

초판발행 2025년 8월 30일

지은이 김상용
펴낸이 박노일

총괄기획 최준규
편 집 이상민

펴낸곳 publishing and culture 피앤씨미디어

경기도 고양시 일산동구 강송로 153, 310-1501
등록 제396-2012-000203호

전 화 070)7550-3758 팩 스 02)6280-3758
홈페이지 www.pncmedia.co.kr 이메일 pnc@pncmedia.co.kr
ISBN 979-11-7401-021-6 93360

정 가 30,000원